S-OIL

에쓰오일 생산직 온라인 필기시험

통합기본서

시대에듀

시대에듀 S-OIL(에쓰오일) 생산직 온라인 필기시험 통합기본서

Always with you

사람의 인연은 길에서 우연하게 만나거나 함께 살아가는 것만을 의미하지는 않습니다.
책을 펴내는 출판사와 그 책을 읽는 독자의 만남도 소중한 인연입니다.
시대에듀는 항상 독자의 마음을 헤아리기 위해 노력하고 있습니다. 늘 독자와 함께하겠습니다.

자격증·공무원·금융/보험·면허증·언어/외국어·검정고시/독학사·기업체/취업
이 시대의 모든 합격! 시대에듀에서 합격하세요!
www.youtube.com ➜ 시대에듀 ➜ 구독

머리말 PREFACE

1976년 설립된 S-OIL은 수익성 위주의 경영 전략과 국제화 시대에 맞는 기동성 있고 진취적인 경영 체질을 배양함으로써 국내 정유업계를 선도하는 기업으로 성장하였고, 아시아·태평양지역에서 가장 경쟁력 있는 정유회사가 되었다.

미래지향적 투자를 통해 돌파구를 찾고 성장의 기회를 잡는 S-OIL에서는 그에 걸맞은 인재를 찾기 위하여 채용절차에서 업무에 필요한 직무능력과 가치관을 객관적으로 검증하기 위한 필기시험을 실시한다. S-OIL 생산직 필기시험은 적성검사와 인성검사로 구분되며, 짧은 시간 내에 많은 문제 해결을 요하기 때문에 문제 유형을 미리 파악하여 대비하지 않으면 자칫 문제를 다 풀지 못할 수도 있다.

이에 시대에듀에서는 S-OIL에 입사하고자 하는 수험생들에게 좋은 길잡이가 되어 주고자 다음과 같은 특징을 가진 본서를 출간하였다.

도서의 특징

❶ 2025~2024년에 출제된 S-OIL 생산직 2개년 기출복원문제를 수록하여 최근 출제경향을 파악할 수 있도록 하였다.
❷ 영역별 핵심이론과 적중예상문제를 수록하여 체계적인 학습이 가능하도록 하였다.
❸ 최종점검 모의고사와 도서 동형 온라인 실전연습 서비스를 제공하여 실전과 같은 연습이 가능하도록 하였다.
❹ AI면접에 대한 소개 및 구성 등을 수록하여 AI면접에 대한 전반적인 이해를 도울 수 있도록 하였다.
❺ 인성검사를 수록하여 S-OIL 인재상과의 적합 여부를 판별할 수 있도록 하였다.
❻ 합격의 최종 관문인 면접에 대한 실전 대책과 기출 질문을 수록하여 S-OIL 생산직 채용의 마지막까지 도움이 될 수 있도록 하였다.

끝으로 본서를 통해 S-OIL 생산직 필기시험을 준비하는 여러분 모두에게 합격의 기쁨이 있기를 진심으로 기원한다.

SDC(Sidae Data Center) 씀

S-OIL 기업분석 INTRODUCE

◇ **Mission**

> 더 나은 인류의 삶을 위해 자원의 가치를 끊임없이 혁신한다.

◇ **Vision 2035**

> 가장 경쟁력 있고 혁신적이며 신뢰받는 에너지 화학 기업을 지향한다.

◇ **Business**

정유	전체 정유 생산 시설의 최적화와 제품의 고부가 가치화를 통해 정유 사업의 미래를 이끌고 있다.
윤활	■ 윤활기유 : 국내 시장을 선도하는 국제 경쟁력을 갖춘 윤활기유 메이커로 자리 잡았다. ■ 윤활유 : 지속적인 변화와 발전을 거듭하며 다양한 시장 수요에 발맞춰 나아가고 있다.
석유화학	사업다각화를 통해 정유와 윤활 부문에 이어 석유화학 부문에서도 최고의 경쟁력을 갖추게 되었다.
연구개발	제품 생산시설과 제품 품질향상을 위하여 다양한 연구개발 활동을 하고 있다. 또한 앞으로 필요할 미래 기술에 대한 요구를 반영하여 지속적으로 연구과제를 추진해 나아가고 있다.

◆ 핵심가치(S-OIL EPICS)

> 외부적 환경 변화와 무관하게 우리의 의사 결정과 행동의 기반이 되는 공통적인 가치관

최고 Excellence	우리는 끊임없이 학습하고, 변화하고, 진보하여 기대를 뛰어넘는 최상의 품질과 서비스를 제공하고, 탁월한 수익성을 달성한다.
열정 Passion	우리는 무한한 에너지, 강한 의지 그리고 할 수 있다는 자신감으로 더 높은 목표와 꿈을 이루기 위해 최선을 다한다.
정도 Integrity	우리는 모든 일에 정직하고 공정하며, 최고 수준의 도덕적·윤리적 기준을 준수하여 진정한 성공을 이루어 낸다.
협력 Collaboration	우리는 한 팀으로 함께 일하며 지식과 기회, 경험을 공유하여 더 큰 성공을 이루어 낸다.
나눔 Sharing	우리는 책임감 있는 모범 기업시민으로서 함께 살아가는 이웃 공동체들과 우리의 성공을 나눈다.

◆ 인재상

회사 **VISION 실현**에 동참할 **진취**적인 사람	**국제적 감각**과 **자질**을 가진 사람
자율과 **팀워크**를 중시하는 사람	**건전한 가치관**과 **윤리의식**을 가진 사람

신입사원 채용 안내 INFORMATION

◇ **모집시기**
수시채용으로 진행되며 계열사별로 여건에 따라 채용 일정 및 방식이 다를 수 있음

◇ **지원방법**
S-OIL 채용 홈페이지(s-oil.recruiter.co.kr) 접속 후 지원서 작성 및 제출

◇ **채용절차**

지원서 접수 → 온라인 필기시험 → AI역량검사 → 1차 면접 → 2차 면접 → 최종합격

◇ **시험진행**

구분	영역	문항 수	제한시간
적성검사	언어력	40문항	15분
	수리력	40문항	20분
	물리·화학	40문항	15분
인성검사		421문항	60분

❖ 채용절차 및 전형은 채용유형과 직무, 시기 등에 따라 변동될 수 있으므로 반드시 채용공고를 확인하기 바랍니다.

2025년 하반기 기출분석

총평

2025년 하반기 S-OIL 생산직 온라인 필기시험은 상반기와 유사한 수준으로 진행되었다. 기존의 영역 및 문항 수와 동일하였으나, 문항 수 대비 제한시간이 짧아 시간 관리에 유념해야 했다. 언어력에서는 어휘와 독해 문제가 빈출 유형으로 출제되었고, 수리력에서는 방정식을 활용하는 문제와 수열 추리 문제가 주를 이루었다. 물리·화학 영역에서는 기초 개념을 묻는 문제가 주로 출제되어 크게 어렵지 않았다는 평이 많았다.

◇ 영역별 출제비중

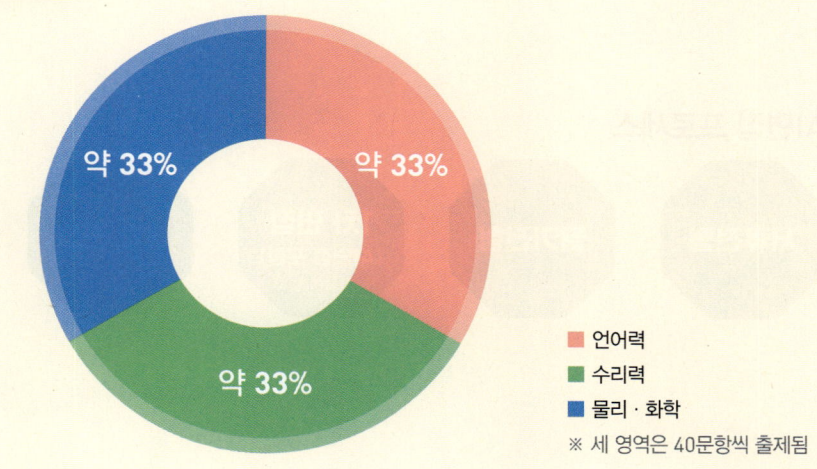

- 언어력
- 수리력
- 물리·화학

※ 세 영역은 40문항씩 출제됨

◇ 영역별 출제특징

구분	영역	출제특징
적성검사	언어력	• 제시된 단어와 유사한 뜻을 가진 단어를 찾는 문제 • 주제찾기, 나열하기 등과 같은 독해 문제
	수리력	• 연립방정식을 활용하는 문제 • 경우의 수를 구하는 문제
	물리·화학	• 역학적 에너지에 대해 묻는 문제 • 전류의 세기를 계산하는 문제

AI면접 소개 AI INTERVIEW

◇ **소개**
- AI면접전형은 '공정성'과 '객관적 평가'를 면접과정에 도입하기 위한 수단으로, 최근 채용과정에 AI면접을 도입하는 기업들이 급속도로 증가하고 있다.

- AI기반의 평가는 서류전형 또는 면접전형에서 활용된다. 서류전형에서는 AI가 모든 지원자의 자기소개서를 1차적으로 스크리닝한 후, 통과된 자기소개서를 인사담당자가 다시 평가하는 방식으로 활용되고 있다. 또한 면접전형에서는 서류전형과 함께, 또는 면접 절차를 대신하여 AI면접의 활용을 통해 지원자의 전반적인 능력을 종합적으로 판단하여 채용에 도움을 준다.

◇ **AI면접 프로세스**

서류전형 → 필기전형 → 1차 면접 (AI면접 포함) → 2차 면접 → 입사

◇ **AI면접 분석 종류**

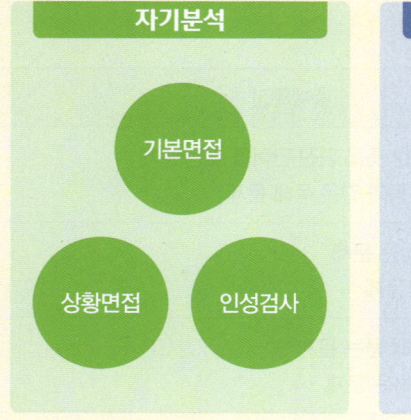

자기분석: 기본면접, 상황면접, 인성검사

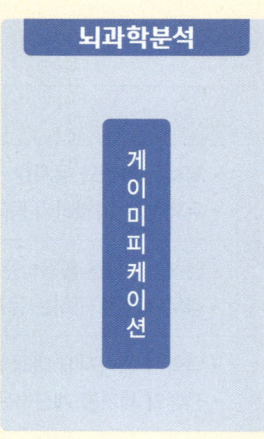

뇌과학분석: 게이미피케이션

심층분석: 심층 구조화 면접 + 개인 맞춤형 면접

AI면접 진행과정 AI INTERVIEW

◇ **AI면접 정의**
  뇌신경과학 기반의 인공지능 면접

◇ **소요시간**
  60분 내외(1인)

◇ **진행순서**
  ❶ 웹캠/음성체크   ❷ 안면 등록
  ❸ 기본 질문   ❹ 탐색 질문
  ❺ 상황 질문   ❻ 뇌과학게임
  ❼ 심층/구조화 질문   ❽ 종합평가

  ▸ 뇌과학게임 : 게임 형식의 AI면접을 통해 지원자의 성과 역량, 성장 가능성 분석
  ▸ 기본 질문, 상황 질문, 탐색 질문을 통해 지원자의 강점, 약점을 분석하여 심층/구조화 질문 제시

기본적인 질문 및
상황 질문

지원자의 특성을
분석하기 위한 질문

지원자의 강점 /
약점 실시간 분석

심층 / 구조화 질문

◇ **평가요소**
  종합 코멘트, 주요 및 세부 역량 점수, 응답신뢰 가능성 등을 분석하여 종합평가 점수 도출

❶ 성과능력지수	스스로 성과를 내고 지속적으로 성장하기 위해 갖춰야 하는 성과 지향적 태도 및 실행력
❷ 조직적합지수	조직에 적응하고 구성원들과 시너지를 내기 위해 갖춰야 하는 심리적 안정성
❸ 관계역량지수	타인과의 관계를 좋게 유지하기 위해 갖춰야 하는 고객지향적 태도 및 감정 파악 능력
❹ 호감지수	대면 상황에서 자신의 감정과 의사를 적절하게 전달할 수 있는 소통 능력

AI면접 준비 AI INTERVIEW

◇ **면접 환경 점검**

Windows 7 이상 OS에 최적화되어 있다. 웹카메라와 헤드셋(또는 이어폰과 마이크)은 필수 준비물이며, 크롬 브라우저도 미리 설치해 놓는 것이 좋다. 또한, 주변을 정리정돈하고 복장을 깔끔하게 해야 한다.

◇ **이미지**

AI면접은 동영상으로 녹화되므로 지원자의 표정이나 자세, 태도 등에서 나오는 전체적인 이미지가 중요하다. 특히, '상황 제시형 질문'에서는 실제로 대화하듯이 답변해야 하므로 표정과 제스처의 중요성은 더더욱 커진다. 그러므로 자연스럽고 부드러운 표정과 정확한 발음은 기본이자 필수 요소이다.

▶ **시선 처리** : 눈동자가 위나 아래로 향하는 것은 피해야 한다. 대면면접의 경우 아이컨택(Eye Contact)이 가능하기 때문에 대화의 흐름상 눈동자가 자연스럽게 움직일 수 있지만, AI면접에서는 카메라를 보고 답변하기 때문에 다른 곳을 응시하거나 시선이 분산되는 경우에는 불안감으로 눈빛이 흔들린다고 평가될 수 있다. 따라서 카메라 렌즈 혹은 모니터를 바라보면서 대화를 하듯이 면접을 진행하는 것이 가장 좋다. 시선 처리는 연습하는 과정에서 동영상 촬영을 하며 확인하는 것이 좋다.

▶ **입 모양** : 좋은 인상을 주기 위해서는 입꼬리가 올라가도록 미소를 짓는 것이 좋으며, 이때 입꼬리는 양쪽 꼬리가 동일하게 올라가야 한다. 그러나 입만 움직이게 되면 거짓된 웃음으로 보일 수 있기에 눈과 함께 미소 짓는 연습을 해야 한다. 자연스러운 미소 짓기는 쉽지 않기 때문에 매일 재미있는 사진이나 동영상, 아니면 최근 재미있었던 일 등을 떠올리면서 자연스러운 미소를 지을 수 있는 연습을 해야 한다.

▶ **발성 · 발음** : 답변을 할 때, 말을 더듬는다거나 '음…', '아…' 하는 소리를 내는 것은 마이너스 요인이다. 질문마다 답변을 생각할 시간을 함께 주지만, 지원자의 의견을 체계적으로 정리하지 못한 채 답변을 시작한다면 발생할 수 있는 상황이다. 생각할 시간이 주어진다는 것은 답변에 대한 기대치가 올라간다는 것을 의미하므로 주어진 시간 동안에 빠르게 답변구조를 구성하는  연습을 진행해야 하고, 말끝을 흐리는 습관이나 조사를 흐리는 습관을 교정해야 한다. 이때 연습 과정을 녹음하여 체크하는 것이 효과가 좋고, 답변에 관한 부분 또한 명료하고 체계적으로 답변할 수 있도록 연습해야 한다.

합격의 공식 Formula of pass | 시대에듀 www.sdedu.co.kr

◆ 답변방식

AI면접 후기를 보다 보면, 대부분 비슷한 유형의 질문패턴이 진행되는 것을 알 수 있다. 따라서 대면면접 준비 방식과 동일하게 질문 리스트를 만들고 연습하는 과정이 필요하다. 특히, AI면접은 질문이 광범위하기 때문에 출제 유형 위주의 연습이 이루어져야 한다.

▶ **유형별 답변방식 습득**
- **기본 필수 질문** : 지원자들에게 필수로 질문하는 유형으로, 지원자만의 답변이 확실하게 구성되어 있어야 한다.
- **상황 제시형 질문** : AI면접에서 주어지는 상황은 크게 8가지 유형으로 분류된다. 유형별로 효과적인 답변 구성 방식을 연습해야 한다.
- **심층/구조화 질문(개인 맞춤형 질문)** : 가치관에 따라 선택을 해야 하는 질문이 대다수를 이루는 유형으로, 여러 예시를 통해 유형을 익히고 그에 맞는 답변을 연습해야 한다.

▶ **유성(有聲) 답변 연습** : AI면접을 연습할 때에는 같은 유형의 예시를 연습한다고 해도, 실제 면접에서의 세부 소재는 거의 다르다고 할 수 있다. 따라서 새로운 상황이 주어졌을 때 유형을 빠르게 파악하고 답변의 구조를 구성하는 반복연습이 필요하며, 항상 목소리를 내어 답변하는 연습을 하는 것이 좋다.

▶ **면접에 필요한 연기** : 면접은 연기가 반이라고 할 수 있다. 가식적이고 거짓된 모습을 보이라는 것이 아닌, 상황에 맞는 적절한 행동과 답변의 인상을 극대화시킬 수 있는 연기를 해야 한다는 것이다. 면접이 무난하게 흘러가면 무난하게 탈락할 확률이 높다. 이 때문에 하나의 답변에도 깊은 인상을 전달해 주어야 하고, 이때 필요한 것이 연기이다. 특히 AI면접에서는 답변 내용에 따른 표정변화가 필요하고, 답변에 연기를 더할 수 있는 부분까지 연습이 되어 있다면 면접 준비가 완벽히 되어 있다고 말할 수 있다.

지원자의 외면적 요소 V4를 활용한 정서 및 성향, 거짓말 파악

Vision Analysis	미세 표정(Micro Expression)
Voice Analysis	보디 랭귀지(Body Language)
Verbal Analysis	진술 분석 기법(Scientific Contents Analysis)
Vital Analysis	자기 최면 기법(Auto Hypnosis)

AI면접의 V4를 대비하는 방법으로 미세 표정, 보디 랭귀지, 진술 분석 기법, 자기 최면 기법을 활용

AI면접 구성 AI INTERVIEW

기본 필수 질문
모든 지원자가 공통으로 받게 되는 질문으로, 기본적인 자기소개, 지원동기, 성격의 장·단점 등을 질문하는 구성으로 되어 있다. 이는 대면면접에서도 높은 확률로 받게 되는 질문 유형이므로, AI면접에서 답변한 내용을 대면면접에서도 다르지 않게 답변해야 한다.

탐색 질문 (인성검사)
인적성 시험의 인성검사와 일치하는 유형으로, 정해진 시간 내에 해당 문장과 지원자의 가치관이 일치하는 정도를 빠르게 체크해야 하는 단계이다.

상황 제시형 질문
특정한 상황을 제시하여, 제시된 상황 속에서 어떻게 대응할지에 대한 답변을 묻는 유형이다. 기존의 대면면접에서는 이러한 질문에 대하여 지원자가 어떻게 행동할지에 대한 '설명'에 초점이 맞춰져 있었다면, AI면접에서는 실제로 '행동'하며, 상대방에게 이야기하듯 답변이 이루어져야 한다.

게임
약 5가지 유형의 게임이 출제되고 정해진 시간 내에 해결해야 하는 유형이다. 인적성 시험의 새로운 유형으로, AI면접을 실시하는 기업의 경우, 인적성 시험을 생략하는 기업도 증가하고 있다. AI면접 중에서도 비중이 상당한 게임 문제풀이 유형이다.

심층 / 구조화 질문 (개인 맞춤형 질문)
인성검사 과정 중 지원자가 선택한 항목들에 기반한 질문에 답변을 해야 하는 유형이다. 그렇기 때문에 인성검사 과정에서 인위적으로 접근하지 않는 것이 중요하고, 주로 가치관에 대한 질문이 많이 출제되는 편이다.

AI면접 게임 유형 예시

도형 옮기기 유형

01 기둥에 각기 다른 모양의 도형이 꽂혀 있다. 왼쪽 기본 형태에서 도형을 한 개씩 이동시켜서 오른쪽의 완성 형태와 동일하게 만들기 위한 최소한의 이동 횟수를 고르시오.

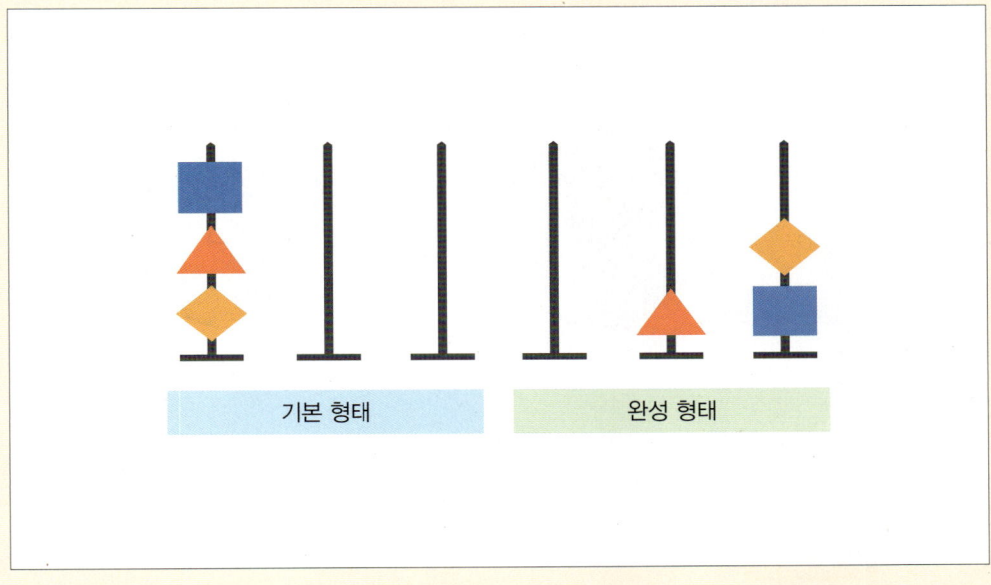

① 1회
③ 3회
⑤ 5회

② 2회
④ 4회

> **해설**
> 왼쪽 기둥부터 1~3번이라고 칭할 때, 사각형을 3번 기둥으로 먼저 옮기고, 삼각형을 2번 기둥으로 옮긴 뒤 마름모를 3번 기둥으로 옮기면 된다. 따라서 정답은 ③이다.

> **Solution**
> 온라인으로 진행하게 되는 AI면접에서는 도형 이미지를 드래그하여 실제 이동 작업을 진행하게 된다. 문제 해결의 핵심은 '최소한의 이동 횟수'에 있는데, 문제가 주어지면 머릿속으로 도형을 이동시키는 시뮬레이션을 진행해 보고 손을 움직여야 한다. 해당 유형에 익숙해지기 위해서는 다양한 유형을 접해 보고, 가장 효율적인 이동 경로를 찾는 연습을 해야 하며, 도형의 개수가 늘어나면 다소 난도가 올라가므로 연습을 통해 유형에 익숙해지도록 해야 한다.

AI면접 게임 유형 예시 AI INTERVIEW

동전 비교 유형

02 두 개의 동전이 있다. 왼쪽 동전 위에 쓰인 글씨의 의미와 오른쪽 동전 위에 쓰인 색깔의 일치 여부를 판단하시오.

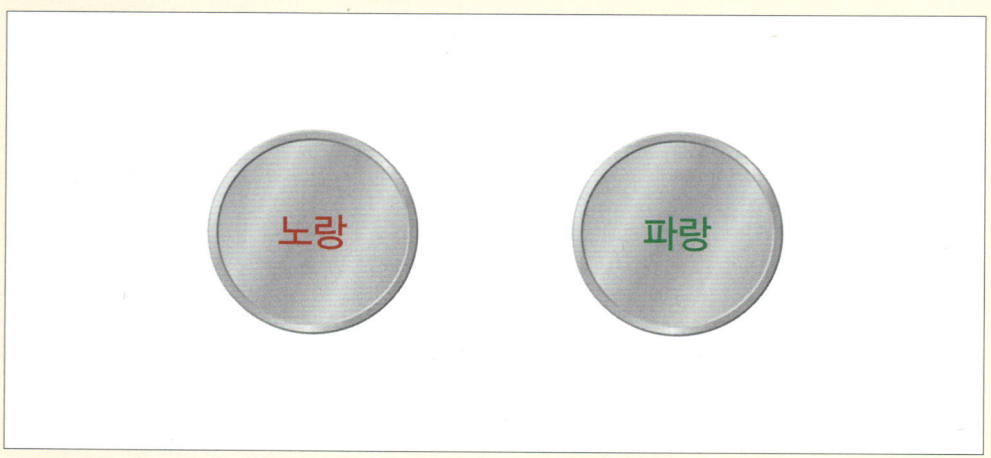

① 일치   ② 불일치

해설

왼쪽 동전 글씨의 '의미'와 오른쪽 동전 글씨의 '색깔' 일치 여부를 선택하는 문제이다. 제시된 문제의 왼쪽 동전 글씨 색깔은 빨강이지만 의미 자체는 노랑이다. 또한, 오른쪽 동전 글씨 색깔은 초록이지만 의미는 파랑이다. 따라서 노랑과 초록이 일치하지 않으므로 왼쪽 동전 글씨의 의미와 오른쪽 동전의 색깔은 불일치한다.

Solution

빠른 시간 내에 다수의 문제를 풀어야 하기 때문에 혼란에 빠지기 쉬운 유형이다. 풀이 방법의 한 예는 오른쪽 글씨만 먼저 보고, 색깔을 소리 내어 읽어보는 것이다. 입으로 내뱉은 오른쪽 색깔이 왼쪽 글씨에 그대로 쓰여 있는지를 확인하도록 하는 등 본인만의 접근법 없이 상황을 판단하다 보면 실수를 할 수밖에 없기 때문에 연습을 통해 유형에 익숙해져야 한다.

❶ 오른쪽 글씨만 보고, 색깔을 소리 내어 읽는다.
❷ 소리 낸 단어가 왼쪽 글씨의 의미와 일치하는지를 확인한다.

> 무게 비교 유형

03 네 개의 상자 A~D가 있다. 시소를 활용하여 무게를 측정하고, 무거운 순서대로 나열하시오(단, 무게 측정은 최소한의 횟수로 진행해야 한다).

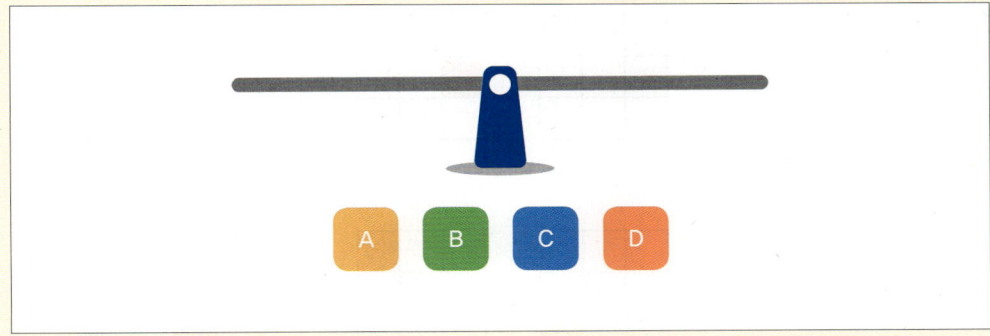

> 해설

온라인으로 진행하게 되는 AI면접에서는 제시된 물체의 이미지를 드래그하여 계측기 위에 올려놓고, 무게를 측정하게 된다. 비교적 쉬운 유형에 속하나 계측은 최소한의 횟수로만 진행해야 좋은 점수를 받을 수 있다. 측정의 핵심은 '무거운 물체 찾기'이므로 가장 무거운 물체부터 덜 무거운 순서로 하나씩 찾아야 한다. 이전에 진행한 측정에서 무게 비교가 완료된 물체들이 있다면, 그중 무거운 물체를 기준으로 타 물체와의 비교가 이루어져야 한다.

> Solution

❶ 임의로 두 개의 물체를 선정하여 무게를 측정한다.

❷ · ❸ 더 무거운 물체는 그대로 두고, 가벼운 물체를 다른 물체와 교체하여 측정한다.

❹ 가장 무거운 물체가 선정되면, 남은 세 가지 물체 중 두 개를 측정한다.

❺ 남아 있는 물체 중 무게 비교가 안 된 상자를 최종적으로 측정한다.

따라서 무거운 상자 순서는 'C > B > A > D'이다.

AI면접 게임 유형 예시   <small>AI INTERVIEW</small>

n번째 이전 도형 맞추기 유형

04   제시된 도형이 2번째 이전 도형과 모양이 일치하면 Y를, 일치하지 않으면 N을 기입하시오.

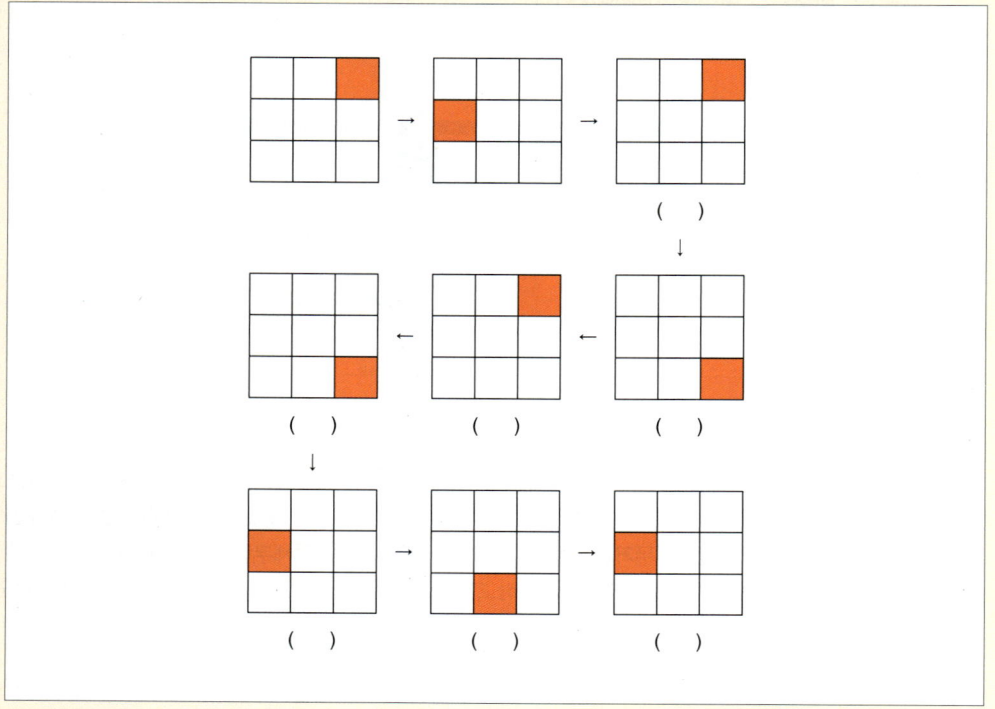

해설

n번째 이전에 나타난 도형과 현재 주어진 도형의 모양이 일치하는지에 대한 여부를 판단하는 유형이다. 제시된 문제는 3번째 도형부터 2번째 이전의 도형인 1번째 도형과 비교해 나가면 된다. 따라서 진행되는 순서를 기준으로 'Y → N → Y → Y → N → N → Y'이다.

Solution

온라인 AI면접에서는 도형이 하나씩 제시되며, 화면이 넘어갈 때마다 n번째 이전 도형과의 일치 여부를 체크해야 한다. 만약 '2번째 이전'이라는 조건이 주어졌다면 인지하고 있던 2번째 이전 도형의 모양을 떠올려 현재 도형과의 일치 여부를 판단함과 동시에 현재 주어진 도형의 모양 역시 암기해 두어야 한다. 이는 판단과 암기가 동시에 이루어져야 하는 문항으로 난도는 상급에 속한다. 순발력과 암기력이 동시에 필요한 어려운 유형이기에 접근조차 못하는 지원자들도 많지만, 끊임없는 연습을 통해 유형에 익숙해질 수 있다. 풀이 방법의 한 예로 여분의 종이를 활용하여 문제를 가린 상태에서 도형을 하나씩 순서대로 보면서 문제를 풀어나가는 것이 있다.

분류코드 일치 여부 판단 유형

05 도형 안에 쓰인 자음, 모음 또는 숫자의 결합이 '분류코드'와 일치하면 Y를, 일치하지 않으면 N을 체크하시오.

> **해설**
>
> 분류코드에는 짝수, 홀수, 자음, 모음 4가지가 존재한다. 분류코드로 짝수 혹은 홀수가 제시된 경우, 도형 안에 있는 자음이나 모음은 신경 쓰지 않아도 되며, 제시된 숫자가 홀수인지 짝수인지만 판단하면 된다. 반대로, 분류코드로 자음 혹은 모음이 제시된 경우에는 숫자를 신경 쓰지 않아도 된다. 제시된 문제에서 분류코드로 홀수가 제시되었지만, 도형 안에 있는 숫자 8은 짝수이므로 N이 정답이다.

> **Solution**
>
> 개념만 파악한다면 쉬운 유형에 속한다. 문제는 순발력으로, 정해진 시간 내에 최대한 많은 문제를 풀어야 한다. 계속해서 진행하다 보면 쉬운 문제도 혼동될 수 있으므로 시간을 정해 빠르게 문제를 해결하는 연습을 반복하고 실전에 임해야 한다.

AI면접 게임 유형 예시 AI INTERVIEW

표정을 통한 감정 판단 유형

06 주어지는 인물의 얼굴 표정을 보고 감정 상태를 판단하시오.

① 무표정　　　　　　　　　② 기쁨
③ 놀람　　　　　　　　　　④ 슬픔
⑤ 분노　　　　　　　　　　⑥ 경멸
⑦ 두려움　　　　　　　　　⑧ 역겨움

> **Solution**
>
> 제시된 인물의 사진을 보고 어떤 감정 상태인지 판단하는 유형의 문제이다. AI면접에서 제시되는 표정은 크게 8가지로, '무표정, 기쁨, 놀람, 슬픔, 분노, 경멸, 두려움, 역겨움'이다. '무표정, 기쁨, 놀람, 슬픔'은 쉽게 인지가 가능하지만, '분노, 경멸, 두려움, 역겨움'에 대한 감정은 비슷한 부분이 많아 혼동이 될 수 있다. 사진을 보고 나서 5초 안에 정답을 선택해야 하므로 깊게 고민할 시간이 없다. 사실 해당 유형이 우리에게 완전히 낯설지는 않은데, 우리는 일상생활 속에서 다양한 사람들을 마주하게 되며 이때 무의식적으로 상대방의 얼굴 표정을 통해 감정을 판단하기 때문이다. 즉, 누구나 어느 정도의 연습이 되어 있는 상태이므로 사진을 보고 즉각적으로 드는 느낌이 정답일 확률이 높다. 따라서 해당 유형은 직관적으로 정답을 선택하는 것이 중요하다. 다만, 대다수의 지원자가 혼동하는 표정에 대한 부분은 어느 정도의 연습이 필요하다.

카드 조합 패턴 파악 유형

07 주어지는 4장의 카드 조합을 통해 대한민국 국가 대표 야구 경기의 승패 예측이 가능하다. 카드 무늬와 앞뒷면의 상태를 바탕으로 승패를 예측하시오(문제당 제한 시간 3초).

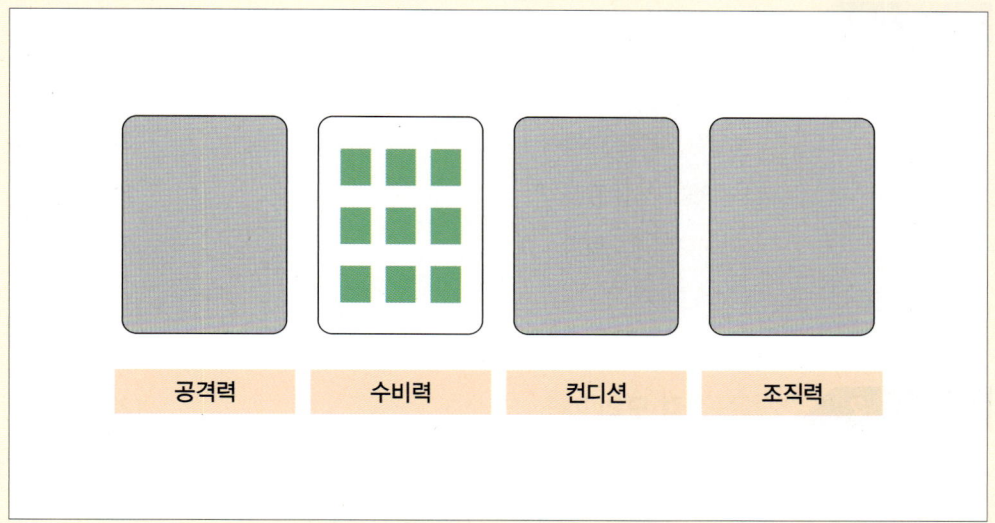

① 승리　　　　　　　　　　　② 패배

> **Solution**
> 계속해서 제시되는 카드 조합을 통해 정답의 패턴을 파악하는 유형이다. 온라인으로 진행되는 AI면접에서는 답을 선택하면 곧바로 정답 여부를 확인할 수 있다. 이에 따라 하나씩 정답을 확인한 후, 몇 번의 시행착오 과정을 바탕으로 카드에 따른 패턴을 유추해 나갈 수 있게 된다. 그렇기 때문에 초반에 제시되는 카드 조합의 정답을 맞히기는 어려우며, 앞서 얻은 정보들을 잘 기억해 두는 것이 핵심이다. 제시된 문제의 정답은 패배이다.

이 책의 차례 CONTENTS

Add+ 2개년 기출복원문제 … 2

PART 1 적성검사
CHAPTER 01 언어력 … 2
CHAPTER 02 수리력 … 38
CHAPTER 03 물리 … 81
CHAPTER 04 화학 … 96

PART 2 최종점검 모의고사 … 128

PART 3 인성검사 … 172

PART 4 면접
CHAPTER 01 면접 유형 및 실전 대책 … 180
CHAPTER 02 S-OIL 실제 면접 … 191

별책 정답 및 해설
PART 1 적성검사 … 2
PART 2 최종점검 모의고사 … 24

Add+

2개년
기출복원문제

※ 기출복원문제는 수험생들의 후기를 통해 시대에듀에서 복원한 문제로 실제 문제와 다소 차이가 있을 수 있으며, 본 저작물의 무단전재 및 복제를 금합니다.

2개년 기출복원문제

01 ▶ 언어력

※ 다음 제시된 단어의 대응 관계로 볼 때, 빈칸에 들어가기에 알맞은 것을 고르시오. [1~6]

| 2025년 하반기

01
시계 : 분침 = ( ) : 잉크

① 먹물　　　　　　　② 볼펜
③ 종이　　　　　　　④ 아날로그
⑤ 편지

| 2025년 하반기

02
학생 : 중학생 = ( ) : 전철

① 기차　　　　　　　② 자전거
③ 대중교통　　　　　④ 버스
⑤ 오토바이

정답 및 해설

01 제시된 단어는 포함 관계이다.
'시계'에는 '분침'이 있고, '볼펜'에는 '잉크'가 있다.

02 제시된 단어는 상하 관계이다.
'중학생'은 '학생'에 포함되며, '전철'은 '대중교통'에 포함된다.

01 ②　02 ③　**정답**

03 | 2025년 상반기

부채 : 선풍기 = 인두 : ( )

① 분무기
② 다리미
③ 세탁소
④ 세탁기
⑤ 난로

04 | 2025년 상반기

냄비 : 조리 = 연필 : ( )

① 필기
② 용지
③ 문방구
④ 지우개
⑤ 공책

정답 및 해설

03 제시된 단어는 서로 같은 기능을 가지는 관계이다.
'부채'와 '선풍기'는 같은 기능을 가지고, '인두'와 '다리미'도 같은 기능을 가진다.

04 제시된 단어는 도구와 용도의 관계이다.
'냄비'는 '조리'가 목적이고, '연필'은 '필기'가 목적이다.

03 ② 04 ① 《정답

05 | 2024년

떡 : 쌀 = ( ) : 밀가루

① 보리   ② 밥
③ 사탕   ④ 빵
⑤ 김치

06 | 2024년

청소 : 빗자루 = 문학 : ( )

① 사상   ② 표현
③ 언어   ④ 감정
⑤ 문법

정답 및 해설

05 제시된 단어는 재료와 결과물의 관계이다.
'떡'을 만드는 재료는 '쌀'이고, '빵'을 만드는 재료는 '밀가루'이다.

06 제시된 단어는 도구와 용도의 관계이다.
'빗자루'로 '청소'를 하고, '언어'로 '문학'을 창작한다.

05 ④   06 ③

※ 다음 제시된 단어의 대응 관계로 볼 때, 빈칸에 들어가기에 알맞은 것끼리 짝지어진 것을 고르시오. [7~12]

07 | 2025년 하반기

목욕 : ( ) = 운동 : ( )

① 휴식, 필수
② 잠, 등산
③ 청결, 건강
④ 식사, 경기
⑤ 영화, 달리기

08 | 2025년 하반기

( ) : 거대하다 = ( ) : 감퇴하다

① 미세하다, 수축하다
② 왜소하다, 증진하다
③ 우람하다, 나아가다
④ 광활하다, 증가하다
⑤ 높다랗다, 전진하다

정답 및 해설

07 제시된 단어는 원인과 결과의 관계이다.
'목욕'을 하면 '청결'해지고, '운동'을 하면 '건강'해진다.

08 제시된 단어는 반의 관계이다.
'왜소하다'는 '거대하다'의 반의어이고, '증진하다'는 '감퇴하다'의 반의어이다.

07 ③ 08 ② 《정답

09

$$(\quad) : 마리 = 포도 : (\quad)$$

① 달걀, 나무
② 닭, 송이
③ 소, 사과
④ 동물, 나무
⑤ 개, 농장

10

$$(\quad) : 알리다 = (\quad) : 해명하다$$

① 고지하다, 밝히다
② 떠안다, 부르다
③ 답습하다, 묵인하다
④ 발언하다, 나가다
⑤ 유언하다, 거절하다

정답 및 해설

09 제시된 단어는 단위 관계이다.
'닭'은 '마리'로 세고, '포도'는 '송이'로 센다.

10 제시된 단어는 유의 관계이다.
'알리다'의 유의어는 '고지하다'이고, '해명하다'의 유의어는 '밝히다'이다.

09 ② 10 ①

11 | 테니스 : (　) = (　) : 배트 | 2024년

① 탁구, 그물
③ 외래어, 크리켓
⑤ 선수, 심판
② 라켓, 야구
④ 코트, 타자

12 | (　) : 설명하다 = 분류하다 : (　) | 2024년

① 설득하다, 불리하다
③ 설비하다, 종합하다
⑤ 조명하다, 분석하다
② 해설하다, 구별하다
④ 평론하다, 분간하다

정답 및 해설

11 제시된 단어는 운동 종목과 도구의 관계이다.
'테니스'를 하기 위해서는 '라켓'이 필요하고, '야구'를 하기 위해서는 '배트'가 필요하다.

12 제시된 단어는 유의 관계이다.
'설명하다'의 유의어는 '해설하다'이고, '분류하다'의 유의어는 '구별하다'이다.

11 ② 12 ②

※ 다음 제시된 단어와 동의 또는 유의 관계인 단어를 고르시오. [13~18]

2025년 하반기

13

| 정세 |

① 정설　　② 정취
③ 정양　　④ 상황
⑤ 여파

2025년 하반기

14

| 정리 |

① 청렴　　② 청유
③ 청산　　④ 파산
⑤ 미진

정답 및 해설

13
- 정세 : 일이 되어가는 형편
- 상황 : 일이 되어가는 과정이나 형편

오답분석
① 정설 : 일정한 결론에 도달하여 이미 확정하거나 인정한 설
② 정취 : 깊은 정서를 자아내는 흥취
③ 정양 : 몸과 마음을 안정하여 휴양함
⑤ 여파 : 어떤 일이 끝난 뒤에 남아 미치는 영향

14
- 정리 : 혼란스러운 상태에 있는 것을 치우거나 모아서 질서 있는 상태가 되게 함
- 청산 : 서로 간에 채무·채권 관계를 셈하여 깨끗이 해결함

오답분석
① 청렴 : 성품과 행실이 고결하고 탐욕이 없음
② 청유 : 속세와 떨어져 아담하고 깨끗하며 그윽함 또는 그런 곳
④ 파산 : 재산을 모두 잃고 망함
⑤ 미진 : 다하지 못함

13 ④　14 ③　**정답**

| 2025년 상반기

15

구속

① 도전 ② 검열
③ 속박 ④ 반대
⑤ 찬성

| 2025년 상반기

16

정직

① 교활 ② 진실
③ 개정 ④ 거짓
⑤ 실직

정답 및 해설

15
- 구속(拘束) : 행동이나 의사의 자유를 제한하거나 속박함
- 속박(束縛) : 어떤 행위나 권리의 행사를 자유로이 하지 못하도록 강압적으로 얽어매거나 제한함

  오답분석
  ① 도전(挑戰) : 정면으로 맞서 싸움을 걺
  ② 검열(檢閱) : 어떤 행위나 사업 따위를 살펴 조사하는 일
  ④ 반대(反對) : 어떤 행동이나 견해, 제안 따위에 따르지 아니하고 맞서 거스름
  ⑤ 찬성(贊成) : 어떤 행동이나 견해, 제안 따위가 옳거나 좋다고 판단하여 수긍함

16
- 정직(正直) : 마음에 거짓이나 꾸밈이 없이 바르고 곧음
- 진실(眞實) : 마음에 거짓이 없이 순수하고 바름

  오답분석
  ① 교활(狡猾) : 간사하고 꾀가 많음
  ③ 개정(改定) : 글자나 글의 틀린 곳을 고쳐 바로잡음
  ④ 거짓 : 사실과 어긋난 것. 또는 사실이 아닌 것을 사실처럼 꾸민 것
  ⑤ 실직(失職) : 직업을 잃음

15 ③ 16 ② **정답**

17 | 2024년

| 긴축 |

① 긴장 ② 절약
③ 수축 ④ 수렴
⑤ 구축

18 | 2024년

| 상정 |

① 가정 ② 사색
③ 성현 ④ 고찰
⑤ 인정

정답 및 해설

17
- 긴축(緊縮) : 재정의 기초를 다지기 위하여 지출을 줄임
- 절약(節約) : 함부로 쓰지 아니하고 꼭 필요한 데에만 써서 아낌

오답분석
① 긴장(緊張) : 마음을 조이고 정신을 바짝 차림
③ 수축(收縮) : 근육 따위가 오그라듦
④ 수렴(收斂) : 의견이나 사상 따위가 여럿으로 나뉘어 있는 것을 하나로 모아 정리함
⑤ 구축(構築) : 체제, 체계 따위의 기초를 닦아 세움

18
- 상정(想定) : 어떤 정황을 가정적으로 생각하여 단정함
- 가정(假定) : 사실이 아니거나 또는 사실인지 아닌지 분명하지 않은 것을 임시로 인정함

오답분석
② 사색(思索) : 어떤 것에 대하여 깊이 생각하고 이치를 따짐
③ 성현(聖賢) : 성인(聖人)과 현인(賢人)을 아울러 이르는 말
④ 고찰(考察) : 어떤 것을 깊이 생각하고 연구함
⑤ 인정(認定) : 확실히 그렇다고 여김

17 ② 18 ① 《정답》

※ 다음 제시된 단어와 반의 관계인 단어를 고르시오. [19~24]

| 2025년 하반기

19
| 결핍 |

① 결여
② 억제
③ 행복
④ 충족
⑤ 쾌락

| 2025년 하반기

20
| 승인 |

① 묵인
② 용인
③ 거부
④ 묵과
⑤ 지적

정답 및 해설

19
- 결핍 : 있어야 할 것이 없어지거나 모자람
- 충족 : 넉넉하여 모자람이 없음

오답분석
① 결여 : 마땅히 있어야 할 것이 빠져서 없거나 모자람
② 억제 : 감정이나 욕망, 충동적 행동 따위를 내리눌러서 그치게 함
③ 행복 : 생활에서 충분한 만족과 기쁨을 느끼어 흐뭇함
⑤ 쾌락 : 유쾌하고 즐거움

20
- 승인 : 어떤 사실을 마땅하다고 받아들임
- 거부 : 요구나 제의 따위를 받아들이지 않고 물리침

오답분석
① 묵인 : 모르는 체하고 하려는 대로 내버려 둠으로써 슬며시 인정함
② 용인 : 용납하여 인정함
④ 묵과 : 잘못을 알고도 모르는 체하고 그대로 넘김
⑤ 지적 : 꼭 집어서 가리킴

19 ④ 20 ③ 정답

| 2025년 상반기

21 | 진출 |

① 진압　　　　　　　　② 차출
③ 누락　　　　　　　　④ 철수
⑤ 정착

| 2025년 상반기

22 | 가난 |

① 도탄　　　　　　　　② 풍요
③ 불안　　　　　　　　④ 산만
⑤ 곤궁

정답 및 해설

21
- 진출(進出) : 어떤 방면으로 활동 범위나 세력을 넓혀 나아감
- 철수(撤收) : 진출하였던 곳에서 시설이나 장비 따위를 거두어 가지고 물러남

오답분석
① 진압(鎭壓) : 강압적인 힘으로 억눌러 진정시킴
② 차출(差出) : 어떤 일을 시키기 위하여 인원을 선발하여 냄
③ 누락(漏落) : 기입되어야 할 것이 기록에서 빠짐
⑤ 정착(定着) : 일정한 곳에 자리를 잡아 붙박이로 있거나 머물러 삶

22
- 가난 : 살림살이가 넉넉하지 못함. 또는 그런 상태
- 풍요(豊饒) : 흠뻑 많아서 넉넉함

오답분석
① 도탄(塗炭) : 진구렁에 빠지고 숯불에 탄다는 뜻으로, 몹시 곤궁하여 고통스러운 지경을 이르는 말
③ 불안(不安) : 마음이 편하지 아니하고 조마조마함
④ 산만(散漫) : 어수선하여 질서나 통일성이 없음
⑤ 곤궁(困窮) : 가난하여 살림이 구차함

21 ④　　22 ②　　**정답**

| 2024년

23　　가지런하다

① 고르다　　　　　　　　② 똑바르다
③ 균등하다　　　　　　　④ 나란하다
⑤ 들쭉날쭉하다

| 2024년

24　　반박하다

① 부정하다　　　　　　　② 수긍하다
③ 거부하다　　　　　　　④ 비판하다
⑤ 논박하다

정답 및 해설

23
- 가지런하다 : 여럿이 층이 나지 않고 고르게 되어 있다.
- 들쭉날쭉하다 : 들어가기도 하고 나오기도 하여 가지런하지 아니하다.

  오답분석
  ① 고르다 : 여럿이 다 높낮이, 크기, 양 따위의 차이가 없이 한결같다.
  ② 똑바르다 : 어느 쪽으로도 기울지 않고 곧다.
  ③ 균등하다 : 고르고 가지런하여 차별이 없다.
  ④ 나란하다 : 여럿이 줄지어 늘어선 모양이 가지런하다.

24
- 반박하다 : 어떤 의견, 주장, 논설 따위에 반대하여 말하다.
- 수긍하다 : 옳다고 인정하다.

  오답분석
  ① 부정하다 : 그렇지 아니하다고 단정하거나 옳지 아니하다고 반대하다.
  ③ 거부하다 : 요구나 제의 따위를 받아들이지 않고 물리치다.
  ④ 비판하다 : 현상이나 사물의 옳고 그름을 판단하여 밝히거나 잘못된 점을 지적하다.
  ⑤ 논박하다 : 어떤 주장이나 의견에 대하여 그 잘못된 점을 조리 있게 공격하여 말하다.

23 ⑤　24 ②

※ 다음 중 서로 동의 또는 유의 관계인 단어 2개를 고르시오. [25~27]

2025년 하반기

25 ① 특별   ② 희망   ③ 효능   ④ 효감   ⑤ 염원

2025년 상반기

26 ① 모순   ② 단초   ③ 관용   ④ 당착   ⑤ 임시

2024년

27 ① 해이   ② 미개   ③ 밀집   ④ 야만   ⑤ 냉대

정답 및 해설

25
- 희망 : 앞일에 대하여 어떤 기대를 가지고 바람
- 염원 : 마음에 간절히 생각하고 기원함

오답분석
① 특별 : 보통과 구별되게 다름
③ 효능 : 효험을 나타내는 능력
④ 효감 : 효심이 깊은 행동에 하늘과 사람이 모두 감동함

26
- 모순(矛盾) : 어떤 사실의 앞뒤, 또는 두 사실이 이치상 어긋나서 서로 맞지 않음
- 당착(撞着) : 말이나 행동 따위의 앞뒤가 맞지 않음

오답분석
② 단초(端初) : 일이나 사건을 풀어 나갈 수 있는 첫머리
③ 관용(慣用) : 습관적으로 늘 씀. 또는 그렇게 쓰는 것
⑤ 임시(臨時) : 미리 정하지 아니하고 그때그때 필요에 따라 정한 것

27
- 미개(未開) : 어떤 사회가 발전되지 않고 문화 수준이 낮은 상태
- 야만(野蠻) : 미개하여 문화 수준이 낮은 상태. 또는 그런 종족

오답분석
① 해이(解弛) : 긴장이나 규율 따위가 풀려 마음이 느슨함
③ 밀집(密集) : 빈틈없이 빽빽하게 모임
⑤ 냉대(冷待) : 정성을 들이지 않고 아무렇게나 하는 대접

정답 25 ②, ⑤   26 ①, ④   27 ②, ④

※ 다음 중 서로 반의 관계인 단어 2개를 고르시오. [28~30]

| 2025년 하반기

28 ① 조잡   ② 해산   ③ 억제   ④ 억압   ⑤ 정밀

| 2025년 상반기

29 ① 은폐   ② 승인   ③ 발견   ④ 탄로   ⑤ 암묵

| 2024년

30 ① 가공   ② 외환   ③ 만성   ④ 외지   ⑤ 내우

정답 및 해설

28 • 조잡 : 말이나 행동, 솜씨 따위가 거칠고 잡스러워 품위가 없음
• 정밀 : 아주 정교하고 치밀하여 빈틈이 없고 자세함

오답분석
② 해산 : 모였던 사람이 흩어짐 또는 흩어지게 함
③ 억제 : 감정이나 욕망, 충동적 행동 따위를 내리눌러서 그치게 함
④ 억압 : 자기의 뜻대로 자유로이 행동하지 못하도록 억지로 억누름

29 • 은폐(隱蔽) : 덮어 감추거나 가리어 숨김
• 탄로(綻露) : 숨긴 일을 드러냄

오답분석
② 승인(承認) : 어떤 사실을 마땅하다고 받아들임
③ 발견(發見) : 미처 찾아내지 못하였거나 아직 알려지지 아니한 사물이나 현상, 사실 따위를 찾아냄
⑤ 암묵(暗默) : 자기 의사를 밖으로 나타내지 아니함

30 • 외환(外患) : 외적의 침범에 대한 걱정
• 내우(內憂) : 나라 안의 걱정

오답분석
① 가공(加功) : 원자재나 반제품을 인공적으로 처리하여 새로운 제품을 만들거나 제품의 질을 높임
③ 만성(慢性) : 버릇이 되다시피 하여 쉽게 고쳐지지 아니하는 상태나 성질
④ 외지(外地) : 자기가 사는 곳 밖의 다른 고장

정답 28 ①, ⑤ 29 ①, ④ 30 ②, ⑤

※ 다음 글의 주제로 가장 적절한 것을 고르시오. [31~33]

2025년 하반기

31

> 우리 민족은 처마 끝의 곡선, 버선발의 곡선 등 직선보다는 곡선을 좋아했고, 그러한 곡선의 문화가 곳곳에 배어있다. 이것은 민요의 경우도 마찬가지이다. 서양 음악에서 '도'가 한 박이면 한 박, 두 박이면 두 박, 길든 짧든 같은 음이 곧게 지속되는데 우리 음악은 '시김새'에 의해 음을 곧게 내지 않고 흔들어 낸다. 시김새는 어떤 음높이의 주변에서 맴돌며 가락에 멋을 더하는 역할을 하는 장식음이다. 시김새란 '삭다'라는 말에서 나왔다. 그렇기 때문에 시김새라는 단어가 김치 담그는 과정에서 생겨났다고 볼 수 있다. 김치를 담글 때 무나 배추를 소금에 절여 숨을 죽이고 갖은 양념을 해서 일정 기간 숙성시켜 맛을 내듯, 시김새 역시 음악가가 손과 마음으로 삭여냈을 때 맛이 드는 것과 비슷하기 때문이다. 이 때문에 시김새가 '삭다.'라는 말에서 나온 것으로 본다. 더욱이 같은 재료를 썼는데도 집집마다 김치 맛이 다르고, 지방에 따라 양념을 고르는 법이 달라 다른 맛을 내듯 시김새는 음악 표현의 질감을 달리하는 핵심 요소이다.

① 민요에서 볼 수 있는 우리 민족의 곡선 문화
② 시김새에 의한 민요의 특징
③ 시김새의 정의와 어원
④ 시김새와 김치의 공통점
⑤ 시김새에서 김치의 역할

정답 및 해설

31 제시문은 민요의 시김새가 무엇인지 설명하고 있다. 또한 시김새가 '삭다'라는 말에서 나온 단어라고 서술하고 있다. 따라서 '시김새의 정의와 어원'이 글의 주제로 가장 적절하다.

31 ③ **정답**

32

싱가포르에서는 1982년부터 자동차에 대한 정기검사 제도가 시행되었는데, 그 체계가 우리나라의 검사 제도와 매우 유사하다. 단, 국내와는 다르게 재검사에 대해 수수료를 부과하고 있고 금액은 처음 검사 수수료의 절반이다.

싱가포르의 자동차 검사에서 특이한 점은 2007년 1월 1일부터 디젤 자동차에 대한 배출가스 정밀검사가 시행되고 있다는 점이다. 안전도 검사의 검사 방법 및 기준은 교통부에서 주관하고 배출가스 검사의 검사 방법 및 기준은 환경부에서 주관하고 있다.

싱가포르는 사실상 자동차 등록 총량제에 의해 관리되고 있다. 우리나라와는 다르게 자동차를 운행할 수 있는 권리증을 자동차 구매와 별도로 구매하여야 하며 그 가격이 매우 높다. 또한 일정 구간(혼잡구역)에 대한 도로세를 우리나라의 하이패스 시스템과 유사한 시스템인 ERP시스템을 통하여 징수하고 있다.

강력한 자동차 안전도 규제, 이륜차에 대한 체계적인 검사와 ERP를 이용한 관리를 통해 검사진로 내에서 사진 촬영보다 유용한 시스템을 적용한다. 그리고 분기별 기기 정밀도 검사를 시행하여 국민에게 신뢰받을 수 있는 정기검사 제도를 시행하고 국민의 신고에 의한 수시검사 제도를 통하여 불법 자동차 근절에 앞장서고 있다.

① 싱가포르 자동차 관리 시스템
② 싱가포르와 우리나라의 교통규제시스템
③ 싱가포르의 자동차 정기검사 제도
④ 싱가포르의 불법자동차 근절방법
⑤ 국민에게 신뢰받는 싱가포르의 교통법규

정답 및 해설

32 제시문은 싱가포르가 어떻게 자동차를 규제하고 관리하는지를 설명하고 있으므로 '싱가포르의 자동차 관리 시스템'이 글의 주제로 가장 적절하다.

32 ① **정답**

33

> 세계 최대의 소금사막인 우유니 사막은 남아메리카 중앙부 볼리비아의 포토시주(州)에 위치한 소금 호수로, '우유니 소금사막' 혹은 '우유니 염지' 등으로 불린다. 지각변동으로 솟아오른 바다가 빙하기를 거쳐 녹기 시작하면서 거대한 호수가 생겨났다. 면적은 1만 2,000km^{2}이며 해발고도 3,680m의 고지대에 위치한다. 물이 배수되지 않은 지형적 특성 때문에 물이 고여 얕은 호수가 되었으며, 소금으로 덮인 수면 위에 푸른 하늘과 흰 구름이 거울처럼 투명하게 반사되어 관광지로도 이름이 높다. 소금층 두께는 30cm부터 깊은 곳은 100m 이상이며 호수의 소금 매장량은 약 100억 톤 이상이다. 우기인 12월에서 3월 사이에는 20~30cm의 물이 고여 얕은 염호를 형성하는 반면, 긴 건기 동안에는 표면뿐만 아니라 사막의 아래까지 증발한다. 특이한 점은 지역에 따라 호수의 색이 흰색, 적색, 녹색 등의 다른 빛깔을 띤다는 점이다. 이는 호수마다 쌓인 침전물의 색깔과 조류의 색깔이 다르기 때문이다. 또한 소금 사막 곳곳에서는 커다란 바위부터 작은 모래까지 한꺼번에 섞인 빙하성 퇴적물들과 같은 빙하의 흔적들을 볼 수 있다.

① 우유니 사막 이름의 유래
② 우유니 사막의 주민 생활
③ 우유니 사막의 기후와 식생
④ 우유니 사막의 관광 상품 종류
⑤ 우유니 사막의 자연지리적 특징

정답 및 해설

33 제시문은 우유니 사막의 위치와 형성, 특징 등에 대해 설명하고 있으므로 '우유니 사막의 자연지리적 특징'이 글의 주제로 가장 적절하다.

33 ⑤

※ 다음 문장을 논리적 순서대로 바르게 나열한 것을 고르시오. [34~35]

2025년 하반기

34

(가) 어려서부터 모국어를 익히는 과정에서 이미 문법을 내재화했기 때문이다.
(나) 자신의 언어활동을 반성해 보고, 틀린 부분을 고쳐 보는 습관을 기르면서 문법적 직관이 발달하게 된다.
(다) 그런데 이 문법적 직관은 저절로 얻어지는 것은 아니다.
(라) 원어민은 문법을 따로 배우지 않더라도 자유자재로 모국어를 구사할 수 있다.
(마) 모든 원어민은 문법을 바탕으로 언어를 구사하는 데 나름대로의 판단 기준인 문법적 직관이 있다.

① (나) – (가) – (다) – (마) – (라)
② (나) – (다) – (가) – (마) – (라)
③ (라) – (가) – (마) – (다) – (나)
④ (라) – (마) – (다) – (가) – (나)
⑤ (마) – (나) – (가) – (라) – (다)

2025년 상반기

35

(가) 여름에는 찬 음식을 많이 먹거나 냉방기를 과도하게 사용하는 경우가 많은데, 그렇게 되면 체온이 떨어져 면역력이 약해지기 때문이다.
(나) 만약 감기에 걸렸다면 탈수로 인한 탈진을 방지하기 위해 수분을 충분히 섭취해야 한다.
(다) 특히 감기로 인해 열이 나거나 기침을 할 때에는 따뜻한 물을 여러 번에 나누어 먹는 것이 좋다.
(라) 여름철 감기를 예방하기 위해서는 찬 음식은 적당히 먹어야 하고 냉방기에 장시간 노출되는 것을 피해야 하며, 충분한 휴식을 취하고, 집에 돌아온 후에는 손발을 꼭 씻어야 한다.
(마) 일반적으로 감기는 겨울에 걸린다고 생각하지만 의외로 여름에도 감기에 걸린다.

① (가) – (다) – (나) – (라) – (마)
② (라) – (가) – (다) – (마) – (나)
③ (라) – (가) – (마) – (나) – (다)
④ (마) – (가) – (라) – (나) – (다)
⑤ (마) – (다) – (라) – (나) – (가)

정답 및 해설

34 제시문은 원어민은 문법을 따로 배우지 않아도 자유자재로 모국어를 구사할 수 있는 이유에 대해 설명하고 있다. 따라서 (라) 원어민은 문법을 따로 배우지 않음 – (가) 어려서부터 문법을 내재화했기 때문 – (마) 모든 원어민은 문법적 직관이 있음 – (다) 그런데 이 문법적 직관은 저절로 얻어지지 않음 – (나) 언어활동을 통해 문법적 직관이 발달함 순으로 나열하는 것이 적절하다.

35 제시문은 여름에도 감기에 걸리는 이유와 예방 및 치료 방법에 대해 설명하고 있다. 따라서 (마) 의외로 여름에도 감기에 걸림 – (가) 찬 음식과 과도한 냉방기 사용으로 체온이 떨어져 면역력이 약해짐 – (라) 감기 예방을 위해 찬 음식은 적당히 먹고 충분한 휴식을 취하고, 귀가 후 손발을 씻어야 함 – (나) 감기에 걸렸다면 수분을 충분히 섭취해야 함 – (다) 열이나 기침이 날 때에는 따뜻한 물을 여러 번 나눠 먹는 것이 좋음 순으로 나열하는 것이 적절하다.

34 ③ **35** ④

02 ▶ 수리력

※ 다음과 같이 일정한 규칙으로 수를 나열할 때, 빈칸에 들어갈 알맞은 수를 고르시오. [1~12]

2025년 하반기

01

10　8　16　13　39　35　(　)

① 90　　　　　② 100
③ 120　　　　　④ 140
⑤ 150

2025년 하반기

02

2　12　4　24　8　48　16　(　)

① 84　　　　　② 96
③ 100　　　　　④ 102
⑤ 106

2025년 하반기

03

2　3　(　)　　8　27　17　　10　9　13

① 1　　　　　② 2
③ 3　　　　　④ 4
⑤ 5

정답 및 해설

01 −2, ×2, −3, ×3, −4, ×4, …인 수열이다.
따라서 (　)=35×4=140이다.

02 앞의 항에 ×6, ÷3을 번갈아 적용하는 수열이다.
따라서 (　)=16×6=96이다.

03 나열된 수를 각각 A, B, C라고 하면
$\underline{A\ B\ C} \rightarrow A+B\div 3=C$
따라서 (　)=2+3÷3=2+1=3이다.

01 ④　**02** ②　**03** ③ ◁정답

04

| 2025년 하반기

<u>11 21 10</u>　<u>10 36 8</u>　<u>8 ( ) 5</u>

① 12　　　　　　　　② 13
③ 36　　　　　　　　④ 39
⑤ 43

05

| 2025년 상반기

1　2　2　6　4　18　(　)

① 8　　　　　　　　② 9
③ 10　　　　　　　④ 12
⑤ 14

06

| 2025년 상반기

3　12　6　24　12　48　(　)　96

① 16　　　　　　　② 20
③ 24　　　　　　　④ 28
⑤ 30

정답 및 해설

04 나열된 수를 각각 A, B, C라고 하면
<u>A B C</u> → $B = A^2 - C^2$
따라서 (　) $= 8^2 - 5^2 = 39$이다.

05 홀수 항은 ×2, 짝수 항은 ×3을 하는 수열이다.
따라서 (　) $= 4 \times 2 = 8$이다.

06 앞에 항에 ×4, ÷2를 번갈아 적용하는 수열이다.
따라서 (　) $= 48 \div 2 = 24$이다.

04 ④　05 ①　06 ③

2025년 상반기

07 $\dfrac{3}{2}$ 8 12 $\dfrac{7}{20}$ $\dfrac{5}{3}$ $\dfrac{7}{12}$ $\dfrac{5}{6}$ $\dfrac{2}{5}$ ( )

① $\dfrac{5}{6}$
② $\dfrac{2}{3}$
③ $\dfrac{3}{5}$
④ $\dfrac{1}{3}$
⑤ $\dfrac{1}{6}$

2025년 상반기

08 12 6 3   8 ( ) 2   4 12 36

① 1
② 2
③ 3
④ 4
⑤ 5

2024년

09 4 6 12 24 ( ) 96 108 384

① 9
② 10
③ 28
④ 36
⑤ 44

정답 및 해설

07 나열된 수를 각각 A, B, C라고 하면
$\underline{A\ B\ C} \rightarrow C = A \times B$
따라서 ( ) $= \dfrac{5}{6} \times \dfrac{2}{5} = \dfrac{1}{3}$ 이다.

08 나열된 수를 각각 A, B, C라고 하면
$\underline{A\ B\ C} \rightarrow B^2 = A \times C$
따라서 ( ) $= \sqrt{8 \times 2} = 4$이다.

09 홀수 항은 ×3, 짝수 항은 ×4를 하는 수열이다.
따라서 ( ) $= 12 \times 3 = 36$이다.

07 ④   **08** ④   **09** ④

10

| 84 80 42 20 21 ( ) 10.5 1.25 |

① 3 ② 4
③ 5 ④ 6
⑤ 7

11

| 4 5 19 8 7 55 10 2 ( ) |

① 19 ② 20
③ 21 ④ 22
⑤ 23

12

| 3 −4 6 7 4 ( ) 18 −3 27 |

① −2 ② −5
③ −8 ④ −14
⑤ −20

정답 및 해설

10 홀수 항은 ÷2, 짝수 항은 ÷4를 하는 수열이다.
따라서 ( )=20÷4=5이다.

11 나열된 수를 각각 A, B, C라고 하면
$\underline{A\ B\ C} \rightarrow A \times B - 1 = C$
따라서 ( )=10×2−1=19이다.

12 나열된 수를 각각 A, B, C라고 하면
$\underline{A\ B\ C} \rightarrow A \times B = -2C$
따라서 ( )=$7 \times 4 \times \left(-\dfrac{1}{2}\right)$=−14이다.

10 ③ 11 ① 12 ④

| 2025년 하반기

13 세 자연수 a, b, c가 있다. $a+b+c=5$일 때, 순서쌍 (a, b, c)는 몇 가지가 나오는가?(단, a, b, c는 자연수이다)

① 1가지 ② 3가지
③ 4가지 ④ 6가지
⑤ 7가지

| 2025년 상반기

14 $\dfrac{1}{\sqrt{36}}+\dfrac{1}{\sqrt{4}}$ 의 값은?

① $\dfrac{3}{16}$ ② $\dfrac{5}{12}$
③ $\dfrac{2}{3}$ ④ $\dfrac{3}{4}$
⑤ $\dfrac{3}{2}$

정답 및 해설

13 $a+b+c=5$
- $a=1$일 경우 : (1, 1, 3), (1, 2, 2), (1, 3, 1) → 3가지
- $a=2$일 경우 : (2, 1, 2), (2, 2, 1) → 2가지
- $a=3$일 경우 : (3, 1, 1) → 1가지

∴ 3+2+1=6가지
따라서 나올 수 있는 순서쌍은 6가지이다.

14 분모의 루트를 풀어 주어진 식을 계산하면 다음과 같다.
$$\dfrac{1}{\sqrt{36}}+\dfrac{1}{\sqrt{4}}=\dfrac{1}{6}+\dfrac{1}{2}=\dfrac{1+3}{6}=\dfrac{2}{3}$$

13 ④ 14 ③

| 2025년 하반기

15 아버지는 45세, 아들은 13세이다. 아버지의 나이가 아들의 나이의 3배가 되는 것은 몇 년 후인가?

① 1년 후
② 2년 후
③ 3년 후
④ 4년 후
⑤ 5년 후

| 2025년 상반기

16 S고등학교의 올해 남학생과 여학생 수는 작년에 비해 남학생은 8% 증가하고, 여학생은 10% 감소했다. 작년의 전체 학생 수는 820명이고, 올해는 작년에 비해 10명이 감소했다고 할 때, 작년의 여학생 수는?

① 400명
② 410명
③ 420명
④ 430명
⑤ 440명

정답 및 해설

15 아버지의 나이가 아들의 나이의 3배가 되는 때를 x년 후라고 하면 다음과 같은 식이 성립한다.
$45+x=3(13+x)$
→ $-2x=-6$
∴ $x=3$
따라서 아버지의 나이가 아들의 나이의 3배가 되는 것은 3년 후이다.

16 작년의 남학생 수와 여학생 수를 각각 a, b명이라 하면 다음과 같은 식이 성립한다.
작년의 전체 학생 수 : $a+b=820$ ⋯ ㉠
올해의 전체 학생 수 : $1.08a+0.9b=810$ ⋯ ㉡
㉠과 ㉡을 연립하면 $a=400$, $b=420$이다.
따라서 작년 여학생 수는 420명이다.

15 ③ 16 ③

| 2024년

17 농도가 14%로 오염된 물 50g에 깨끗한 물을 넣어 오염농도를 4%p 줄이려고 한다. 이때 넣어야 하는 깨끗한 물의 양은?

① 5g ② 10g
③ 15g ④ 20g
⑤ 25g

| 2024년

18 정환이와 민주가 둘레의 길이가 12km인 원 모양의 트랙 위에서 인라인 스케이트를 타고 있다. 같은 지점에서 출발하여 서로 같은 방향으로 돌면 3시간 후에 만나고, 서로 반대 방향으로 돌면 45분 후에 만난다고 할 때, 정환이의 속력은?(단, 정환이의 속력이 민주의 속력보다 빠르다)

① 4km/h ② 6km/h
③ 8km/h ④ 10km/h
⑤ 12km/h

정답 및 해설

17 오염물질의 양은 $\frac{14}{100} \times 50 = 7$g이므로 깨끗한 물을 xg 더 넣어 오염농도를 10%로 만든다면 다음과 같은 식이 성립한다.

$\frac{7}{50+x} \times 100 = 10$

→ $700 = 10 \times (50+x)$

∴ $x = 20$

따라서 깨끗한 물을 20g 더 넣어야 한다.

18 정환이의 속력을 $x$km/h, 민주의 속력을 $y$km/h라고 하면 다음과 같은 식이 성립한다.

$\frac{3}{4}x + \frac{3}{4}y = 12 \cdots \text{㉠}$

$3x - 3y = 12 \cdots \text{㉡}$

㉠, ㉡을 연립하면 $x=10$, $y=6$이다.

따라서 정환이의 속력은 10km/h이다.

17 ④ **18** ④

※ 다음 중 제시된 도형과 같은 것을 고르시오. [19~21]

2025년 하반기

19

① 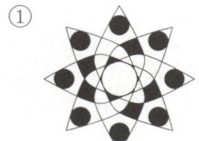　　②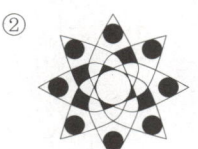

③ 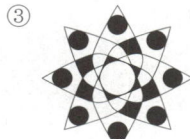　　④

⑤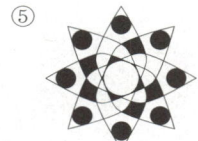

정답 및 해설

19

① 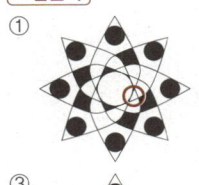　　②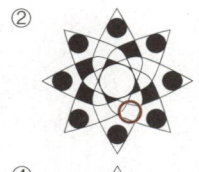

③ 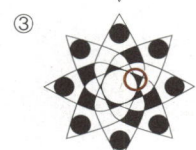　　④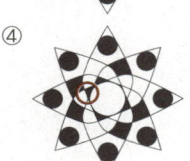

19 ⑤ **정답**

20

①    ②

③    ④

⑤

정답 및 해설

20 [오답분석]

①    ②

③ 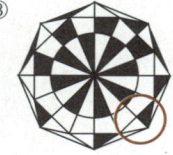   ④

20 ⑤ 〈정답

21

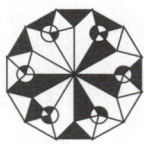

① 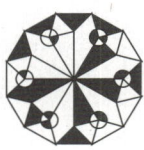   ②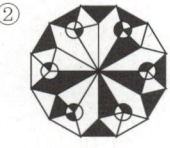

③    ④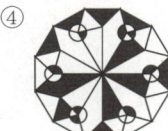

⑤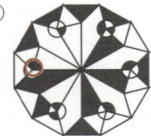

정답 및 해설

21 [오답분석]

② 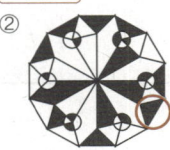   ③

④   ⑤

21 ①

※ 다음 중 나머지 도형과 다른 것을 고르시오. [22~24]

2025년 하반기

22 ①  ②

③  ④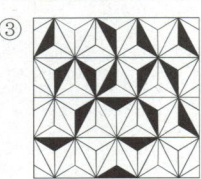

⑤

정답 및 해설

22

22 ③

23

① 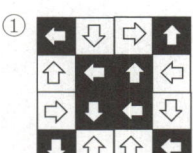　②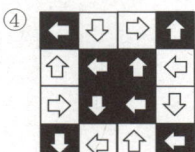

③ 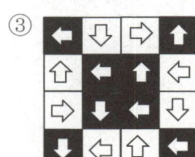　④

⑤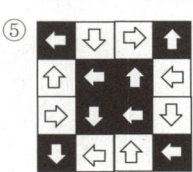

정답 및 해설

23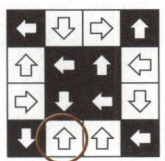

23 ①

24 ①  ②

③  ④

⑤

※ 제시된 〈조건〉을 이용해 식을 계산한 값으로 옳은 것을 고르시오. [25~26]

조건

$$a\,□\,b = a^2 + 2ab - b$$
$$a\,■\,b = a - 2ab + b^2$$

2025년 하반기

25

3□7

① 44　　　　② 45
③ 46　　　　④ 47
⑤ 48

2025년 하반기

26

4■11

① 36　　　　② 37
③ 38　　　　④ 39
⑤ 40

정답 및 해설

25 $3\,□\,7 = 3^2 + 2 \times 3 \times 7 - 7 = 9 + 42 - 7 = 44$

26 $4\,■\,11 = 4 - 2 \times 4 \times 11 + 11^2 = 4 - 88 + 121 = 37$

정답 25 ①　26 ②

※ 제시된 〈조건〉을 이용해 식을 계산한 값으로 옳은 것을 고르시오. [27~28]

조건

$$a \diamond b = a^3 - ab^2$$
$$a \blacklozenge b = a^2b - b^3$$

2025년 하반기

27

$$40 \diamond 41$$

① $-5,080$　　② $-4,230$
③ $-3,240$　　④ $-2,120$
⑤ $-1,530$

2025년 하반기

28

$$63 \blacklozenge 62$$

① $2,540$　　② $5,800$
③ $7,750$　　④ $8,500$
⑤ $9,750$

정답 및 해설

27　$40 \diamond 41 = 40(40^2 - 41^2) = 40(40+41)(40-41) = -40 \times 81 = -3,240$

28　$63 \blacklozenge 62 = 62(63^2 - 62^2) = 62(63+62)(63-62) = 62 \times 125 = 7,750$

27 ③　28 ③　**정답**

※ 제시된 〈조건〉을 이용해 식을 계산한 값으로 옳은 것을 고르시오. [29~30]

조건

$$a \triangledown b = a^2 + b^2 - ab$$
$$a \blacktriangledown b = a^2 + b^2 + ab$$

| 2025년 상반기

29

$$17 \triangledown 9$$

① 214　　　　② 215
③ 216　　　　④ 217
⑤ 218

| 2025년 상반기

30

$$3 \blacktriangledown 23$$

① 606　　　　② 607
③ 608　　　　④ 609
⑤ 610

정답 및 해설

29 $17 \triangledown 9 = 17^2 + 9^2 - 17 \times 9 = 289 + 81 - 153 = 217$

30 $3 \blacktriangledown 23 = 3^2 + 23^2 + 3 \times 23 = 9 + 529 + 69 = 607$

29 ④　30 ②

※ 제시된 〈조건〉을 이용해 식을 계산한 값으로 옳은 것을 고르시오. [31~32]

조건

$$a \blacktriangleright b = (3a+2b)ab$$
$$a \triangleright b = \sqrt{a^2 - 2ab + b^2}$$

| 2025년 상반기

31

$$7 \blacktriangleright 12$$

① 3,555　　　　　　　② 3,646
③ 3,760　　　　　　　④ 3,780
⑤ 3,870

| 2025년 상반기

32

$$(8 \triangleright 13) \blacktriangleright 7$$

① 1,015　　　　　　　② 1,046
③ 1,055　　　　　　　④ 1,064
⑤ 1,075

정답 및 해설

31　$7 \blacktriangleright 12 = (3 \times 7 + 2 \times 12) \times 7 \times 12 = 3,780$

32　$8 \triangleright 13 = \sqrt{8^2 - 2 \times 8 \times 13 + 13^2} = \sqrt{25} = 5$
　　　$(8 \triangleright 13) \blacktriangleright 7 = 5 \blacktriangleright 7 = (3 \times 5 + 2 \times 7) \times 5 \times 7 = 1,015$

31 ④　32 ①　**《정답》**

※ 제시된 〈조건〉을 이용해 식을 계산한 값으로 옳은 것을 고르시오. [33~34]

조건

$$a \bigcirc b = a^2 b^2$$
$$a \bullet b = \frac{a}{2} + \frac{b}{5}$$

2024년

33

$$7 \bigcirc 3$$

① 264
② 348
③ 403
④ 441
⑤ 486

2024년

34

$$86 \bullet 100$$

① 36
② 45
③ 54
④ 63
⑤ 72

정답 및 해설

33 $7 \bigcirc 3 = 7^2 \times 3^2 = 49 \times 9 = 441$

34 $86 \bullet 100 = \frac{86}{2} + \frac{100}{5} = 43 + 20 = 63$

33 ④ 34 ④ **정답**

※ 제시된 〈조건〉을 이용해 식을 계산한 값으로 옳은 것을 고르시오. [35~36]

조건

$$a \heartsuit b = a^2b^2 - a^2b + ab^2 - ab$$
$$a \blacktriangledown b = a^2b^2 + a^2b - ab^2 - ab$$

35 | 2024년

$$3 \heartsuit 22$$

① 5,344 ② 5,544
③ 5,744 ④ 5,944
⑤ 6,044

36 | 2024년

$$2 \blacktriangledown 8$$

① 142 ② 143
③ 144 ④ 145
⑤ 146

정답 및 해설

35 $3 \heartsuit 22 = 3 \times 22 \times (3+1) \times (22-1) = 66 \times 4 \times 21 = 5,544$

36 $2 \blacktriangledown 8 = 2 \times 8 \times (2-1)(8+1) = 16 \times 9 = 144$

35 ② 36 ③

03 ▶ 물리·화학

| 2025년 하반기

01 다음은 (가)에서 (나)로 공이 운동한 경로를 나타낸 것이다. 구간 A~D중 위치에너지가 운동에너지로 전환된 곳은?(단, 공기 저항과 마찰은 무시한다)

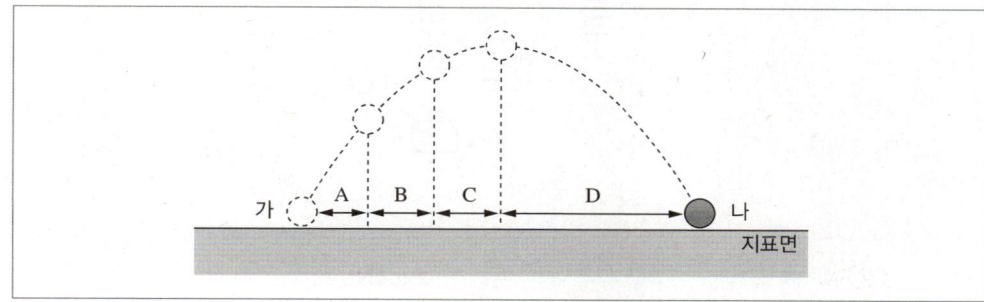

① A
② B
③ C
④ D
⑤ 없음

| 2025년 하반기

02 다음 전기 회로에서 저항 30Ω에 4A의 전류가 흐를 때, 저항 20Ω에 흐르는 전류의 세기는 몇 A인가?

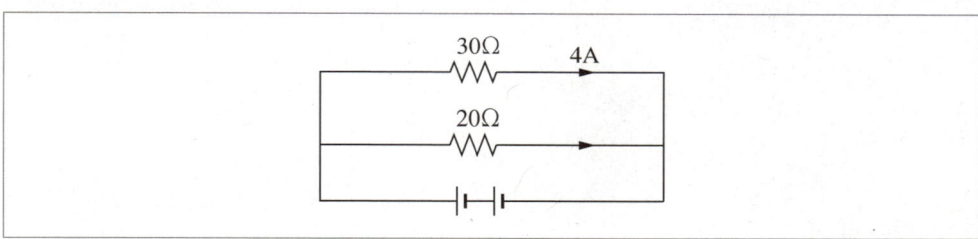

① 3A
② 4A
③ 6A
④ 12A
⑤ 15A

정답 및 해설

01 구간 A~C까지는 위치에너지가 점점 커지고 구간 D부터는 위치에너지에서 운동에너지로 전환된다.

02 저항이 30Ω일 때, $4 = \dfrac{V}{30}$ 이므로 $V = 120$이다.

따라서 저항이 20Ω일 때 전류 I는 $\dfrac{120}{20} = 6A$이다.

01 ④ 02 ③

03 다음과 같이 2N의 추를 용수철에 매달았더니 용수철이 4cm 늘어났다. 이 용수철을 손으로 잡아당겨 10cm 늘어나게 했을 때, 손이 용수철에 작용한 힘의 크기는 몇 N인가?

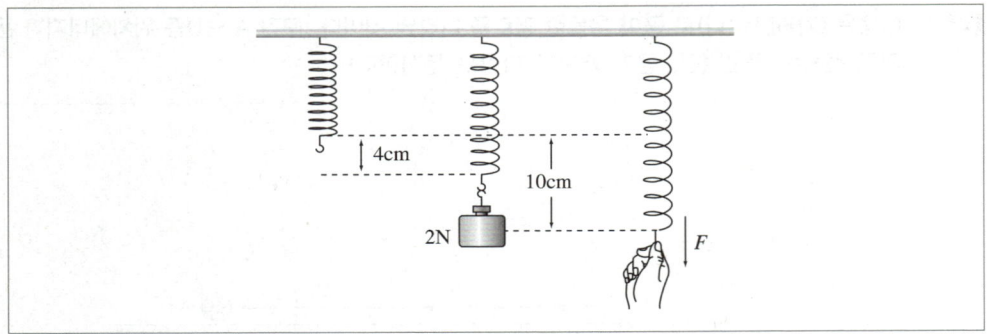

① 2.5N
② 5N
③ 7.5N
④ 9N
⑤ 10N

정답 및 해설

03 1N의 힘을 가할 때 2cm 늘어난다.
따라서 10cm 늘어나려면 5N의 힘이 작용해야 한다.

03 ②

04 굴절률이 n_1인 매질에서 굴절률이 n_2인 매질을 향해 빛을 입사하였을 때 굴절되지 않고 반사되었다. 이에 대한 설명으로 옳지 않은 것은?

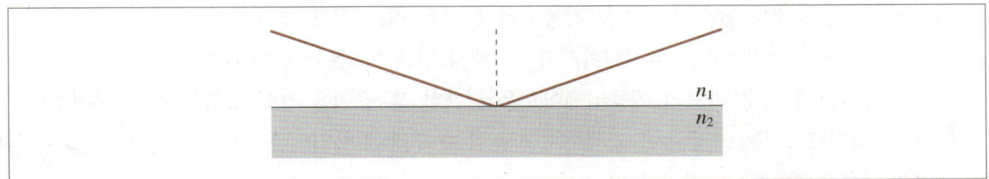

① 굴절률은 $n_1 < n_2$이다.
② 빛이 입사한 각도는 임계각보다 작다.
③ 빛이 입사한 각도와 반사되어 나온 빛의 각도는 같다.
④ 진동수가 더 큰 빛을 입사하여도 같은 결과가 나온다.
⑤ n_2에서 n_1을 향해 빛을 입사하면 빛은 항상 굴절한다.

정답 및 해설

04 임계각보다 더 큰 각도로 빛을 입사시키면 빛은 굴절되지 않고 전반사한다.

오답분석
① 파동은 굴절률이 작은 매질에서 굴절률이 큰 매질로 입사할 때 입사각이 임계각보다 크면 전반사가 발생한다.
③ 입사한 빛이 반사되었으므로 입사각과 반사각은 서로 같다.
④ 임계각은 빛의 진동수가 클수록 더 작다. 따라서 진동수가 더 큰 빛을 입사하면 입사각은 같고 임계각만 더 작아지므로 같은 결과가 나온다.
⑤ 파동은 굴절률이 큰 매질에서 작은 매질로 입사할 때 항상 굴절한다.

04 ②

05 다음 중 나머지와 다른 물리법칙 또는 원리가 적용되는 것은?

① 정차하던 버스가 출발하면 승객 몸이 뒤쪽으로 쏠린다.
② 젖은 빨래를 탈수기에 넣고 작동시켜 물기를 어느 정도 제거하였다.
③ 10층에서 내려오는 엘리베이터가 3층에서 멈출 때 몸이 잠시 무거워진다.
④ 스마트폰으로 만보기 애플리케이션을 실행한 후 공원을 걸어 걸음 수를 기록하였다.
⑤ 롤러코스터는 가장 높은 지점까지 상승할 때에만 에너지를 공급받고, 하강 이후에는 외부로부터 에너지를 공급받지 않는다.

정답 및 해설

05 롤러코스터는 올라갈 때만 외부로부터 에너지를 받아 가장 높은 지점까지 상승한다. 이후 하강하여 원래 위치로 되돌아올 때까지는 외부에서 받는 에너지 없이 가장 높은 지점의 위치에너지로부터 전환된 에너지만 운동에너지로 전환되어 달린다.

[오답분석]
① 정차하던 버스가 출발할 때, 버스는 앞으로 나아가려 하지만 안에 있는 승객은 그 자리에 있으려는 관성에 의해 승객 몸이 뒤로 쏠린다.
② 젖은 빨래를 탈수기에 넣고 돌릴 때, 젖은 빨래는 계속 회전하고 물기는 관성에 의해 젖은 빨랫감에서 빠져나와 탈수된다.
③ 엘리베이터를 타고 내려오다 정지할 때 엘리베이터는 정지하였지만, 안에 있는 사람은 밑으로 움직이려는 관성에 의해 몸이 무거워진다.
④ 만보기 애플리케이션은 사용자가 걸을 때 몸이 움직이며 발생하는 관성을 기기 내부에 내장된 센서가 감지하여 걸음 수를 기록한다.

05 ⑤ ◀ 정답

06 다음은 태양 주위를 공전하는 어떤 행성의 궤도를 나타낸 것이다. A~D점 중에서 공전속도가 가장 빠른 곳은?

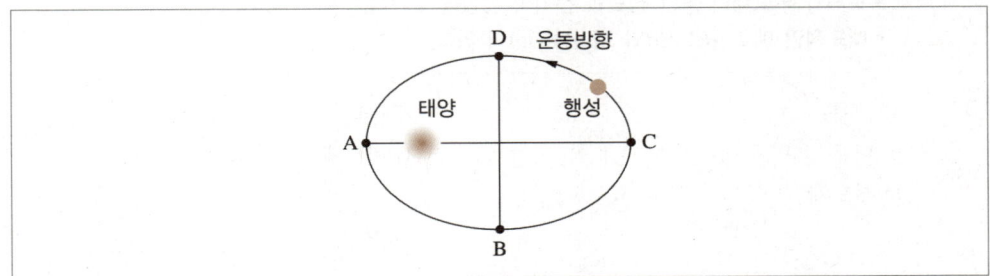

① A점 ② B점
③ C점 ④ D점
⑤ 모두 같음

정답 및 해설

06 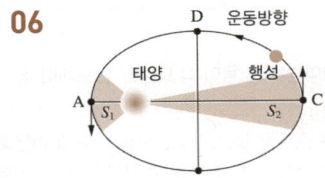 면적속도 일정의 법칙(케플러의 제2법칙)에 의하면 한 초점을 기준으로 타원 궤도를 공전하는 행성은 같은 시간 동안 초점과 행성을 잇는 선이 만드는 면적이 같다. 따라서 태양과 가장 가까운 A점에서 공전속도가 가장 빠르고, C점에서 공전속도가 가장 느리다. 이때, 태양과 가장 가까운 A점은 근일점, 태양과 가장 먼 C점은 원일점이라 한다.

06 ①

07 다음 설명에 해당하는 것은?

> • 도체와 부도체의 중간 정도의 전기적 성질을 갖는다.
> • 대표적인 예로 규소(Si)와 저마늄(Ge)이 있다.

① 고무
② 구리
③ 나무
④ 반도체
⑤ 부도체

08 물의 전기분해 실험 진행 시, 순도 100%의 물을 사용하지 않고 소금 등의 약간의 전해질을 섞은 물로 실험하는 이유로 옳은 것은?

① 기체 발생을 억제하여 안전사고를 줄이기 위함이다.
② 실험 종료 후 뒷정리를 보다 편하게 하기 위함이다.
③ 끓는점을 높여 물이 끓어오르는 것을 방지하기 위함이다.
④ 순도 100%의 물은 오히려 이온화가 잘 안되기 때문이다.
⑤ 전기분해 실험으로 발생한 기체가 다시 물속으로 녹아들지 않게 하기 위함이다.

정답 및 해설

07 반도체는 도체와 부도체의 중간 정도의 전기적 성질을 가지며, 규소(Si)와 저마늄(Ge) 등이 대표적인 반도체이다.

08 물의 전기분해 실험 진행 시 순수한 물에 약간의 전해질을 섞는 가장 큰 이유는 순수한 물은 전기전도성이 약해 이온화 진행이 더디기 때문이다. 따라서 약간의 전해질을 추가하여 전기전도성을 높인 후(이온화 진행을 촉진시킨 후) 전기분해 실험을 진행한다.

07 ④ 08 ④

09 다음 중 연소에 대한 설명으로 옳지 않은 것은?

① 산화 반응의 한 종류로 볼 수 있다.
② 물질이 산소와 반응하여 열과 빛을 방출하는 현상이다.
③ 철이 연소되면 철은 환원되어 검게 변한다.
④ 연소가 발생하려면 연료, 충분히 높은 온도, 산소가 필요하다.
⑤ 탄소 물질의 연소 과정에서 나온 기체를 석회수에 넣으면 석회수가 흐려진다.

10 다음 〈보기〉 중 알칼리 금속을 모두 고르면?

보기	
㉠ Au	㉡ Na
㉢ Cu	㉣ Cs

① ㉠, ㉢
② ㉠, ㉣
③ ㉡, ㉢
④ ㉡, ㉣
⑤ ㉢, ㉣

정답 및 해설

09 철이 연소되면 철이 산소와 결합하여 산화되어 검게 변한다.

오답분석
① 연소는 산화 과정 중 하나에 속한다.
② 연소는 산소와 반응하여 열과 빛을 방출하는 현상으로 정의한다.
④ 연소의 3요소는 연료, 높은 온도, 산소이다.
⑤ 탄소 물질이 연소되면 이산화탄소가 발생하고, 석회수가 이산화탄소와 반응하여 흐려진다.

10 알칼리 금속은 주기율표 1족에 속하는 원소로, 전자가 1개이고 전자 1개를 잃고 1가의 양이온이 되기 쉽다. 그 종류로 리튬(Li), 나트륨(Na), 칼륨(K), 루비듐(Rb), 세슘(Cs) 등이 있다.

09 ③ 10 ④

11 다음 중 촉매에 대한 설명으로 옳은 것은?

① 촉매를 사용하여도 활성화 에너지의 변화는 없다.
② 효소는 생명체에서 반응하는 것이므로 촉매로 볼 수 없다.
③ 촉매는 다루기가 매우 까다로워 산업현장에서는 거의 사용되지 않는다.
④ 영구적으로 변형 및 소모되어 화학반응속도에 변화를 주는 물질이다.
⑤ 반응속도를 향상시키는 정촉매와 반응속도를 늦추는 부촉매로 나뉜다.

12 다음 〈보기〉 중 할로젠 원소를 모두 고르면?

보기	
㉠ 네온	㉡ 염소
㉢ 아르곤	㉣ 아이오딘

① ㉠, ㉡   ② ㉠, ㉢
③ ㉡, ㉢   ④ ㉡, ㉣
⑤ ㉢, ㉣

정답 및 해설

11 〔오답분석〕
① 정촉매를 사용할 경우 활성화 에너지를 낮추어 반응을 촉진시키고, 부촉매를 사용할 경우 활성화 에너지를 높여 반응을 둔화시킨다.
② 효소는 생명체의 생명활동에 중요한 여러 반응을 촉진하는 생체촉매이다.
③ 촉매는 암모니아 합성, 휘발유·경유 생산, 유해물질 분해 등 다양한 분야에서 쓰인다.
④ 촉매는 자기 자신이 소모되지 않으면서 물질의 반응속도를 조절하는 물질이다.

12 할로젠 원소는 원소 주기율표상 17족 원소로, 각 주기에서 비금속성이 가장 크고, 반응성이 커 주로 다른 원소와 화합물의 상태로 존재한다. 또한 원자 번호가 하나 큰 불활성 기체보다 전자 1개가 적고, 전자 친화도와 이온화 경향이 크다. 이에 염소, 아이오딘(요오드), 브로민, 플루오르 등이 속한다.

〔오답분석〕
㉠·㉢ 네온과 아르곤은 불활성 기체 중 하나이다.

11 ⑤   12 ④

PART 1
적성검사

CHAPTER 01 언어력
CHAPTER 02 수리력
CHAPTER 03 물리
CHAPTER 04 화학

CHAPTER

01 언어력 핵심이론

01 ▶ 어휘

단어의 관계를 묻는 유형은 주어진 낱말과 대응 방식이 같은 것 또는 나머지와 속성이 다른 것으로 출제되며, 문제 유형은 'a : b=( ) : d' 또는 'a : ( )=( ) : d'와 같이 빈칸을 채우는 문제이다.
보통 유의 관계, 반의 관계, 상하 관계, 부분 관계를 통해 단어의 속성을 묻는 문제로, 제시된 단어들의 관계와 속성을 바르게 파악하여 적용하는 것이 중요하다.

1. 유의 관계

두 개 이상의 어휘가 서로 소리는 다르나 의미가 비슷한 경우를 유의 관계라고 하고, 유의 관계에 있는 어휘를 유의어(類義語)라고 한다. 유의 관계의 대부분은 개념적 의미의 동일성을 전제로 한다. 그렇다고 하여 유의 관계를 이루는 단어들을 어느 경우에나 서로 바꾸어 쓸 수 있는 것은 아니다. 따라서 언어 상황에 적합한 말을 찾아 쓰도록 노력하여야 한다.

(1) 원어의 차이

한국어는 크게 고유어, 한자어, 외래어로 구성되어 있다. 따라서 하나의 사물에 대해서 각각 부르는 일이 있을 경우 유의 관계가 발생하게 된다.
① 고유어와 한자어
　예 오누이 : 남매, 나이 : 연령, 사람 : 인간
② 한자어와 외래어
　예 사진기 : 카메라, 탁자 : 테이블

(2) 전문성의 차이

같은 사물에 대해서 일반적으로 부르는 이름과 전문적으로 부르는 이름이 다른 경우가 많다. 이런 경우에 전문적으로 부르는 이름과 일반적으로 부르는 이름 사이에 유의 관계가 발생한다.
　예 에어컨 : 공기조화기, 소금 : 염화나트륨

(3) 내포의 차이

나타내는 의미가 완전히 일치하지는 않으나, 유사한 경우에 유의 관계가 발생한다.
　예 즐겁다 : 기쁘다, 친구 : 동무

(4) 완곡어법

문화적으로 금기시하는 표현을 둘러서 말하는 것을 완곡어법이라고 하며, 이러한 완곡어법 사용에 따라 유의 관계가 발생한다.
예 변소 : 화장실, 죽다 : 운명하다

2. 반의 관계

(1) 개요

반의어(反意語)는 둘 이상의 단어에서 의미가 서로 짝을 이루어 대립하는 경우를 말한다. 어휘의 의미가 서로 대립하는 단어를 말하며, 이러한 어휘들의 관계를 반의 관계라고 한다. 한 쌍의 단어가 반의어가 되려면, 두 어휘 사이에 공통적인 의미 요소가 있으면서도 동시에 서로 다른 하나의 의미 요소만 달라야 한다.

반의어는 반드시 한 쌍으로만 존재하는 것이 아니라, 다의어(多義語)이면 그에 따라 반의어가 여러 개로 달라질 수 있다. 즉, 하나의 단어에 대하여 여러 개의 반의어가 있을 수 있다.

(2) 반의어의 종류

반의어에는 상보 반의어와 정도 반의어, 방향 반의어가 있다.

① **상보 반의어** : 한쪽 말을 부정하면 다른 쪽 말이 되는 반의어이며, 중간항은 존재하지 않는다. '있다'와 '없다'가 상보적 반의어이며, '있다'와 '없다' 사이의 중간 상태는 존재할 수 없다.
  예 참 : 거짓, 합격 : 불합격

② **정도 반의어** : 한쪽 말을 부정하면 반드시 다른 쪽 말이 되는 것이 아니며, 중간항을 갖는 반의어이다. '크다'와 '작다'가 정도 반의어이며, 크지도 작지도 않은 중간이라는 중간항을 갖는다.
  예 길다 : 짧다, 많다 : 적다

③ **방향 반의어** : 맞선 방향을 전제로 하여 관계나 이동의 측면에서 대립을 이루는 단어 쌍이다. 방향 반의어는 공간적 대립, 인간관계 대립, 이동적 대립 등으로 나누어 볼 수 있다.
  ㉠ 공간적 대립
    예 위 : 아래, 처음 : 끝
  ㉡ 인간관계 대립
    예 부모 : 자식, 남편 : 아내
  ㉢ 이동적 대립
    예 사다 : 팔다, 열다 : 닫다

3. 상하 관계

상하 관계는 단어의 의미적 계층 구조에서 한쪽이 의미상 다른 쪽을 포함하거나 다른 쪽에 포섭되는 관계를 말한다. 상하 관계를 형성하는 단어들은 상위어(上位語)일수록 일반적이고 포괄적인 의미를 지니며, 하위어(下位語)일수록 개별적이고 한정적인 의미를 지닌다. 따라서 상위어는 하위어를 의미적으로 함의하게 된다. 즉, 하위어가 가지고 있는 의미 특성을 상위어가 자동적으로 가지게 되는 것이다.

4. 부분 관계

부분 관계는 한 단어가 다른 단어의 부분이 되는 관계를 말하며, 전체 – 부분 관계라고도 한다. 부분 관계에서 부분을 가리키는 단어를 부분어(部分語), 전체를 가리키는 단어를 전체어(全體語)라고 한다. 예를 들면, '머리, 팔, 몸통, 다리'는 '몸'의 부분어이며, 이러한 부분어들에 의해 이루어진 '몸'은 전체어이다.

02 ▶ 독해

1. 논리구조

논리구조에서는 주로 단락과 문장 간의 관계나 글 전체의 논리적 구조를 정확히 파악했는지를 묻는다. 글의 순서를 바르게 배열하는 유형이 출제되고 있다. 제시문의 전체적인 흐름을 바탕으로 각 문단의 특징, 단락 간의 역할 등을 논리적으로 구조화할 수 있는 능력을 길러야 한다.

(1) 문장과 문장 간의 관계

① 상세화 관계 : 주지 → 구체적 설명(비교, 대조, 유추, 분류, 분석, 인용, 예시, 비유, 부연, 상술 등)
② 문제(제기)와 해결 관계 : 한 문장이 문제를 제기하고, 다른 문장이 그 해결책을 제시하는 관계(과제 제시 → 해결 방안, 문제 제기 → 해답 제시)
③ 선후 관계 : 한 문장이 먼저 발생한 내용을 담고, 다음 문장이 나중에 발생한 내용을 담고 있는 관계
④ 원인과 결과 관계 : 한 문장이 원인이 되고, 다른 문장이 그 결과가 되는 관계(원인제시 → 결과 제시, 결과 제시 → 원인 제시)
⑤ 주장과 근거 관계 : 한 문장이 필자가 말하고자 하는 바(주지)가 되고, 다른 문장이 그 문장의 증거(근거)가 되는 관계(주장 제시 → 근거 제시, 의견 제안 → 의견 설명)
⑥ 전제와 결론 관계 : 앞 문장에서 조건이나 가정을 제시하고, 뒤 문장에서 이에 따른 결론을 제시하는 관계

(2) 문장의 연결 방식

① 순접 : 원인과 결과, 부연 설명 등의 문장 연결에 쓰임
　예 그래서, 그리고, 그러므로 등
② 역접 : 앞글의 내용을 전면적 또는 부분적으로 부정
　예 그러나, 그렇지만, 그래도, 하지만 등
③ 대등・병렬 : 앞뒤 문장의 대비와 반복에 의한 접속
　예 및, 혹은, 또는, 이에 반하여 등
④ 보충・첨가 : 앞글의 내용을 보다 강조하거나 부족한 부분을 보충하기 위해 다른 말을 덧붙이는 문맥
　예 단, 곧, 즉, 더욱이, 게다가, 왜냐하면 등
⑤ 화제 전환 : 앞글과는 다른 새로운 내용을 이야기하기 위한 문맥
　예 그런데, 그러면, 다음에는, 이제, 각설하고 등
⑥ 비유・예시 : 앞글에 대해 비유적으로 다시 말하거나 구체적인 예를 보임
　예 예를 들면, 예컨대, 마치 등

(3) 원리 접근법

앞뒤 문장의 중심 의미 파악	→	앞뒤 문장의 중심 내용이 어떤 관계인지 파악	→	문장 간의 접속어, 지시어의 의미와 기능	→	문장의 의미와 관계성 파악
각 문장의 의미를 어떤 관계로 연결해서 글을 전개하는지 파악해야 한다.		지문 안의 모든 문장은 서로 논리적 관계성이 있다.		접속어와 지시어를 음미하는 것은 독해의 길잡이 역할을 한다.		문단의 중심 내용을 알기 위한 기본 분석 과정이다.

2. 논리적 이해

(1) 전제의 추론

전제의 추론은 규칙적으로 주어진 내용의 이면에 내포되어 있는 이미 옳다고 인정된 사실을 유추하는 유형이다.
① 먼저 주장이 무엇인지 명확하게 파악해야 한다.
② 주장이 성립하기 위해서 논리적으로 필요한 요건이 무엇인지 생각해 본다.
③ 선택지 중 주장과 논리적으로 인과 관계를 형성할 수 있는 조건을 찾아낸다.

(2) 결론의 추론

주어진 내용을 명확히 이해한 다음, 이를 근거로 이끌어낼 수 있는 올바른 결론이나 관련 사항을 논리적인 관점에서 찾는 문제 유형이다. 이와 같은 문제는 평상시 비판적이고 논리적인 관점으로 글을 읽는 연습을 충분히 해 두어야 유리하다고 볼 수 있다.

> **자주 출제되는 유형**
> - 정의가 바르게 된 것
> - 문맥상 삭제해도 되는 부분
> - 빈칸에 들어갈 적절한 것
> - 다음 글에 이어 나올 수 있는 것
> - 글의 내용을 통해 알 수 없는 것
> - 가장 타당한 논증
> - 다음 내용이 들어가기에 가장 적절한 위치

이와 같은 유형의 문제를 풀 때는 먼저 제시문을 읽고, 그 글을 통해 타당성 여부를 검증해 가는 방법을 취하는 것이 좋다. 물론 통독(通讀)을 통해 각 문단에서 다루고 있는 내용이 무엇인지 미리 확인해 두어야만 선택지와 관련된 내용을 이끌어 낼 근거가 언급된 부분을 쉽게 찾을 수 있다.

CHAPTER 01 | 언어력 적중예상문제

정답 및 해설 p.002

01 ▶ 어휘

대표유형 1 **관계유추 1**

다음 제시된 단어의 대응 관계로 볼 때, 빈칸에 들어가기에 알맞은 것은?

( ) : 보강 = 비옥 : 척박

① 상쇄
② 감소
③ 보전
④ 감쇄
⑤ 손실

| 해설 | 제시된 단어는 반의 관계이다.
• 보강 : 보태어진 것에 영향을 받음
• 상쇄 : 상반되는 것이 서로 영향을 주어 효과가 없어지는 일
오답분석
④ 감쇄 : 단순히 줄어 없어짐

정답 ①

※ 다음 제시된 단어의 대응 관계로 볼 때, 빈칸에 들어가기에 알맞은 것을 고르시오. [1~10]

01

풀 : 접착 = ( ) : 연주

① 노래
② 감상
③ 감명
④ 음악
⑤ 악기

02 쌀 : 송편 = 도토리 : (   )

① 단오　　② 묵
③ 밤　　　④ 밀
⑤ 설

03 엔진 : 자동차 = 배터리 : (   )

① 충전기　　② 전기
③ 동력기　　④ 휴대전화
⑤ 콘센트

04 (   ) : 비단 = 닭 : 오믈렛

① 신발　　② 누에
③ 귀걸이　④ 한복
⑤ 삼베

05 자산 : 부채 = 이단 : (   )

① 혼합　　② 사이비
③ 정통　　④ 기독교
⑤ 종교

06 장롱 : 나무 = (   ) : 쌀

① 농부　　② 벼
③ 식혜　　④ 곡식
⑤ 보리

07 긴장 : 이완 = ( ) : 거대

① 거만 ② 왜소
③ 비대 ④ 해소
⑤ 건장

08 아포리즘 : 경구 = ( ) : 수전노

① 격언 ② 금언
③ 불량배 ④ 구두쇠
⑤ 망나니

09 간섭 : ( ) = 폭염 : 폭서

① 개입 ② 개괄
③ 주의 ④ 분투
⑤ 포괄

10 모래 : ( ) = 나무 : 숲

① 물 ② 사막
③ 바위 ④ 새싹
⑤ 자갈

대표유형 2 　 관계유추 2

다음 제시된 단어의 대응 관계로 볼 때, 빈칸에 들어가기에 알맞은 것끼리 짝지어진 것은?

(　) : 추출하다 = (　) : 올리다

① 용질, 물
② 고체, 공기
③ 액체, 공간
④ 용매, 물건
⑤ 기체, 수증기

| 해설 | 제시된 단어는 목적어와 동사의 관계이다.
'용매'를 '추출'하고, '물건'을 '올린다'.

정답 ④

※ 다음 제시된 단어의 대응 관계로 볼 때, 빈칸에 들어가기에 알맞은 것끼리 짝지어진 것을 고르시오.
[11~20]

11

(　) : 곤충 = (　) : 운동

① 비둘기, 심판
② 잠자리, 축구
③ 메뚜기, 경기
④ 개구리, 운동장
⑤ 메뚜기, 체육

12

(　) : 눈 = (　) : 장마

① 썰매, 서리
② 눈사람, 홍수
③ 겨울, 여름
④ 추위, 더위
⑤ 스키, 바다

13

너울너울 : 넘실넘실 = ( ) : ( )

① 빨리빨리, 느릿느릿
② 우물쭈물, 쭈뼛쭈뼛
③ 싱글벙글, 울먹울먹
④ 거칠거칠, 보들보들
⑤ 사뿐사뿐, 터벅터벅

14

자립 : ( ) = 심야 : ( )

① 독립, 광명
② 의존, 백주
③ 의타심, 꼭두새벽
④ 의지, 한밤
⑤ 성공, 백야

15

( ) : 수사 = 목사 : ( )

① 교사, 성경책
② 약사, 미사
③ 판사, 주례
④ 경찰, 설교
⑤ 수갑, 묵주

16

미술 : ( ) = 드라마 : ( )

① 관광, 텔레비전
② 감상, 시청
③ 쓰다, 관람
④ 관전, 탐방
⑤ 촉각, 시각

17

산세 : (　) = 마감 : (　)

① 수려하다, 끝마치다 ② 험준하다, 임박하다
③ 웅장하다, 집필하다 ④ 가파르다, 교정하다
⑤ 빼어나다, 시작하다

18

새 : (　) = 꽃 : (　)

① 부리, 열매 ② 간격, 식물원
③ 하늘, 수분 ④ 매, 개나리
⑤ 하늘, 땅

19

정밀 : (　) = (　) : 안정

① 개선, 개량 ② 동조, 찬동
③ 발췌, 요약 ④ 조잡, 불안
⑤ 조사, 분노

20

(　) : 희망 = 이바지 : (　)

① 염원, 공헌 ② 사려, 수긍
③ 공헌, 귀감 ④ 특별, 범상
⑤ 배려, 평범

대표유형 3 | 동의·유의 관계

다음 중 서로 동의 또는 유의 관계인 단어 2개를 고르면?

① 실의   ② 평안   ③ 재능   ④ 안전   ⑤ 기교

| 해설 |
- 평안 : 걱정이나 탈이 없음. 또는 무사히 잘 있음
- 안전 : 위험이 생기거나 사고가 날 염려가 없음

오답분석
① 실의 : 뜻이나 의욕을 잃음
③ 재능 : 어떤 일을 하는 데 필요한 재주와 능력
⑤ 기교 : 기술이나 솜씨가 아주 교묘함. 또는 그런 기술이나 솜씨

정답 ②, ④

※ 다음 중 서로 동의 또는 유의 관계인 단어 2개를 고르시오. [21~30]

21 ① 도출   ② 추출   ③ 유추   ④ 귀납   ⑤ 귀추

22 ① 증여   ② 전달   ③ 조달   ④ 공급   ⑤ 진급

23 ① 결론   ② 결손   ③ 방법   ④ 결심   ⑤ 각오

24 ① 거부   ② 모국   ③ 역점   ④ 고국   ⑤ 거짓

25 ① 기근   ② 나태   ③ 기아   ④ 성실   ⑤ 단념

26 ① 구별   ② 수련   ③ 수양   ④ 단순   ⑤ 복잡

27 ① 찬동　② 동조　③ 향상　④ 전취　⑤ 절용

28 ① 설립　② 명랑　③ 손해　④ 육성　⑤ 쾌활

29 ① 달성　② 고찰　③ 낙담　④ 고취　⑤ 독려

30 ① 처지　② 사심　③ 수리　④ 수선　⑤ 사려

※ 다음 제시된 단어와 동의 또는 유의 관계인 단어를 고르시오. [31~35]

31
호평

① 정평　② 단평
③ 만평　④ 악평
⑤ 혹평

32
살강

① 옴팡　② 부뚜막
③ 시렁　④ 상고대
⑤ 텃도지

33
빌미

① 총기　② 걸식
③ 축의　④ 화근
⑤ 거간

34

무녀리

① 못난이　　　　　　　　② 어룽이
③ 암무당　　　　　　　　④ 더펄이
⑤ 헛똑똑이

35

비추다

① 조명하다　　　　　　　② 조회하다
③ 대조하다　　　　　　　④ 투조하다
⑤ 참조하다

대표유형 4　　**반의 관계**

다음 중 서로 반의 관계인 단어 2개를 고르면?

① 설면하다　　② 멀찍하다　　③ 서낙하다　　④ 깜살리다　　⑤ 가직하다

| 해설 | • 멀찍하다 : 사이가 꽤 떨어져 있다.
• 가직하다 : 거리가 조금 가깝다.

오답분석
① 설면하다 : 자주 만나지 못하여 낯이 좀 설다.
③ 서낙하다 : 장난이 심하고 하는 짓이 극성맞다.
④ 깜살리다 : 찾아온 사람을 따돌려 보내다.

정답 ②, ⑤

※ 다음 중 서로 반의 관계인 단어 2개를 고르시오. [36~45]

36 ① 구별 ② 구분 ③ 대별 ④ 대등 ⑤ 세분

37 ① 퇴보 ② 잠정 ③ 변격 ④ 편정 ⑤ 경상

38 ① 사례 ② 통례 ③ 자립 ④ 결과 ⑤ 의존

39 ① 거만 ② 겸손 ③ 기발 ④ 염세 ⑤ 고정

40 ① 강건 ② 단축 ③ 교외 ④ 도심 ⑤ 문명

41 ① 붓날다 ② 사랑옵다 ③ 무덕지다 ④ 든직하다 ⑤ 알곁다

42 ① 거절 ② 치욕 ③ 복종 ④ 심야 ⑤ 반항

43 ① 산문 ② 명시 ③ 성숙 ④ 암시 ⑤ 결합

44 ① 밀집 ② 정신 ③ 내포 ④ 기억 ⑤ 망각

45 ① 불비 ② 완비 ③ 필연 ④ 습득 ⑤ 필시

※ 다음 제시된 단어와 반의 관계인 단어를 고르시오. [46~50]

46

| 방임 |

① 방치
② 묵살
③ 자유
④ 방관
⑤ 통제

47

| 소소리바람 |

① 선풍
② 열풍
③ 질풍
④ 소풍
⑤ 음풍

48

| 자의 |

① 고의
② 타의
③ 임의
④ 과실
⑤ 죄과

49

| 손방 |

① 손바람
② 난든집
③ 잡을손
④ 매무시
⑤ 너울가지

50

| 초청 |

① 접대
② 제출
③ 청빙
④ 초래
⑤ 축출

02 ▶ 독해

대표유형 1   나열하기

다음 제시된 문장을 논리적 순서대로 바르게 나열한 것은?

> (가) 하지만 몇몇 전문가들은 유기 농업이 몇 가지 결점을 안고 있다고 말한다.
> (나) 유기 농가들의 작물 수확량이 전통적인 농가보다 훨씬 낮으며, 유기농 경작지가 전통적인 경작지보다 잡초와 벌레로 인해 많은 피해를 입고 있다는 점이다.
> (다) 최근 많은 소비자들이 지구에 도움이 되는 일을 하고 있고, 건강에 좀 더 좋은 음식을 먹고 있다고 확신하면서 유기농 식품 생산이 급속도로 증가하고 있다.
> (라) 또한 유기 농업이 틈새시장의 부유한 소비자들에게 먹을거리를 제공하지만, 전 세계 수십억의 굶주리는 사람을 먹여 살릴 수는 없다는 점이다.

① (나) – (가) – (다) – (라)   ② (나) – (다) – (라) – (가)
③ (다) – (가) – (나) – (라)   ④ (다) – (나) – (라) – (가)
⑤ (다) – (라) – (가) – (나)

| 해설 | 제시문은 유기농 식품의 생산이 증가하고 있지만, 몇몇 전문가들은 유기 농업을 부정적으로 보고 있다는 내용의 글이다. 따라서 (다) 최근 유기농 식품 생산의 증가 – (가) 유기 농업을 부정적으로 보는 몇몇 전문가들의 시선 – (나) 전통 농가에 비해 수확량도 적고 벌레의 피해가 잦은 유기 농가 – (라) 유기 농업으로는 굶주리는 사람을 충분히 먹여 살릴 수 없음 순으로 나열하는 것이 적절하다.

정답 ③

※ 다음 제시된 문장 또는 문단을 논리적 순서대로 바르게 나열한 것을 고르시오. [1~5]

01
> (가) 이렇게 버려지는 폐휴대전화 속에는 금, 은 등의 귀한 금속 자원이 들어 있으며, 이들 자원을 폐휴대전화에서 추출하여 재활용하면 자원의 낭비를 줄일 수 있다.
> (나) 한편 폐휴대전화는 공해를 일으킬 수 있는 물질들이 포함되어 있고, 이런 물질들은 일반 쓰레기와 함께 태우거나 땅속에 파묻히게 되면 환경오염을 유발하기도 한다.
> (다) 최근 다양한 기능을 갖춘 휴대전화들이 출시되면서 휴대전화 교체 주기가 짧아지고 있고, 이에 따라 폐휴대전화 발생량도 증가하고 있다.
> (라) 그래서 우리 기업에서는 소중한 금속 자원을 재활용하고 환경오염을 줄이는 데에도 기여하자는 취지에서 '폐휴대전화 수거 운동'을 벌이기로 했다.

① (가) – (나) – (다) – (라)   ② (가) – (라) – (다) – (나)
③ (나) – (가) – (다) – (라)   ④ (다) – (가) – (나) – (라)
⑤ (다) – (가) – (라) – (나)

02

(가) 언어의 전파 과정에 대해 이와 같이 설명하는 것을 수면에 떨어진 물체로부터 파생된 물결이 주위로 퍼져 나가는 것과 같다 하여 '파문설(波紋說)'이라 한다.
(나) 일반적으로 도시나 저지대가 방사원점이 되는데 개신파가 퍼져나가는 속도는 지리적 제약에 따라 달라진다. 넓은 평야 지대가 발달한 지역은 그 속도가 빠른 반면, 지리적 장애물로 둘러싸인 지역은 그 속도가 느리다.
(다) 언어는 정치·경제·문화 중심지로부터 그 주변 지역으로 퍼져 나간다. 전국 각 지역으로부터 사람들이 중심지로 모여들고 이들이 다시 각 지역으로 흩어져 가는 과정이 되풀이되면서 중심지의 언어가 주변 지역으로 퍼져 나가게 되는 것이다.
(라) 이때 중심지로부터 주변 지역으로 퍼져 나가는 언어 세력을 '개신파(改新波)'라고 하고 세력의 중심지를 '방사원점(放射原點)'이라고 한다.

① (가) – (라) – (나) – (다)
② (다) – (가) – (라) – (나)
③ (다) – (라) – (가) – (나)
④ (라) – (가) – (나) – (다)
⑤ (라) – (나) – (가) – (다)

03

(가) 위기가 있는 만큼 기회도 주어진다. 다만, 그 기회를 잡기 위해 우리에게 가장 필요한 것은 지혜이다. 그리고 그 지혜를 행동으로 옮길 때, 우리는 성공이라는 결과를 얻을 수 있는 것이다.
(나) 세계적 금융위기는 끝나지 않았고, 동중국해를 둘러싼 중국과 일본의 영토분쟁은 세계 경제에 위협 요인이 되고 있다. 국가경제도 부동산가격 하락과 금리 인상으로 가계부채 문제가 경제에 지속적인 부담이 될 것이라는 예측이 나온다. 기업의 입장에서나 개인의 입장에서나 온통 풀기 어려운 문제에 둘러싸인 형국이다.
(다) 이 위기를 이겨낸 사람이 성공하고, 위기를 이겨낸 기업이 경쟁에서 승리한다. 어려움을 이겨낸 나라가 자신에게 주어진 무대에서 주역이 되었다는 것을 우리는 지난 역사 속에서 배울 수 있다.
(라) 한마디로 위기(危機)의 시대이다. 위기는 '위험'을 의미하는 위(危)자와 '기회'를 의미하는 기(機)자가 합쳐진 말이다. 이처럼 위기라는 말에는 위험과 기회라는 이중의 의미가 함께 들어있다. 위험을 이겨낸 사람이 기회를 잡을 수 있다는 말이다. 위기는 기회의 또 다른 얼굴이다.

① (가) – (라) – (나) – (다)
② (나) – (가) – (다) – (라)
③ (나) – (라) – (다) – (가)
④ (라) – (가) – (다) – (나)
⑤ (라) – (다) – (가) – (나)

04

(가) 정책 수단 선택의 사례로 환율과 관련된 경제 현상을 살펴보자. 외국 통화에 대한 자국 통화의 교환 비율을 의미하는 환율은 장기적으로 한 국가의 생산성과 물가 등 기초경제 여건을 반영하는 수준으로 수렴된다.
(나) 이처럼 환율이나 주가 등 경제 변수가 단기에 지나치게 상승 또는 하락하는 현상을 오버슈팅(Over Shooting)이라고 한다.
(다) 이러한 오버슈팅은 물가 경직성 또는 금융시장변동에 따른 불안 심리 등에 의해 촉발되는 것으로 알려져 있다. 여기서 물가 경직성은 시장에서 가격이 조정되기 어려운 정도를 의미한다.
(라) 그러나 단기적으로 환율은 이와 괴리되어 움직이는 경우가 있다. 만약 환율이 예상과는 다른 방향으로 움직이거나 또는 비록 예상과 같은 방향으로 움직이더라도 변동 폭이 예상보다 크게 나타날 경우 경제 주체들은 과도한 위험에 노출될 수 있다.

① (가) - (나) - (다) - (라) ② (가) - (다) - (나) - (라)
③ (가) - (라) - (나) - (다) ④ (나) - (다) - (라) - (가)
⑤ (나) - (라) - (다) - (가)

05

(가) 근대에 접어들어 모든 사물이 생명력을 갖지 않는 일종의 기계라는 견해가 강조되면서, 아리스토텔레스의 목적론은 비과학적이라는 이유로 많은 비판에 직면한다.
(나) 대표적인 근대 사상가인 갈릴레이는 목적론적 설명이 과학적 설명으로 사용될 수 없다고 주장했고, 베이컨은 목적에 대한 탐구가 과학에 무익하다고 평가했으며, 스피노자는 목적론이 자연에 대한 이해를 왜곡한다고 비판했다.
(다) 일부 현대 학자들은 근대 사상가들이 당시 과학에 기초한 기계론적 모형이 더 설득력을 갖는다는 일종의 교조적 믿음에 의존했을 뿐, 아리스토텔레스의 목적론을 거부할 충분한 근거를 제시하지 못했다고 비판한다.
(라) 이들의 비판은 목적론이 인간 이외의 자연물도 이성을 갖는 것으로 의인화한다는 것이다. 그러나 이런 비판과는 달리 아리스토텔레스는 자연물을 생물과 무생물로, 생물을 식물·동물·인간으로 나누고, 인간만이 이성을 지닌다고 생각했다.

① (가) - (나) - (라) - (다) ② (가) - (다) - (나) - (라)
③ (가) - (라) - (나) - (다) ④ (나) - (다) - (라) - (가)
⑤ (나) - (라) - (다) - (가)

※ 다음 제시된 글을 읽고 이어질 문단을 논리적 순서대로 바르게 나열한 것을 고르시오. [6~10]

06

청바지는 모든 사람이 쉽게 애용할 수 있는 옷이다. 말 그대로 캐주얼의 대명사인 청바지는 내구력과 범용성 면에서 다른 옷에 비해 뛰어나고, 패션적으로도 무난하다는 점에서 옷의 혁명이라 일컬을 만하다. 그러나 청바지의 시초는 그렇지 않았다.

(가) 청바지의 시초는 광부들의 옷으로 알려졌다. 정확히 말하자면 텐트용으로 주문받은 천을 실수로 푸른색으로 염색한 바람에 텐트납품계약이 무산되자, 재고가 되어 버린 질긴 천을 광부용 옷으로 변용해보자는 아이디어에 의한 것이다.
(나) 청바지의 패션 아이템화는 한국에서도 크게 다르지 않다. 나팔바지, 부츠컷, 배기 팬츠 등 다양한 변용이 있으나, 세대차라는 말이 무색할 만큼 과거의 사진이나 현재의 사진이나 많은 사람이 청바지를 캐주얼 패션 아이템으로 활용하는 것을 볼 수 있다.
(다) 비록 시작은 그리하였지만, 청바지는 이후 패션 아이템으로 선풍적인 인기를 끌었다. 과거 유명한 서구 남성 배우들의 아이템에는 꼭 청바지가 있었다고 해도 과언이 아닌데, 그 예로는 제임스 딘이 있다.
(라) 다만, 청바지는 주재료인 데님의 성질로 활동성을 보장하기 어려웠던 부분을 단점으로 들 수 있겠으나, 2000년대 들어 스판덱스가 첨가된 청바지가 사용되기 시작하면서 그러한 문제도 해결되어, 전천후 의류로 기능하고 있다.

① (가) – (다) – (나) – (라)
② (가) – (다) – (라) – (나)
③ (다) – (가) – (나) – (라)
④ (다) – (가) – (라) – (나)
⑤ (라) – (다) – (가) – (나)

07

선택적 함묵증(Selective Mutism)은 정상적인 언어발달 과정을 거쳐서 어떤 상황에서는 말을 하면서도 말을 해야 하는 특정한 사회적 상황에서는 말을 지속적으로 하지 않거나 다른 사람의 말에 언어적으로 반응하지 않는 것을 말하며, 이렇게 말을 하지 않는 증상이 1개월 이상 지속되고 교육적, 사회적 의사소통을 저해하는 요소로 작용할 때 선택적 함묵증으로 진단할 수 있으며, 이를 불안장애로 분류하고 있다.

(가) 이러한 불안을 잠재우기 위해서는 발생 원인에 따라서 적절한 심리치료 방법을 선택해 치료과정을 관찰하면서 복합적인 치료 방법을 혼용하여야 한다.
(나) 아동은 굳이 말을 사용하지 않고서도 자신의 생각을 자연스럽게 표현하는 긍정적인 경험을 갖게 되어 이는 부정적 정서로 인한 긴장과 위축을 이완시킬 수 있다.
(다) 그중 하나인 미술치료는 아동의 저항을 줄이고, 언어의 한계성을 벗어나며, 육체적 활동을 통해 창조성을 생활화하고 미술표현이 사고와 감정을 객관화한다고 볼 수 있다.
(라) 불안장애의 한 유형인 선택적 함묵증은 불안이 표면화되어 행동으로 나타나는 경우라고 볼 수 있으며, 대체로 심한 부끄러움, 사회적 상황에 대한 두려움, 사회적 위축, 강박적 특성, 거절증, 반항 등의 행동으로 표출된다.

① (가) - (다) - (라) - (나)   ② (가) - (라) - (나) - (다)
③ (가) - (라) - (다) - (나)   ④ (라) - (가) - (나) - (다)
⑤ (라) - (가) - (다) - (나)

08

오늘날과 달리 과거에는 마을에서 일어난 일들을 '원님'이 조사하고 그에 따라서 자의적으로 판단하여 형벌을 내렸다. 현대에서 법에 의하지 않고 재판행위자의 입장에서 이루어진다고 생각되는 재판을 비판하는 '원님재판'이라는 용어의 원류이다.

(가) 죄형법정주의는 앞서 말한 원님재판을 법적으로 일컫는 '죄형전단주의'와 대립되는데, 범죄와 형벌을 미리 규정하여야 한다는 것으로서, 서구에서 권력자의 가혹하고 자의적인 법 해석에 따른 반발로 등장한 것이다.

(나) 앞서 살펴본 죄형법정주의가 정립되면서 파생원칙 또한 등장하였는데, 관습형법금지의 원칙, 명확성의 원칙, 유추해석금지의 원칙, 소급효금지의 원칙, 적정성의 원칙 등이 있다. 이러한 파생원칙들은 모두 죄와 형벌은 미리 설정된 법에 근거하여 정확하게 내려져야 한다는 죄형법정주의의 원칙과 연관하여 쉽게 이해될 수 있다.

(다) 그러나 현대에서 '원님재판'은 이루어질 수 없다. 형사법의 영역에 논의를 한정하여 보자면, 형사법을 전반적으로 지배하고 있는 대원칙은 형법 제1조에 규정되어있는 소위 '죄형법정주의'이다.

(라) 그 반발은 프랑스 혁명의 결과물인 '인간 및 시민의 권리선언' 제8조에서 '누구든지 범죄 이전에 제정·공포되고 또한 적법하게 적용된 법률에 의하지 아니하고는 처벌되지 아니한다.'라고 하여 실질화되었다.

① (가) - (나) - (라) - (다)
② (가) - (다) - (라) - (나)
③ (다) - (가) - (라) - (나)
④ (다) - (나) - (가) - (라)
⑤ (다) - (라) - (가) - (나)

09

봄에 TV를 켜면 황사를 조심하라는 뉴스를 볼 수 있다. 많은 사람이 알고 있듯이, 황사는 봄에 중국으로부터 바람에 실려 날아오는 모래바람이다. 그러나 황사를 단순한 모래바람으로 치부할 수는 없다.

(가) 물론 황사도 나름대로 장점은 존재한다. 황사에 실려 오는 물질들이 알칼리성이기 때문에 토양의 산성화를 막을 수 있다. 그러나 이러한 장점만으로 황사를 방지하지 않아도 된다는 것은 아니다.

(나) 그러므로 황사에는 중국에서 발생하는 매연이나 화학물질 모두 함유되어 있다. TV에서 황사를 조심하라는 것은 단순히 모래바람을 조심하라는 것이 아니라 중국 공업지대의 유해물질을 조심하라는 것과 같은 말이다.

(다) 황사는 중국의 내몽골자치구나 고비 사막 등의 모래들이 바람에 실려 중국 전체를 돌고 나서 한국 방향으로 넘어오게 된다. 중국 전체를 돈다는 것은 중국 대기의 물질을 모두 흡수한다는 것이다.

(라) 개인적으로는 황사 마스크를 쓰고 외출 후에 손발을 청결히 하는 등 황사 피해에 대응할 수 있겠지만, 국가적으로는 쉽지 않다. 국가적으로는 모래바람이 발생하지 않도록 나무를 많이 심고, 공장지대의 매연을 제한해야 하기 때문이다.

① (나) - (가) - (다) - (라)
② (나) - (다) - (가) - (라)
③ (다) - (가) - (나) - (라)
④ (다) - (나) - (가) - (라)
⑤ (다) - (나) - (라) - (가)

10

미적 판단은 대상에 대한 경험에서 생겨나며 감상자의 주관적 반응에 밀접하게 관련되기 때문에, 동일한 대상에 대한 미적 판단은 감상자에 따라 다양하게 나타날 수 있다. 이러한 미적 판단의 차이로 인해 실재론자와 반실재론자 간에 열띤 논쟁이 벌어지기도 한다.

(가) 예컨대 '베토벤의 운명 교향곡이 웅장하다.'는 판단이 객관적 참이라면 '웅장함'이라는 미적 속성이 실재한다는 식이다. 이 경우 '웅장하다'는 미적 판단은 '웅장함'이라는 객관적으로 실재하는 미적 속성에 관한 기술이다. 동일한 미적 대상에 대한 감상자들 간의 판단이 일치하지 않는 것은 그 미적 판단 간에 옳고 그름이 존재한다는 것이며, 그 옳고 그름의 여부는 실재하는 미적 속성에 관한 확인을 통해 밝힐 수 있다.

(나) 그러나 반실재론자들은 미적 판단이 단순한 객관적 실재의 기술이라기보다는 이미 주관적 평가가 개입된 경우가 많다는 점을 근거로 실재론에 반론을 제기한다. 이들의 주장에 따르면 미적 판단은 감상자의 주관적 반응에 의존하는 것으로, 앞에서 언급된 '웅장함'이라는 미적 속성은 '웅장하다'는 미적 판단을 내리는 감상자에 의해 발견되는 것이다.

(다) 실재론자들은 '미적 속성이 존재한다는 전제하에 이것이 대상에 실재한다.'는 주장을 내세우면서, 미적 판단의 객관성을 지지한다. 이들에 의하면 미적 속성 P에 관한 진술인 미적 판단 J가 객관적으로 참일 때, 미적 속성 P가 실재한다.

(라) 이 주장은 미적 판단의 주관성과 경험성에 주목한다는 점에서 미적 판단의 다양성을 설명하는 데 용이하다. 이에 따르면 미적 판단의 불일치란 굳이 해소해야 하는 문제적 현상이라기보다는 개인의 다양한 경험, 취미와 감수성의 차이에 따라 발생하는 자연스러운 현상이다.

① (가) – (나) – (다) – (라)
② (나) – (가) – (라) – (다)
③ (다) – (가) – (나) – (라)
④ (다) – (나) – (가) – (라)
⑤ (라) – (다) – (가) – (나)

대표유형 2   빈칸추론

다음 글의 빈칸에 들어갈 내용으로 가장 적절한 것은?

> "너는 냉면 먹어라, 나는 냉면 먹을게."와 같은 문장이 어딘가 이상한 문장이라는 사실과 어떻게 고쳐야 바른 문장이 된다는 사실은 특별히 심각하게 따져 보지 않고도 거의 순간적으로 파악해 낼 수 있다. 그러나 막상 이 문장이 틀린 이유가 무엇인지 설명하라고 하면, _____ 이를 논리적으로 설명해 내기 위해서는 국어의 문법 현상에 관한 상당한 수준의 전문적 식견이 필요하기 때문이다.

① 전문가들은 설명이 불가능하다고 말한다.
② 이 역시 특별한 문제없이 설명할 수 있다.
③ 일반인으로서는 매우 곤혹스러움을 느끼게 된다.
④ 국어를 모국어로 하는 사람들만이 설명할 수 있다.
⑤ 대부분의 사람들은 틀린 이유를 명확하게 찾아낼 수 있다.

| 해설 | 제시문에서 문장의 어색함을 순간적으로 파악할 수 있다는 문장 이후에 '그러나'와 '막상'이라는 표현을 사용하고 있다. 따라서 빈칸에는 이전의 문장과는 반대되는 의미가 포함된 내용인 ③이 들어가야 한다.

정답 ③

※ 다음 글의 빈칸에 들어갈 내용으로 가장 적절한 것을 고르시오. [11~15]

11
> _____ 최근 몇 년 동안 서울을 비롯한 수도권을 중심으로 자전거 도로가 많이 늘어난 덕분이다. 자전거 도로는 강을 따라 뻗어나갔다. 한강시민공원을 따라 서쪽 행주대교에서, 동쪽 강동구 암사동까지 37km가 이어져 있다. 북쪽은 중랑천변 자전거 도로가 의정부 끝까지 달린다.

① 자전거 도로의 확충이 필요하다.
② 자전거 시대가 열리고 있다.
③ 자전거 시대를 열어야 한다.
④ 자동차 시대가 도래한다.
⑤ 자전거는 자동차보다 효율적이다.

12

우리의 생각과 판단은 언어에 의해 결정되는가 아니면 경험에 의해 결정되는가? 언어결정론자들은 우리의 생각과 판단이 언어를 반영하고 있고 실제로 언어에 의해 결정된다고 주장한다. 언어결정론자들의 주장에 따르면 에스키모인들은 눈에 관한 다양한 언어 표현을 갖고 있어서 눈이 올 때 우리가 미처 파악하지 못한 미묘한 차이점들을 찾아낼 수 있다. 또 언어결정론자들은 '노랗다', '샛노랗다', '누르스름하다' 등 노랑에 대한 다양한 우리말 표현들이 있어서 노란색들의 미묘한 차이가 구분되고 그 덕분에 색에 관한 우리의 인지 능력이 다른 언어 사용자들보다 뛰어나다고 본다. 이렇듯 언어결정론자들은 사용하는 언어에 의해서 우리의 사고 능력이 결정된다고 본다.

정말 그럴까? 모든 색은 명도와 채도에 따라 구성된 스펙트럼 속에 놓이고, 각각의 색은 여러 언어로 표현될 수 있다. 이러한 사실에 비추어보면 우리말이 다른 언어에 비해 보다 풍부한 표현을 갖고 있다고 볼 수 없다. 나아가 _____ 따라서 우리의 생각과 판단은 언어가 아닌 경험에 의해 결정된다고 보는 쪽이 더 설득력이 있다.

① 경험이 언어에 미치는 영향을 계량화하여 비교하기는 곤란한 일이다.
② 어떤 것을 가리키는 단어가 있을 때에만 우리는 그 단어에 대하여 사고할 수 있다.
③ 언어나 경험 말고도 우리의 인지능력을 결정하는 요인들이 더 존재할 가능성이 있다.
④ 더 풍부한 표현을 가진 언어를 사용함에도 불구하고 인지능력이 뛰어나지 못한 경우들도 있다.
⑤ 개개인의 언어습득능력과 속도는 모두 다르기 때문에 인지능력에 대한 언어의 영향도 제각기 다르다.

13

제주 한라산 천연보호구역에 있는 한 조립식 건물에서 불이 나 3명의 사상자가 발생했다. 이 건물은 무속신을 모시는 신당으로 수십 년 동안 운영된 곳이었으나, 실상은 허가 없이 지은 불법 건축물에 해당되었다. 특히 해당 건물은 조립식 샌드위치 패널로 지어져 있어 이번 화재는 자칫 대형 산불로 이어져 한라산까지 타버릴 아찔한 사고였지만 행정당국은 불이 난 뒤에야 이 건축물의 존재를 파악했다.

해당 건물에서의 화재는 30여 분 만에 빠르게 진화되었지만, 이 불로 건물 안에 있던 40대 남성이 숨지고 60대 여성 2명이 화상을 입어 병원으로 이송되었다. 이는 해당 건물이 _____ 불이 삽시간에 번져 나갔기 때문이었다.

행정당국은 서귀포시는 산림이 울창하고 인적이 드문 곳이어서 관련 신고가 접수되지 않는 등 단속에 한계가 있다고 밝히며 행정의 손이 미치지 않는 취약한 지역, 산지나 으슥한 지역은 관련 부서와 협의를 거쳐 점검할 필요가 있다고 말했다.

① 화재에 취약한 구조로 지어져 있어
② 산지에 위치해 기후가 건조했기 때문에
③ 안전성을 검증받지 못한 가건물에 해당 되어
④ 소방시설과 거리가 있는 곳에 위치하고 있어
⑤ 인적이 드문 지역에 위치하여 발견이 쉽지 않아

14

현대인들이 부족한 잠으로 인해 만성 피로를 겪고 있다. 성인 평균 권장 수면시간은 7~8시간이지만, 이를 지키는 이들은 우리나라 성인 기준 단 4%에 불과하다. 지난해 국가별 일평균 수면시간 조사에 따르면, 한국인의 하루 평균 수면시간은 7시간 41분으로 OECD 18개 회원국 중 최하위를 기록했다. 또한, 직장인의 수면시간은 이보다도 짧은 6시간 6분, 권장 수면시간에 2시간 가까이 부족한 수면시간으로 현대인 대부분이 수면 부족에 시달린다 해도 과언이 아닐 정도이다.
수면시간 총량이 적은 것도 문제지만 더 심각한 점은 _____
즉, 수면의 질 또한 높지 않다는 것이다. 수면장애 환자는 '단순히 일이 많아서', 또는 '잠버릇 때문에' 발생한 일시적인 가벼운 증상 정도로 여기는 사회적 분위기를 고려하면 실제 더 많을 것으로 추정된다. 특히 대표적인 수면장애인 '수면무호흡증'은 피로감·불안감·우울감은 물론 고혈압·당뇨병과 심혈관질환·뇌졸중까지 다양한 합병증을 유발할 수 있다는 점에서 진단과 치료가 요구된다.

① '어떻게 잘 잤는지'이다.
② '언제 잠을 잤는지'이다.
③ '어디서 잠을 잤는지'이다.
④ '얼마만큼 많이 잤는지'이다.
⑤ '왜 잠이 부족한 것인지'이다.

15

어느 시대든 사람들은 원인이 무엇인지 알고 있다고 믿었다. 사람들은 그런 앎을 어디서 얻는가? 원인을 안다고 믿는 사람들의 믿음은 어디서 생기는 것일까?
새로운 것, 체험되지 않은 것, 낯선 것은 원인이 될 수 없다. 알려지지 않은 것에서는 위험, 불안정, 걱정, 공포감이 뒤따르기 때문이다. 우리 마음의 불안한 상태를 없애고자 한다면, 우리는 알려지지 않은 것을 알려진 것으로 환원해야 한다. 이러한 환원은 우리 마음을 편하게 해주고 안심시키며 만족을 느끼게 한다. 이 때문에 우리는 이미 알려진 것, 체험된 것, 기억에 각인된 것을 원인으로 설정하게 된다. '왜?'라는 물음의 답으로 나온 것은 그것이 진짜 원인이기 때문에 우리에게 떠오른 것이 아니다. 그것이 우리에게 떠오른 것은 그것이 우리를 안정시켜주고 성가신 것을 없애주며 무겁고 불편한 마음을 가볍게 해주기 때문이다. 따라서 원인을 찾으려는 우리의 본능은 위험, 불안정, 걱정, 공포감 등에 의해 촉발되고 자극받는다.
우리는 '설명이 없는 것보다 설명이 있는 것이 언제나 더 낫다.'고 믿는다. 우리는 특별한 유형의 원인만을 써서 설명을 만들어 낸다. _____
그래서 특정 유형의 설명만이 점점 더 우세해지고, 그러한 설명들이 하나의 체계로 모아져 결국 그런 설명이 우리의 사고방식을 지배하게 된다. 기업인은 즉시 이윤을 생각하고, 기독교인은 즉시 원죄를 생각하며 소녀는 즉시 사랑을 생각한다.

① 이것은 우리의 호기심과 모험심을 자극한다.
② 이것은 인과관계에 대한 우리의 지식을 확장시킨다.
③ 이것은 우리가 왜 불안한 심리 상태에 있는지를 설명해 준다.
④ 이것은 낯설고 체험하지 않았다는 느낌을 가장 빠르고 가장 쉽게 제거해 버린다.
⑤ 이것은 새롭고 낯선 것에서 원인을 발견하려는 우리의 본래 태도를 점차 약화시키고 오히려 그 반대의 태도를 우리의 습관으로 굳어지게 한다.

대표유형 3   내용일치

다음 글의 내용으로 적절하지 않은 것은?

> 프로이센의 철학자인 임마누엘 칸트는 근대 계몽주의를 정점에 올려놓음은 물론 독일 관념철학의 기초를 세운 것으로 유명하다. 그는 인식론을 다룬 저서는 물론 종교와 법, 역사에 관해서도 중요한 책을 썼는데, 특히 칸트가 만년에 출간한 『실천이성 비판』은 이후 윤리학과 도덕 철학 분야에 지대한 영향을 끼쳤다.
> 이 책에 따르면 악은 단순히 이 세상의 행복을 얻으려는 욕심의 지배를 받아 이를 실천의 원리로 삼는 것이며, 선은 이러한 욕심의 지배에서 벗어나 내부에서 우러나오는 단호한 도덕적 명령을 받는 것이다. 순수하게 도덕적 명령을 따른다는 것은 오직 의무를 누구나 지켜야만 할 의무이기에 이행한다는 태도, 즉 형식적 태도를 의미한다. 칸트는 태초에 선과 악이 처음에 있어서 원리가 결정되는 것이 아니라 그 반대라는 것을 선언한 것이다.

① 임마누엘 칸트는 독일 관념철학의 기초를 세웠다.
② 임마누엘 칸트는 철학은 물론 종교와 법, 역사에 관한 책을 저술했다.
③ 임마누엘 칸트는 만년에 『실천이성 비판』을 출간했다.
④ 임마누엘 칸트는 행복을 악으로, 도덕적 명령을 선으로 규정했다.
⑤ 임마누엘 칸트는 선을 누구나 지켜야만 할 의무이기에 순수하게 도덕적 명령을 따르는 것으로 보았다.

| 해설 | 임마누엘 칸트는 단순히 이 세상의 행복을 얻으려는 욕심의 지배를 받아 이를 실천의 원리로 삼는 것을 악으로 규정했을 뿐, 행복 그 자체를 악으로 판단하지 않았다.

정답 ④

※ 다음 글의 내용으로 가장 적절한 것을 고르시오. [16~17]

16

> 우리는 선인들이 남긴 훌륭한 문화유산이나 정신 자산을 언어, 특히 문자 언어를 통해 얻는다. 언어가 시대를 넘어 문명을 전수하는 역할을 하는 것이다. 언어를 통해 전해진 선인들의 훌륭한 문화유산이나 정신 자산은 당대의 문화나 정신을 살찌우는 밑거름이 된다. 만약 언어가 없다면 선인들과 대화하는 일은 불가능할 것이다. 그렇게 되면 인류사회는 앞선 시대와 단절되어 더 이상의 발전을 기대할 수 없게 된다. 인류가 지금과 같은 고도의 문명사회를 이룩할 수 있었던 것도 언어를 통해 선인들과 끊임없이 대화하며 그들에게서 지혜를 얻고 그들의 훌륭한 정신을 이어받았기 때문이다.

① 언어는 인간의 유일한 의사소통의 도구이다.
② 과거의 문화유산은 빠짐없이 계승되어야 한다.
③ 문자 언어는 음성 언어보다 우월한 가치를 가진다.
④ 문명의 발달은 언어와 더불어 이루어져 왔다.
⑤ 언어는 시간에 구애받지 않고 정보를 전달할 수 있다.

17

> 음악에서 화성이나 멜로디가 하나의 음 또는 하나의 화음을 중심으로 일정한 체계를 유지하는 것을 조성(調性)이라 한다. 조성을 중심으로 한 음악은 서양음악에 지배적인 영향을 미쳤는데, 여기에서 벗어나 자유롭게 표현하고 싶은 음악가의 열망이 무조(無調) 음악을 탄생시켰다. 무조 음악에서는 한 옥타브 안의 12음 각각에 동등한 가치를 두어 음들을 자유롭게 사용하였다. 이로 인해 무조 음악은 표현의 자유를 누리게 되었지만 조성이 주는 체계성은 잃게 되었다. 악곡의 형식을 유지하는 가장 기초적인 뼈대가 흔들린 것이다. 이와 같은 상황 속에서 무조 음악이 지닌 자유로움에 체계성을 더하고자 고민한 작곡가 쇤베르크는 '12음 기법'이라는 독창적인 작곡 기법을 만들어 냈다. 쇤베르크의 12음 기법은 12음을 한 번씩 사용하여 만든 기본 음렬(音列)에 이를 '전위', '역행', '역행 전위'의 방법으로 파생시킨 세 가지 음렬을 더해 악곡을 창작하는 체계적인 작곡 기법이다.

① 조성은 하나의 음으로 여러 음을 만드는 것을 말한다.
② 무조 음악은 조성이 발전한 형태라고 말할 수 있다.
③ 무조 음악은 한 옥타브 안의 음 각각에 가중치를 두어서 사용했다.
④ 조성은 체계성을 추구하고, 무조 음악은 자유로움을 추구한다.
⑤ 쇤베르크의 12음 기법은 무조 음악과 조성 모두에서 벗어나고자 한 작곡 기법이다.

※ 다음 글의 내용으로 적절하지 않은 것을 고르시오. [18~20]

18

브이로그(Vlog)란 비디오(Video)와 블로그(Blog)의 합성어로, 블로그처럼 자신의 일상을 영상으로 기록하는 것을 말한다. 이전까지 글과 사진을 중심으로 남기던 일기를 이제는 한 편의 영상으로 남기는 것이다. 1인 미디어 시대는 포털 사이트의 블로그 서비스, 싸이월드가 제공했던 '미니홈피' 서비스 등을 통해 시작되었다. 사람들은 자신만의 공간에서 일상을 기록하거나 특정 주제에 대한 의견을 드러냈다. 그러다 동영상 공유 사이트인 유튜브(Youtube)가 등장하였고, 스마트폰 사용이 보편화됨에 따라 일상생활을 담은 브이로그가 인기를 얻기 시작했다. '브이로거'는 이러한 브이로그를 하는 사람으로, 이들은 다른 사람들과 같이 공유하고 싶거나 기억하고 싶은 일상의 순간들을 영상으로 남겨 자신의 SNS에 공유한다. 이를 통해 영상을 시청하는 사람들은 '저들도 나와 다르지 않다.'는 공감을 하고, 자신이 경험하지 못한 일을 간접적으로 경험하면서 대리만족을 느낀다.

① 브이로그란 이전에 문자로 기록한 일상을 영상으로 기록하는 것이다.
② 자신의 일상을 기록한 영상을 다른 사람들과 공유하는 사람을 브이로거라고 한다.
③ 유튜브의 등장과 스마트폰의 보편화가 브이로그의 인기를 높였다.
④ 브이로거는 공감과 대리만족을 느끼기 위해 브이로그를 한다.
⑤ 블로그 서비스 등을 통해 1인 미디어 시대가 시작되었다.

19

지난해 충청남도에서 청년농업인의 맞춤형 스마트팜인 '온프레시팜 1호'가 문을 열었다. 이는 청년농업인이 안정적으로 농업을 경영하여 자리 잡고 살아갈 수 있는 영농 터전을 마련하기 위한 맞춤형 사업이다. 이를 통해 이제 막 농업에 뛰어든 농작물 재배 능력이 낮고 영농 기반이 부족한 청년농업인들이 농촌 안에서 안정적으로 농작물을 생산하고, 경제적으로 정착할 수 있을 것으로 기대되고 있다.
온프레시팜은 에어로포닉스와 수열에너지를 접목시켜 토양 없이 식물 뿌리와 줄기에 영양분이 가득한 물을 분사해 농작물을 생산하는 방식이다. 이는 화석연료 대비 경제적으로 우수할 뿐만 아니라 병해충의 발생이 적고 시설적으로도 쾌적하다. 또한 토양이 없어 공간 활용에 유리하며, 재배 관리 자동화가 가능해 비교적 관리도 수월하다. 하지만 초기 시설비용이 많이 들고 재배 기술의 확보가 어려워 접근이 쉽지 않다.

① 온프레시팜 사업은 청년농업인들이 영농 활동을 지속할 수 있도록 지원하는 사업이다.
② 온프레시팜은 기존 농업인이 아닌 농촌에 새로 유입되고 있는 청년농업인을 위한 사업이다.
③ 온프레시팜 방식으로 농작물을 재배할 경우 흙 속에 살고 있는 병해충으로 인해 발생하는 피해를 예방할 수 있다.
④ 온프레시팜 방식은 같은 재배 면적에서 기존 농업방식보다 더 많은 농작물의 재배를 가능하게 한다.
⑤ 청년농업인들은 기존의 농업방식보다는 재배 관리 자동화가 가능한 온프레시팜 방식의 접근이 더 수월하다.

20

생물 농약이란 농작물에 피해를 주는 병이나 해충, 잡초를 제거하기 위해 자연에 있는 생물로 만든 천연 농약을 뜻한다. 생물 농약을 개발한 것은 흙 속에 사는 병원균으로부터 식물을 보호할 목적에서였다. 뿌리를 공격하는 병원균은 땅속에 살고 있으므로 병원균을 제거하기에 어려움이 있었다. 게다가 화학 농약의 경우 그 성분이 토양에 달라붙어 제 기능을 발휘하지 못했기 때문에 식물 성장을 돕고 항균 작용을 할 수 있는 미생물에 주목하기 시작한 것이다.

식물 성장을 돕고 항균 작용을 하는 미생물 집단을 '근권미생물'이라 하는데, 여러 종류의 근권미생물 중 농약으로 쓰기에 가장 좋은 것은 뿌리에 잘 달라붙는 것들이다. 근권미생물의 입장에서 뿌리 주변은 사막의 오아시스와 비슷한 조건이다. 뿌리 주변은 뿌리에서 공급되는 양분과 안락한 서식 환경을 제공받지만, 뿌리 주변에서 멀리 떨어진 곳은 황량한 지역이어서 먹을 것을 찾기가 어렵기 때문이다. 따라서 뿌리 주변에서는 좋은 위치를 선점하기 위해 미생물 간에 치열한 싸움이 벌어진다. 얼마나 뿌리에 잘 정착하느냐가 생물 농약으로 사용되는 미생물을 결정하는 데 중요한 기준이 되는 셈이다.

생물 농약으로 쓰이는 미생물은 식물 성장을 돕는 성질을 포함한다. 미생물이 만든 항균 물질은 농작물의 뿌리에 침입하려는 곰팡이나 병원균의 성장을 억제하거나 죽게 한다. 그리고 병원균이나 곤충, 선충에 기생하는 종들을 사용한 생물 농약은 유해 병원균이나 해충을 직접 공격하기도 한다. 예를 들자면, 흰가루병은 채소 대부분에 생겨나는 곰팡이 때문에 발생하는데, 흰가루병을 일으키는 곰팡이의 영양분을 흡수해 죽이는 천적 곰팡이(Ampelomyces quisqualis)를 이용한 생물 농약이 만들어졌다.

① 화학 농약은 화학 성분이 토양에 달라붙어 제 기능을 발휘하지 못한다.
② '근권미생물'이란 식물의 성장에 도움을 주는 미생물이다.
③ 뿌리에 얼마나 잘 정착하는지가 미생물의 생물 농약 사용 기준이 된다.
④ 다른 곰팡이를 죽이는 곰팡이가 존재한다.
⑤ 생물 농약으로 쓰이는 미생물들은 유해 병원균이나 해충을 직접 공격하지는 못한다.

※ 다음 글을 읽고 추론한 내용으로 가장 적절한 것을 고르시오. [21~22]

21

> 신화는 서사(Narrative)와 상호 규정적이다. 그런 의미에서 신화는 역사·학문·종교·예술과 모두 관련되지만, 그중의 어떤 하나만은 아니다. 예를 들면, '신화는 역사다.'라는 말이 하나의 전체일 수는 없다. 나머지인 학문·종교·예술 중 어느 하나라도 배제된다면 더 이상 신화가 아니기 때문이다. 신화는 이들의 복합적 총체이지만, 신화는 신화일 뿐 역사나 학문, 종교나 예술 자체일 수 없다.

① 신화는 현대 학문의 영역에서 배제되는 경향이 있다.
② 인류역사는 신화의 시대에서 형이상학의 시대로, 그리고 실증주의 시대로 이행하였다.
③ 신화는 종교 문학에 속하는 문학의 한 장르이다.
④ 신화는 예술과 상호 관련을 맺는 예술적 상관물이다.
⑤ 신화는 학문·종교·예술의 하위요소이다.

22

> 한 연구원이 어떤 실험을 계획하고 참가자들에게 이렇게 설명했다.
> "여러분은 지금부터 둘씩 조를 지어 함께 일을 하게 됩니다. 여러분의 파트너는 다른 작업장에서 여러분과 똑같은 일을, 똑같은 노력을 기울여 할 것입니다. 이번 실험에 대한 보수는 조당 5만 원입니다."
> 실험 참가자들이 작업을 마치자 연구원은 참가자들을 세 부류로 나누어 각각 2만 원, 2만 5천 원, 3만 원의 보수를 차등 지급하면서, 그들이 다른 작업장에서 파트너가 받은 액수를 제외한 나머지 보수를 받은 것으로 믿게 하였다.
> 그 후 연구원은 실험 참가자들에게 몇 가지 설문을 했다. '보수를 받고 난 후에 어떤 기분이 들었는지, 나누어 받은 돈이 공정하다고 생각하는지'를 묻는 것이었다. 연구원은 설문을 하기 전에 3만 원을 받은 참가자가 가장 행복할 것이라고 예상했다. 그런데 결과는 예상과 달랐다. 3만 원을 받은 사람은 2만 5천 원을 받은 사람보다 덜 행복해 했다. 자신이 과도하게 보상을 받아 부담을 느꼈기 때문이다. 2만 원을 받은 사람도 덜 행복해 한 것은 마찬가지였다. 받아야 할 만큼 충분히 받지 못했다고 생각했기 때문이다.

① 인간은 타인과 협력할 때 더 행복해 한다.
② 인간은 공평한 대우를 받을 때 더 행복해 한다.
③ 인간은 남보다 능력을 더 인정받을 때 더 행복해 한다.
④ 인간은 자신이 설정한 목표를 달성했을 때 가장 행복해 한다.
⑤ 인간은 상대를 위해 자신의 몫을 양보했을 때 더 행복해 한다.

※ 다음 글을 읽고 추론한 내용으로 적절하지 않은 것을 고르시오. [23~25]

23

> 참여예산제는 예산 편성의 단계에서 시민들의 참여를 가능하게 하는 제도이다. 행정부의 독점적인 예산 편성은 계층제적 권위에 의한 참여의 부족을 불러와 비효율성의 또 다른 원인이 될 수 있기 때문에, 참여예산제의 시행은 재정 민주주의의 실현을 위해서 뿐만 아니라 예산 배분의 효율성 제고를 위해서도 필요한 것이라 할 수 있다. 그러나 참여가 형식에 그치게 되거나 예기치 못한 형태의 주민 간 갈등이 나타날 수 있다는 문제점은 존재한다. 또 인기 영합적 예산 편성과 예산 수요의 증가 및 행정부의 의사 결정의 곤란과 같은 문제점도 지적된다.

① 참여예산제의 시행은 민주성의 실현이라는 의의가 있다.
② 참여예산제의 시행은 예산 편성상의 효율성을 제고할 것이다.
③ 참여예산제는 주민들의 다양한 이익을 반영할 수 있을 것이다.
④ 참여예산제는 재정 상태를 악화시킬 것이다.
⑤ 참여예산제의 시행은 행정부의 권위주의를 견제하기 위해서 필요할 것이다.

24

> 1977년 개관한 퐁피두센터의 정식명칭은 국립 조르주 퐁피두 예술문화 센터로, 공공정보기관(BPI), 공업창작센터(CCI), 음악·음향의 탐구와 조정연구소(IRCAM), 파리 국립 근현대 미술관(MNAM) 등이 있는 종합 문화예술 공간이다. 퐁피두라는 이름은 이 센터의 창설에 힘을 기울인 조르주 퐁피두 대통령의 이름을 딴 것이다.
> 1969년 당시 대통령이었던 퐁피두는 파리의 중심지에 미술관이면서 동시에 조형예술과 음악, 영화, 서적 그리고 모든 창조적 활동의 중심이 될 수 있는 문화 복합센터를 지어 프랑스 미술을 더욱 발전시키고자 했다. 요즘 미술관들은 미술관의 이러한 복합적인 기능과 역할을 인식하고 변화를 시도하는 곳이 많다. 미술관이 더 이상 전시만 보는 곳이 아니라 식사도 하고 영화도 보고 강연도 들을 수 있는 곳으로 대중과의 거리 좁히기를 시도하고 있는 것도 그리 특별한 일은 아니다. 그러나 이미 40년 전에 21세기 미술관의 기능과 역할이 어떠해야 하는지를 미리 내다볼 줄 아는 혜안을 가지고 설립된 퐁피두 미술관은 프랑스가 왜 문화강국이라 불리는지를 알 수 있게 해준다.

① 퐁피두 미술관의 모습은 기존 미술관의 모습과 다를 것이다.
② 퐁피두 미술관을 찾는 사람들의 목적은 다양할 것이다.
③ 퐁피두 미술관은 전통적인 예술작품들을 선호할 것이다.
④ 퐁피두 미술관은 파격적인 예술작품들을 배척하지 않을 것이다.
⑤ 퐁피두 미술관은 현대 미술관의 선구자라는 자긍심을 가지고 있을 것이다.

25 선거 기간 동안 여론 조사 결과의 공표를 금지하는 것이 사회적 쟁점이 되고 있다. 조사 결과의 공표가 유권자 투표 의사에 영향을 미쳐 선거의 공정성을 훼손한다는 주장과 공표 금지가 선거 정보에 대한 언론의 접근을 제한하여 알 권리를 침해한다는 주장이 맞서고 있기 때문이다.

찬성론자들은 먼저 '밴드왜건 효과'와 '열세자 효과' 등의 이론을 내세워 여론 조사 공표의 부정적인 영향을 부각시킨다. 밴드왜건 효과에 의하면, 선거일 전에 여론 조사 결과가 공표되면 사표(死票) 방지 심리로 인해 표심이 지지도가 높은 후보 쪽으로 이동하게 된다. 이와 반대로 열세자 효과에 따르면, 열세에 있는 후보자에 대한 동정심이 발동하여 표심이 그쪽으로 움직이게 된다.

각각의 이론을 통해 알 수 있듯이 여론 조사 결과의 공표가 어느 쪽으로든 투표 행위에 영향을 미치게 되고 선거일에 가까워질수록 공표가 갖는 부정적 효과가 극대화되기 때문에 이를 금지해야 한다는 것이다. 이들은 또한 공정한 여론 조사가 진행될 수 있는 제반 여건이 아직은 성숙되지 않았다는 점도 강조한다. 그리고 금권, 관권 부정 선거와 선거 운동의 과열 경쟁으로 인한 폐해가 많았다는 것이 경험적으로도 확인되었다는 사실을 그 이유로 든다.

이와 달리 반대론자들은 무엇보다 표현의 자유를 실현하는 수단으로서 알 권리의 중요성을 강조한다. 알 권리는 국민이 의사를 형성하는 데 전제가 되는 권리인 동시에 국민 주권 실천 과정에 참여하는 데 필요한 정보와 사상 및 의견을 자유롭게 구할 수 있음을 강조하는 권리이다. 그리고 이 권리는 언론 기관이 '공적 위탁 이론'에 근거해 국민들로부터 위임받아 행사하는 것이므로 정보에 대한 언론의 접근이 보장되어야 충족된다. 후보자의 지지도나 당선 가능성 등에 관한 여론의 동향 등은 이 알 권리의 대상에 포함된다. 따라서 언론이 위임받은 알 권리를 국민의 뜻에 따라 대행하는 것이기 때문에 여론 조사 결과의 공표를 금지하는 것은 결국 표현의 자유를 침해하여 위헌이라는 논리이다. 또한 이들은 조사 결과의 공표가 선거의 공정성을 방해한다는 분명한 증거가 제시되지 않고 있기 때문에 조사 결과의 공표가 선거에 부정적인 영향을 미친다는 점이 확실하게 증명되지 않는다는 점도 강조한다.

우리나라 현행 선거법은 선거일 전 6일부터 선거 당일까지 조사 결과의 공표를 금지하고 있다. 선거 기간 내내 공표를 제한했던 과거와 비교해 보면 금지 기간이 대폭 줄었음을 알 수 있다. 이는 공표 금지에 대한 찬반 논쟁에 시사하는 바가 크다.

① 언론 기관이 알 권리를 대행하기도 한다.
② 알 권리는 법률에 의해 제한되기도 한다.
③ 알 권리가 제한되면 표현의 자유가 약화된다.
④ 알 권리에는 정보 수집의 권리도 포함되어 있다.
⑤ 공표 금지 기간이 길어질수록 알 권리는 강화된다.

대표유형 4 | 주제찾기

다음 글의 주제로 가장 적절한 것은?

> 허파는 들이마신 공기를 허파모세혈관 속의 정맥혈액(Venous Blood)에 전달하여 혈액을 산소화시키는 기능을 한다. 허파 주위에 있는 가슴막공간은 밀폐되어 있지만, 허파 속은 외부 대기와 자유롭게 통하고 있어서 허파의 압력이 유지된다.
>
> 가슴막공간이 가로막, 갈비사이근육 및 다른 근육들의 수축에 의해서 확장되면 허파 내압이 떨어지게 되어 허파가 확장되고, 따라서 외부공기가 안으로 빨려 들어오는 흡기작용(Inspiration)을 한다. 반대로 호흡근육들이 이완될 때는 가슴막공간이 작아지게 되고, 허파의 탄력조직이 오므라들면 공기가 밖으로 나가는 호기작용(Expiration)을 한다.
>
> 사람이 편안한 상태에서 교환되는 공기의 양인 호흡용적(Tidal Volume)은 약 500ml이며, 폐활량(Viral Lung Volume)은 심호흡 시 교환되는 양으로 3,700ml 이상이 된다. 최대호기작용 후에도 잔류용적(Residual Capacity) 약 1,200ml의 공기가 허파에 남아있다. 성인의 경우 편안한 상태에서의 정상 호흡횟수는 1분에 12 ~ 20회이며, 어린이는 1분에 20 ~ 25회이다.

① 허파의 기능 ② 허파의 구조
③ 허파의 위치 ④ 허파의 정의
⑤ 허파의 모양

| 해설 | 제시문은 허파의 혈액 산소화 기능, 호흡 기능을 설명하고 있다. 따라서 글의 주제로 가장 적절한 것은 ①이다.

정답 ①

※ 다음 글의 주제로 가장 적절한 것을 고르시오. [26~27]

26

구비문학에서는 기록문학과 같은 의미의 단일한 작품 또는 원본이라는 개념이 성립하기 어렵다. 윤선도의 '어부사시사'와 채만식의 『태평천하』는 엄밀하게 검증된 텍스트를 놓고 이것이 바로 그 작품이라 할 수 있지만, '오누이 장사 힘내기' 전설이라든가 '진주 낭군' 같은 민요는 서로 조금씩 다른 구연물이 다 그 나름의 개별적 작품이면서 동일 작품의 변이형으로 인정되기도 하는 것이다. 이야기꾼은 그의 개인적 취향이나 형편에 따라 설화의 어떤 내용을 좀 더 실감 나게 손질하여 구연할 수 있으며, 때로는 그 일부를 생략 혹은 변경할 수 있다. 모내기할 때 부르는 '모노래'는 전승적 가사를 많이 이용하지만, 선창자의 재간과 그때그때의 분위기에 따라 새로운 노래 토막을 끼워 넣거나 일부를 즉흥적으로 개작 또는 창작하는 일도 흔하다.

① 구비문학의 현장성
② 구비문학의 유동성
③ 구비문학의 전승성
④ 구비문학의 구연성
⑤ 구비문학의 사실성

27

아이슬란드에는 각종 파이프와 열교환기, 화학물질 저장탱크, 압축기로 이루어져 있는 '조지 올라 재생가능 메탄올 공장'이 있다. 이곳은 이산화탄소로 메탄올을 만드는 첨단 시설로, 과거 2011년 아이슬란드 기업 '카본리사이클링인터내셔널(CRI)'이 탄소 포집·활용(CCU) 기술의 실험을 위해서 지은 곳이다.
이곳에서는 인근 지열발전소에서 발생하는 적은 양의 이산화탄소(CO_2)를 포집한 뒤 물을 분해해 조달한 수소(H)와 결합시켜 재생 메탄올(CH_3OH)을 제조하였고, 이때 필요한 열과 냉각수 역시 지열발전소의 부산물을 이용했다. 이렇게 만들어진 메탄올은 자동차, 선박, 항공 연료는 물론 플라스틱 제조 원료로 활용하는 등 여러 곳에 활용이 되었다.
하지만 이렇게 메탄올을 만드는 것이 미래 원료 문제의 근본적인 해결책이 될 수는 없었다. 메탄올이 만드는 에너지보다 메탄올을 만드는 데 들어가는 에너지가 더 필요하다는 문제점과 액화천연가스 LNG를 메탄올로 변환할 경우 이전보다 오히려 탄소 배출량이 증가했고, 탄소 배출량을 감소시키기 위해서는 태양광과 에너지 저장장치를 활용해 메탄올 제조에 필요한 에너지를 모두 조달해야만 했기 때문이다.
또한 탄소를 포집해 지하에 영구 저장하는 탄소포집 저장방식과 달리, 탄소를 포집해 만든 연료나 제품은 사용 중에 탄소를 다시 배출할 가능성이 있어 이에 대한 논의가 분분한 상황이다.

① 탄소 재활용의 득과 실
② 재생 에너지 메탄올의 다양한 활용
③ 지열발전소에서 탄생한 재활용 원료
④ 탄소 재활용을 통한 미래 원료의 개발
⑤ 미래의 에너지 원료로 주목받는 재활용 원료, 메탄올

28 다음 글의 중심 내용으로 가장 적절한 것은?

> 청소년보호법 유해매체물 심의 기준에 '동성애' 조항이 포함된 것은 동성애자의 평등권 침해라는 항의에 대하여, 위원회 쪽은 아직 판단력이 부족한 청소년들에게 균형 잡힌 정보를 제공해야 하므로 동성애를 상대적으로 우월하거나 바람직한 것으로 인식하게 할 우려가 있는 매체물을 단속하기 위함일 뿐, 결코 동성애를 성적 지향의 하나로 존중하지 않는 건 아니라고 주장했다. 일견 그럴싸하게 들리지만 이것이 정말 평등일까? 동성애를 조장하는 매체물을 단속한다는 명목은 이성애를 조장하는 매체물이란 개념으론 연결되지 않는다. 애초에 이성애주의에 기반을 두어 만들어진 규칙의 적용이 결코 평등일 순 없다.

① 청소년보호법은 청소년들의 자유로운 매체물 선택을 제한한다.
② 청소년은 동성애에 대해 중립적인 시각을 갖기 어려울 것이다.
③ 청소년에게 동성애를 이성애와 차별하지 않도록 교육할 필요가 있다.
④ 동성애에 기반을 두어 규칙을 만들면 동성애보다 이성애를 존중하기 때문이다.
⑤ 청소년보호법 유해매체물 심의 기준은 동성애자에 대한 차별을 내포하고 있다.

29 다음 글의 제목으로 가장 적절한 것은?

> 반대는 필수불가결한 것이다. 지각 있는 대부분의 사람이 그러하듯 훌륭한 정치가는 항상 열렬한 지지자보다는 반대자로부터 더 많은 것을 배운다. 만약 반대자들이 위험이 있는 곳을 지적해 주지 않는다면, 그는 지지자들에 떠밀려 파멸의 길을 걷게 될 수 있기 때문이다. 따라서 현명한 정치가라면 그는 종종 친구들로부터 벗어나기를 기도할 것이다. 친구들이 자신을 파멸시킬 수도 있다는 것을 알기 때문이다. 그리고 비록 고통스럽다 할지라도 결코 반대자 없이 홀로 남겨지는 일이 일어나지 않기를 기도할 것이다. 반대자들이 자신을 이성과 양식의 길에서 멀리 벗어나지 않도록 해준다는 사실을 알기 때문이다. 자유의지를 가진 국민의 범국가적 화합은 정부의 독단과 반대당의 혁명적 비타협성을 무력화시키는 정치권력의 충분한 균형에 의존하고 있다. 그 균형이 어떤 상황 때문에 강제로 타협하게 되지 않는 한, 그리고 모든 시민이 어떤 정책에 영향을 미칠 수는 있으나 누구도 혼자 정책을 지배할 수 없다는 것을 느끼게 되지 않는 한, 그리고 습관과 필요에 의해서 서로 조금씩 양보하지 않는 한, 자유는 유지될 수 없기 때문이다.

① 민주주의와 사회주의
② 반대의 필요성과 민주주의
③ 민주주의와 일방적인 의사소통
④ 권력을 가진 자와 혁명을 꿈꾸는 집단
⑤ 혁명의 정의

30 다음 글의 필자가 주장하는 핵심 내용으로 가장 적절한 것은?

> 인지부조화는 한 개인이 가지는 둘 이상의 사고, 태도, 신념, 의견 등이 서로 일치하지 않거나 상반될 때 생겨나는 심리적인 긴장상태를 의미한다. 인지부조화는 불편함을 유발하기 때문에 사람들은 이것을 감소시키려고 한다. 인지부조화를 감소시키는 방법은 서로 모순관계에 있어서 양립할 수 없는 인지들 가운데 하나 이상의 인지가 갖는 내용을 바꾸어 양립할 수 있게 만들거나, 서로 모순되는 인지들 간의 차이를 좁힐 수 있는 새로운 인지를 추가하여 부조화된 인지상태를 조화된 상태로 전환하는 것이다.
> 그런데 실제로 부조화를 감소시키는 행동은 비합리적인 면이 있다. 그 이유는 그러한 행동들이 사람들로 하여금 중요한 사실을 배우지 못하게 하고 자신들의 문제에 대하여 실제적인 해결책을 찾지 못하도록 할 수 있기 때문이다. 부조화를 감소시키려는 행동은 자기방어적인 행동이고, 부조화를 감소시킴으로써 우리는 자신의 긍정적인 이미지, 즉 자신이 선하고 현명하며 상당히 가치 있는 인물이라는 긍정적인 측면의 이미지를 유지하게 된다. 비록 자기방어적인 행동이 유용한 것으로 생각될 수 있지만, 이러한 행동은 부정적 결과를 초래할 수 있다.

① 인지부조화를 극복하기 위해 합리적인 사고가 필요하다.
② 인지부조화를 감소시키는 방법의 비합리성으로 인해 부정적 결과가 초래될 수 있다.
③ 인지부조화는 합리적인 사고에 도움을 준다는 점에서 긍정적이다.
④ 인지부조화는 자기방어적 행동을 유발하여 정신건강을 해친다.
⑤ 인지부조화를 감소시키는 과정은 긍정적인 자기 이미지 만들기에 효과적이다.

CHAPTER 02 | 수리력 핵심이론

01 ▶ 응용계산

1. 수의 관계

(1) 약수와 배수

a가 b로 나누어떨어질 때, a는 b의 배수, b는 a의 약수

> **여러 가지 수의 배수**
> - 2(5)의 배수 : 일의 자리의 수가 0이거나 2(5)의 배수로 되어 있는 수
> - 4의 배수 : 끝의 두 자리의 수가 00이거나 4의 배수로 되어 있는 수
> - 3(9)의 배수 : 각 자리의 숫자의 합이 3(9)의 배수로 되어 있는 수

(2) 소인수분해

① 소수 : 1보다 큰 자연수 중에서 약수가 1과 자기 자신뿐인 수
② 합성수 : 1보다 큰 자연수 중에서 소수가 아닌 수
   ※ 모든 소수의 약수는 2개, 합성수의 약수는 3개 이상이다.
③ 거듭제곱 : 같은 수나 문자를 여러 번 곱한 것을 간단히 나타낸 것
   ㉠ 2^2, 2^3, 2^4, …을 통틀어 2의 거듭제곱이라고 한다.
   ㉡ 2^2, 2^3, 2^4, …에서 곱하는 수 2를 거듭제곱의 밑이라고 하고, 곱한 횟수 2, 3, 4, …를 지수라고 한다.
④ 인수와 소인수
   ㉠ 자연수 a, b, c에 대하여 $a = b \times c$ 일 때, a의 약수 b, c를 a의 인수라고 한다.
   ㉡ 소인수 : 인수 중에서 소수인 인수
⑤ 소인수분해 : 1보다 큰 자연수를 소인수만의 곱으로 나타내는 것
⑥ 소인수분해 방법 : 몫이 소수가 될 때까지 계속 나누어 소수들만의 곱으로 나타낸다. 같은 소수가 한 번 이상 곱해지면 거듭제곱으로 나타낸다.
   예) 2) 90
       3) 45
       3) 15
           5
       ∴ $90 = 2 \times 3^2 \times 5$
⑦ $a^p \times b^q$의 약수의 개수(a, b는 서로 다른 소수, p, q는 자연수) : $\{(p+1)(q+1)\}$개

(3) 공약수와 최대공약수
① **공약수** : 2개 이상의 자연수의 공통인 약수
② **최대공약수** : 공약수 중에서 가장 큰 수
③ **최대공약수의 성질** : 두 개 이상의 자연수의 공약수는 그 수들의 최대공약수의 약수이다.
④ **서로소** : 최대공약수가 1인 두 자연수
⑤ **최대공약수를 구하는 방법** : 소인수분해를 이용하거나 몫의 공약수가 1이 될 때까지 1이 아닌 공약수로 각 수를 나누어 나눈 공약수를 곱한다.

　예) $\begin{array}{r} 2\,)\,\underline{243684} \\ 6\,)\,\underline{121842} \\ 237 \end{array}$

　∴ (최대공약수)=2×6=12

(4) 공배수와 최소공배수
① **공배수** : 2개 이상의 자연수의 공통인 배수
② **최소공배수** : 공배수 중에서 가장 작은 수
③ **최소공배수의 성질**
　㉠ 2개 이상의 자연수의 공배수는 그 수들의 최소공배수의 배수이다.
　㉡ 서로소인 두 자연수의 최소공배수는 두 수의 곱과 같다.
④ **최소공배수를 구하는 방법** : 소인수분해를 이용하거나 공약수로 각 수를 나누어 어느 두 수에서도 공약수가 없게 한 다음, 나눈 공약수와 마지막 몫을 모두 곱한다.

　예) $\begin{array}{r} 3\,)\,\underline{182445} \\ 3\,)\,\underline{6815} \\ 2\,)\,\underline{285} \\ 145 \end{array}$

　∴ (최소공배수)=3×3×2×1×4×5=360

(5) 최대공약수와 최소공배수의 관계
두 자연수 A, B에 대하여, 최소공배수와 최대공약수를 각각 L, G라고 하면 A×B=L×G가 성립한다.

2. 기본 계산

(1) 곱셈 기호와 나눗셈 기호의 생략

① 문자와 수의 곱에서는 곱셈 기호 ×를 생략하고, 수를 문자 앞에 쓴다.
  예 $x \times 4 = 4x$

② 문자와 문자의 곱에서는 곱셈 기호 ×를 생략하고, 보통 알파벳 순으로 쓴다.
  예 $b \times (-3) \times a = -3ab$

③ 같은 문자의 곱은 거듭제곱의 꼴로 나타낸다.
  예 $x \times x \times x = x^3$

④ 문자가 섞여 있는 나눗셈에서는 나눗셈 기호 ÷는 쓰지 않고 분수의 모양으로 나타낸다.
  예 $a \div 2 = \dfrac{a}{2}$, $a \times b \div c = \dfrac{ab}{c}$ $(c \neq 0)$

(2) 사칙연산

① 덧셈(+)
  ㉠ 같은 부호일 때 : 절댓값의 합에 공통인 부호를 붙인다.
  ㉡ 서로 다른 부호일 때 : 절댓값의 차에 절댓값이 큰 수의 부호를 붙인다.

② 뺄셈(−) : 빼는 수의 부호를 바꾸어서 덧셈으로 고쳐서 계산한다.

③ 곱셈(×)
  ㉠ 같은 부호일 때 : 절댓값의 곱에 양의 부호를 붙인다.
  ㉡ 서로 다른 부호일 때 : 절댓값의 곱에 음의 부호를 붙인다.

④ 나눗셈(÷)
  ㉠ 같은 부호일 때 : 절댓값의 나눗셈의 몫에 양의 부호를 붙인다.
  ㉡ 서로 다른 부호일 때 : 절댓값의 나눗셈의 몫에 음의 부호를 붙인다.

덧셈(+)·뺄셈(−)·곱셈(×)·나눗셈(÷)의 혼합 계산
거듭제곱 → 괄호 → 곱셈·나눗셈 → 덧셈·뺄셈
※ 괄호 : ( ) → { } → [ ]의 순서

---

⑤ 계산법칙
  ㉠ 교환법칙 : $a + b = b + a$
  　　　　　　　$a \times b = b \times a$
  ㉡ 결합법칙 : $(a+b) + c = a + (b+c)$
  　　　　　　　$(a \times b) \times c = a \times (b \times c)$
  ㉢ 분배법칙 : $a \times (b+c) = a \times b + a \times c$
  　　　　　　　$(a+b) \times c = a \times c + b \times c$
  ㉣ 곱셈법칙
    • $(a+b)^2 = a^2 + 2ab + b^2$
    　$(a-b)^2 = a^2 - 2ab + b^2$
    • $(a+b)(a-b) = a^2 - b^2$
    • $(x+a)(x+b) = x^2 + (a+b)x + ab$

- $(ax+b)(cx+d) = acx^2 + (ad+bc)x + bd$
- $(a+b+c)^2 = \{(a+b)+c\}^2 = (a+b)^2 + 2(a+b)c + c^2 = a^2 + b^2 + c^2 + 2ab + 2bc + 2ca$

(3) 대입과 식의 값

① 대입 : 문자를 사용한 식에서 문자에 어떤 수를 바꾸어 넣는 것
② 식의 값 : 문자를 사용한 식에서 문자에 어떤 수를 대입하여 계산한 값
③ 식의 값 구하기 : 생략된 곱셈기호가 있는 식의 경우 곱셈 기호를 다시 쓴 후, 문자에 주어진 수를 대입하여 계산한다.

(4) 일차식의 계산

① 일차식의 덧셈과 뺄셈 : 괄호가 있으면 분배법칙을 이용하여 괄호를 푼 후, 동류항끼리 모아서 더한다.

예) $(3x+4) - (5x-2) = 3x + 4 - 5x + 2$
$= 3x - 5x + 4 + 2$
$= (3-5)x + (4+2)$
$= -2x + 6$

> 괄호 앞에
> +가 있으면 괄호 안의 부호는 그대로
> -가 있으면 괄호 안의 부호를 반대로

② (수)×(일차식) : 분배법칙을 이용하여 일차식의 각 항에 수를 곱한다.
③ (일차식)÷(수) : 분배법칙을 이용하여 나누는 수의 역수를 이차식의 각 항에 곱한다.

예) $(8x+4) \div \dfrac{4}{3} = 8x \times \dfrac{3}{4} + 4 \times \dfrac{3}{4} = 6x + 3$

3. 등식과 방정식

(1) 등식과 방정식

① 등식 : 등호(=)를 사용하여 수량 사이의 관계를 나타낸 식
  ※ 등호의 왼쪽 부분을 좌변, 등호의 오른쪽 부분을 우변, 좌변과 우변을 합하여 양변이라고 한다.
② 방정식 : x의 값에 따라 참이 되기도 하고, 거짓이 되기도 하는 등식을 x에 관한 방정식이라고 한다.
  ㉠ 방정식을 참이 되게 하는 미지수 x의 값을 그 방정식의 '해' 또는 '근'이라고 한다.
  ㉡ 방정식의 해(근)를 구하는 것을 '방정식을 푼다.'라고 한다.
③ 항등식 : 미지수에 어떤 값을 대입해도 항상 참이 되는 등식
④ 등식의 성질
  ㉠ 양변에 같은 수를 더해도 등식은 성립한다.
  ㉡ 양변에서 같은 수를 빼도 등식은 성립한다.
  ㉢ 양변에 같은 수를 곱해도 등식은 성립한다.
  ㉣ 양변을 0이 아닌 같은 수로 나누어도 등식은 성립한다.

(2) 일차방정식의 풀이

① 일차방정식 : 등식의 모든 항을 좌변으로 이항하여 정리한 식이 (일차식)=0의 꼴로 나타나는 방정식

> **이항**
> 등식의 성질을 이용하여 등식의 한 변에 있는 항을 그 항의 부호를 바꾸어 다른 변으로 옮기는 것
> [항의 부호]
> $+\triangle$를 이항 → $-\triangle$, $-\triangle$를 이항 → $+\triangle$
> 예) $x-1=5 \quad x=5+1$

② 일차방정식의 풀이 순서
  ❶ 계수가 분수나 소수이면 정수로 고친다.
   • 소수이면 10, 100, … 을 곱한다.
   • 분수이면 분모의 최소공배수를 곱한다.
  ❷ 괄호가 있으면 분배법칙을 이용하여 괄호를 풀고 정리한다.
  ❸ x를 포함한 항은 좌변으로, 상수항은 우변으로 각각 이항한다.
  ❹ 양변을 x의 계수로 나누어 $x=(수)$의 꼴로 나타낸다.
  ❺ 구한 해가 일차방정식을 참이 되게 하는지 확인한다.

  예) $\dfrac{x}{4} - \dfrac{x-5}{2} = 3$
  양변에 분모의 최소공배수 4를 곱하면
  $x-2(x-5)=12$, $x-2x+10=12$
  → $-x=2$
  ∴ $x=-2$

(3) 일차방정식의 활용 순서

❶ 문제의 뜻을 파악한 다음 구하고자 하는 값을 x로 놓는다.
❷ 문제의 뜻에 맞게 방정식을 세운다.
❸ 일차방정식을 푼다.
❹ 구한 해가 문제의 뜻에 맞는지 확인한다.

(4) 연립일차방정식

① 미지수가 2개인 일차방정식 : 미지수가 2개이고, 그 차수가 모두 1인 방정식
② 미지수가 2개인 일차방정식의 해 : 미지수가 x, y인 일차방정식을 참이 되게 하는 x, y의 값 또는 그 순서쌍 (x, y)

(5) 연립방정식의 풀이

① 가감법 또는 대입법을 이용하여 푼다.
  ㉠ 가감법 : 두 방정식을 변끼리 더하거나 빼어서 연립방정식을 푸는 방법
  ㉡ 대입법 : 한 방정식을 하나의 미지수에 대한 식으로 나타낸 다음 다른 방정식에 대입하여 푸는 방법

예 $\begin{cases} 3x - y = -4 & \cdots ㉠ \\ x + 2y = 1 & \cdots ㉡ \end{cases}$

가감법
㉠×2를 하면 $6x - 2y = -8 \cdots ㉢$
㉡+㉢을 하면 $7x = -7$
∴ $x = -1$
이 값을 ㉠의 식이나 ㉡의 식에 대입하여 풀면 $y = 1$이다.

대입법
㉠의 식을 $y = 3x + 4$로 바꾼 후
㉡의 식에 대입하여 풀면
$x + 2(3x + 4) = 1$, $7x = -7$
∴ $x = -1$, $y = 1$

---

② 괄호가 있는 경우 괄호를 풀고 동류항을 정리하여 푼다.

(6) 해가 특수한 연립방정식의 풀이

x, y에 관한 연립방정식 $\begin{cases} ax + by + c = 0 \\ a'x + b'y + c' = 0 \end{cases}$ 에서

① $a = a'$, $b = b'$, $c = c'$ $\left(\dfrac{a}{a'} = \dfrac{b}{b'} = \dfrac{c}{c'} \right)$ 일 때 해가 무수히 많다.

② $a = a'$, $b = b'$, $c \neq c'$ $\left(\dfrac{a}{a'} = \dfrac{b}{b'} \neq \dfrac{c}{c'} \right)$ 일 때 해가 없다.

③ 계수가 소수나 분수인 경우 계수를 정수로 고쳐서 푼다.

④ $A = B = C$의 꼴인 방정식의 풀이는 다음 중 어느 것을 택하여 풀어도 그 해는 같다.
$\begin{cases} A = B \\ A = C \end{cases}$ $\begin{cases} A = B \\ B = C \end{cases}$ $\begin{cases} A = C \\ B = C \end{cases}$

4. 방정식의 활용

(1) 날짜·요일·시계

  ① 날짜·요일
    ㉠ 1일=24시간=1,440분=86,400초
    ㉡ 날짜·요일 관련 문제는 대부분 나머지를 이용해 계산한다.

  ② 시계
    ㉠ 시침이 1시간 동안 이동하는 각도 : 30°
    ㉡ 시침이 1분 동안 이동하는 각도 : 0.5°
    ㉢ 분침이 1분 동안 이동하는 각도 : 6°

(2) 거리·속력·시간

  ① (거리)=(속력)×(시간)
    ㉠ 기차가 터널을 통과하거나 다리를 지나가는 경우
      : (기차가 움직인 거리)=(기차의 길이)+(터널 또는 다리의 길이)
    ㉡ 두 사람이 반대 방향 또는 같은 방향으로 움직이는 경우
      : (두 사람 사이의 거리)=(두 사람이 움직인 거리의 합 또는 차)

  ② (속력)=$\dfrac{(거리)}{(시간)}$
    ㉠ 흐르는 물에서 배를 타는 경우
      : (하류로 내려갈 때의 속력)=(배 자체의 속력)+(물의 속력)
        (상류로 올라갈 때의 속력)=(배 자체의 속력)−(물의 속력)

  ③ (시간)=$\dfrac{(거리)}{(속력)}$

(3) 나이·인원·개수

  구하고자 하는 것을 미지수로 놓고 식을 세운다. 동물의 경우 다리의 개수에 유의해야 한다.

(4) 원가·정가

  ① (정가)=(원가)+(이익), (이익)=(정가)−(원가)
  ② a원에서 $b\%$ 할인한 가격=$a \times \left(1 - \dfrac{b}{100}\right)$

(5) 일률·톱니바퀴
   ① 일률
   전체 일의 양을 1로 놓고, 시간 동안 한 일의 양을 미지수로 놓고 식을 세운다.
   - (일률) = $\dfrac{(작업량)}{(작업기간)}$
   - (작업기간) = $\dfrac{(작업량)}{(일률)}$
   - (작업량) = (일률) × (작업기간)
   ② 톱니바퀴
   (톱니 수) × (회전수) = (총 맞물린 톱니 수)
   즉, A, B 두 톱니에 대하여 (A의 톱니 수) × (A의 회전수) = (B의 톱니 수) × (B의 회전수)가 성립한다.

(6) 농도
   ① (농도) = $\dfrac{(용질의\ 양)}{(용액의\ 양)} \times 100$
   ② (용질의 양) = $\dfrac{(농도)}{100} \times (용액의\ 양)$

(7) 수 I
   ① 연속하는 세 자연수 : $x-1,\ x,\ x+1$
   ② 연속하는 세 짝수(홀수) : $x-2,\ x,\ x+2$

(8) 수 II
   ① 십의 자릿수가 x, 일의 자릿수가 y인 두 자리 자연수 : $10x+y$
      이 수에 대해, 십의 자리와 일의 자리를 바꾼 수 : $10y+x$
   ② 백의 자릿수가 x, 십의 자릿수가 y, 일의 자릿수가 z인 세 자리 자연수 : $100x+10y+z$

(9) 증가·감소에 관한 문제
   ① x가 $a\%$ 증가 : $\left(1+\dfrac{a}{100}\right)x$
   ② y가 $b\%$ 감소 : $\left(1-\dfrac{b}{100}\right)y$

5. 일차부등식

(1) 부등식과 그 해

① 부등식 : 부등호 <, >, ≤, ≥를 사용하여 수 또는 식의 대소 관계를 나타낸 식

$\underbrace{\underset{\text{좌변}}{x+3} > \underset{\text{우변}}{7}}_{\text{양변}}$

② 부등식의 해 : 미지수를 포함한 부등식이 참이 되게 하는 미지수의 값
③ 부등식을 푼다 : 부등식의 해를 모두 구하는 것

(2) 부등식의 성질

① 부등식의 양변에 같은 수를 더하거나 양변에서 같은 수를 빼어도 부등호의 방향은 변하지 않는다.
② 부등식의 양변에 같은 양수를 곱하거나 양변을 같은 양수로 나누어도 부등호의 방향은 변하지 않는다.
③ 부등식의 양변에 같은 음수를 곱하거나 양변을 같은 음수로 나누면 부등호의 방향이 반대가 된다.

> **부등식의 성질**
> $a < b$일 때
> ① $a+c < b+c$, $a-c < b-c$
> ② $c > 0$이면 $ac < bc$, $\dfrac{a}{c} < \dfrac{b}{c}$
> ③ $c < 0$이면 $ac > bc$, $\dfrac{a}{c} > \dfrac{b}{c}$
> 이때 부등호 "<"를 "≤"로 바꾸어도 위의 성질이 성립한다.

(3) 일차부등식과 풀이

① 일차부등식 : 부등식의 모든 항을 좌변으로 이항하여 정리한 식이 (일차식)<0, (일차식)>0, (일차식)≤0, (일차식)≥0 중 어느 하나의 꼴로 나타나는 부등식
② 일차부등식의 풀이 순서
  ❶ 계수가 소수나 분수이면 계수를 정수로 고친다.
  ❷ 괄호가 있으면 괄호를 푼다.
  ❸ x의 항은 좌변, 상수항은 우변으로 이항한다.
  ❹ $ax > b$, $ax \geq b$, $ax < b$, $ax \leq b$ ($a \neq 0$)의 꼴로 만든다.
  ❺ 양변을 x의 계수 a로 나눈다. 이때, a가 음수이면 부등호의 방향은 바뀐다.

6. 경우의 수·확률

(1) 경우의 수

① **경우의 수** : 어떤 사건이 일어날 수 있는 모든 가짓수

② **합의 법칙**
  ㉠ 두 사건 A, B가 동시에 일어나지 않을 때, A가 일어나는 경우의 수를 m, B가 일어나는 경우의 수를 n이라고 하면, 사건 A 또는 B가 일어나는 경우의 수는 $m+n$이다.
  ㉡ '또는', '~이거나'라는 말이 나오면 합의 법칙을 사용한다.

③ **곱의 법칙**
  ㉠ A가 일어나는 경우의 수를 m, B가 일어나는 경우의 수를 n이라고 하면, 사건 A와 B가 동시에 일어나는 경우의 수는 $m \times n$이다.
  ㉡ '그리고', '동시에'라는 말이 나오면 곱의 법칙을 사용한다.

④ **여러 가지 경우의 수**
  ㉠ 동전 n개를 던졌을 때, 경우의 수 : 2^n
  ㉡ 주사위 m개를 던졌을 때, 경우의 수 : 6^m
  ㉢ 동전 n개와 주사위 m개를 던졌을 때, 경우의 수 : $2^n \times 6^m$
  ㉣ n명을 한 줄로 세우는 경우의 수 : $n! = n \times (n-1) \times (n-2) \times \cdots \times 2 \times 1$
  ㉤ n명 중 m명을 뽑아 한 줄로 세우는 경우의 수 : $_n\mathrm{P}_m = n \times (n-1) \times \cdots \times (n-m+1)$
  ㉥ n명을 한 줄로 세울 때, m명을 이웃하여 세우는 경우의 수 : $(n-m+1)! \times m!$
  ㉦ 0이 아닌 서로 다른 한 자리 숫자가 적힌 n장의 카드에서, m장을 뽑아 만들 수 있는 m자리 정수의 개수 : $_n\mathrm{P}_m$
  ㉧ 0을 포함한 서로 다른 한 자리 숫자가 적힌 n장의 카드에서, m장을 뽑아 만들 수 있는 m자리 정수의 개수 : $(n-1) \times {_{n-1}\mathrm{P}_{m-1}}$
  ㉨ n명 중 자격이 다른 m명을 뽑는 경우의 수 : $_n\mathrm{P}_m$
  ㉩ n명 중 자격이 같은 m명을 뽑는 경우의 수 : $_n\mathrm{C}_m = \dfrac{_n\mathrm{P}_m}{m!}$
  ㉪ 원형 모양의 탁자에 n명을 앉히는 경우의 수 : $(n-1)!$

⑤ **최단거리 문제** : A에서 B 사이에 P가 주어져 있다면, A와 P의 최단거리, B와 P의 최단거리를 각각 구하여 곱한다.

(2) 확률

① (사건 A가 일어날 확률) = $\dfrac{(\text{사건 A가 일어나는 경우의 수})}{(\text{모든 경우의 수})}$

② 여사건의 확률
  ㉠ 사건 A가 일어날 확률이 p일 때, 사건 A가 일어나지 않을 확률은 $(1-p)$이다.
  ㉡ '적어도'라는 말이 나오면 주로 사용한다.

③ 확률의 계산
  ㉠ 확률의 덧셈
    두 사건 A, B가 동시에 일어나지 않을 때, A가 일어날 확률을 p, B가 일어날 확률을 q라고 하면, 사건 A 또는 B가 일어날 확률은 $(p+q)$이다.
  ㉡ 확률의 곱셈
    A가 일어날 확률을 p, B가 일어날 확률을 q라고 하면, 사건 A와 B가 동시에 일어날 확률은 $(p \times q)$이다.

④ 여러 가지 확률
  ㉠ 연속하여 뽑을 때, 꺼낸 것을 다시 넣고 뽑는 경우 : 처음과 나중의 모든 경우의 수는 같다.
  ㉡ 연속하여 뽑을 때, 꺼낸 것을 다시 넣지 않고 뽑는 경우 : 나중의 모든 경우의 수는 처음의 모든 경우의 수보다 1만큼 작다.
  ㉢ (도형에서의 확률) = $\dfrac{(\text{해당하는 부분의 넓이})}{(\text{전체 넓이})}$

02 ▶ 수추리

(1) 등차수열 : 앞의 항에 일정한 수를 더해 이루어지는 수열

예 1 3 5 7 9 11 13 15
     +2 +2 +2 +2 +2 +2 +2

(2) 등비수열 : 앞의 항에 일정한 수를 곱해 이루어지는 수열

예 1 2 4 8 16 32 64 128
    ×2 ×2 ×2 ×2 ×2 ×2 ×2

(3) 계차수열 : 앞의 항과의 차가 일정하게 증가하는 수열

예 1 2 4 7 11 16 22 29
    +1 +2 +3 +4 +5 +6 +7
    +1 +1 +1 +1 +1 +1

(4) 피보나치 수열 : 앞의 두 항의 합이 그다음 항의 수가 되는 수열

예 1 1 2   3   5   8   13   21
          1+1 1+2 2+3 3+5 5+8   8+13

(5) 건너뛰기 수열

- 두 개 이상의 수열이 일정한 간격을 두고 번갈아가며 나타나는 수열

  예 1 1 3 7 5 13 7 19
  - 홀수항 : 1 3 5 7
              +2 +2 +2
  - 짝수항 : 1 7 13 19
              +6 +6 +6

- 두 개 이상의 규칙이 일정한 간격을 두고 번갈아가며 적용되는 수열

  예 0 1 3 4 12 13 39 40
       +1 ×3 +1 ×3 +1 ×3 +1

(6) 군수열 : 일정한 규칙성으로 몇 항씩 묶어 나눈 수열

예
- 1 1 2 1 2 3 1 2 3 4
  ⇒ 1 1 2 | 1 2 3 | 1 2 3 4
- 1 3 4 6 5 11 2 6 8 9 3 12
  ⇒ 1 3 4 | 6 5 11 | 2 6 8 | 9 3 12
     1+3=4 6+5=11   2+6=8   9+3=12
- 1 3 3 2 4 8 5 6 30 7 2 14
  ⇒ 1 3 3 | 2 4 8 | 5 6 30 | 7 2 14
     1×3=3 2×4=8   5×6=30   7×2=14

03 ▶ 공간지각

(1) 180° 회전한 도형은 좌우와 상하가 모두 대칭이 된 모양이 된다.

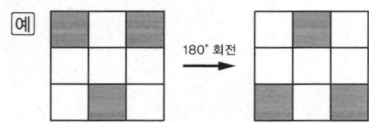

(2) 시계 방향으로 90° 회전한 도형은 시계 반대 방향 270° 회전한 도형과 같다.

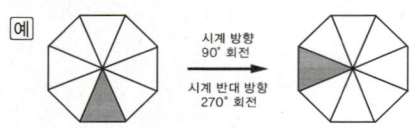

(3) 좌우 반전 → 좌우 반전, 상하 반전 → 상하 반전은 같은 도형이 된다.

(4) 도형을 거울에 비친 모습은 방향에 따라 좌우 또는 상하로 대칭된 모습이 나타난다.

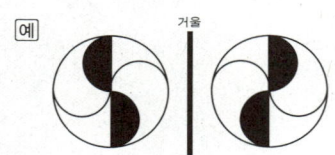

CHAPTER 02 수리력 적중예상문제

01 ▶ 응용계산

대표유형 1 | 거리·속력·시간

용민이와 효린이가 호수를 같은 방향으로 도는데 용민이는 7km/h, 효린이는 3km/h의 속력으로 걷는다고 한다. 두 사람이 동시에 같은 위치에서 출발하여 다시 만났을 때, 7시간이 지나 있었다면 호수의 둘레는?

① 24km
② 26km
③ 28km
④ 30km
⑤ 32km

| 해설 | 7시간이 지났다면 용민이는 7×7=49km, 효린이는 3×7=21km를 걸은 것인데 용민이는 호수를 한 바퀴 돌고나서 효린이가 걸은 21km까지 더 걸은 것이다.
따라서 호수의 둘레는 49-21=28km이다.

정답 ③

---

01 진수는 집에서 도서관까지 4km/h의 속력으로 걸어갔더니 1시간이 걸렸다. 집에서 도서관까지의 거리는?

① 1km
② 2km
③ 3km
④ 4km
⑤ 5km

02 1km 떨어진 지점을 왕복하는 데 20분 동안 30m/min의 속력으로 갔다. 총 1시간 안에 왕복하려면 이후에는 얼마의 속력으로 가야 하는가?

① 25m/min
② 30m/min
③ 35m/min
④ 40m/min
⑤ 45m/min

대표유형 2   나이

형과 동생의 나이를 더하면 22세, 곱하면 117세라고 할 때, 동생의 나이는?

① 9세
② 10세
③ 11세
④ 12세
⑤ 13세

| 해설 | 형의 나이를 x세, 동생의 나이를 y세라고 하면 다음과 같은 식이 성립한다(단, $x > y$).
$x + y = 22$ ⋯ ㉠
$xy = 117$ ⋯ ㉡
㉠, ㉡을 연립하면 $x = 13$, $y = 9$이므로 동생의 나이는 9세이다.

[정답] ①

03 어머니와 딸의 나이의 합은 55세이고, 16년 후 어머니의 나이는 딸의 나이의 2배보다 3세 많다. 현재 딸의 나이는?

① 12세
② 13세
③ 14세
④ 15세
⑤ 16세

04 아버지의 나이는 은서 나이의 2배이고, 지은이 나이의 7배이다. 은서와 지은이의 나이 차이가 15세라면, 아버지의 나이는?

① 39세
② 40세
③ 41세
④ 42세
⑤ 43세

05 현재 아버지와 아들의 나이의 차는 25세이고, 3년 후 아버지 나이는 아들 나이의 2배보다 7세 더 많다. 현재 아버지의 나이는?

① 40세
② 42세
③ 44세
④ 46세
⑤ 48세

대표유형 3 금액

S사에서 워크숍을 위해 강당의 대여요금을 알아보고 있다. 강당의 대여요금은 기본요금의 경우 30분까지 같으며, 그 후에는 1분마다 추가요금이 발생한다. 1시간 대여료는 50,000원, 2시간 동안 대여할 경우 110,000원이 대여료일 때, 3시간 동안의 대여료는?

① 170,000원　　　　　　　　② 180,000원
③ 190,000원　　　　　　　　④ 200,000원
⑤ 210,000원

| 해설 | 30분까지의 기본요금을 x원, 그 후에 1분마다 발생하는 추가요금을 y원이라고 하면, 1시간 대여료와 2시간 대여료에 대해 다음과 같은 식이 성립한다.
$x+30y=50,000$ … ㉠
$x+90y=110,000$ … ㉡
두 식을 연립하면 $x=20,000$, $y=1,000$이므로 기본요금은 20,000원, 30분 후 1분마다 발생하는 추가요금은 1,000원이다.
따라서 3시간 대여료는 $20,000+150\times 1,000=170,000$원이다.

정답 ①

06 철수는 2,000원, 영희는 2,400원을 가지고 있었다. 같은 가격의 공책을 1권씩 사고 나니 영희의 돈이 철수의 2배가 되었다. 공책의 가격은?

① 1,000원　　　　　　　　② 1,200원
③ 1,400원　　　　　　　　④ 1,600원
⑤ 1,800원

07 S기업은 원가에 20%의 이윤을 붙인 가격을 정가로 팔던 제품을 정가에서 10% 할인하여 판매하였다. 이후 정산을 하였더니 제품당 2,000원의 이윤이 생겼다고 할 때, 이 제품의 원가는?

① 14,000원　　　　　　　　② 18,000원
③ 22,000원　　　　　　　　④ 25,000원
⑤ 28,000원

08 김대리의 작년 총소득은 4,000만 원, 소득 공제 금액은 2,000만 원, 세율은 30%였다. 올해는 작년과 비교해 총소득 20%p, 소득 공제 금액은 40%p, 세율은 10%p 증가하였다. 작년과 올해의 세액의 차이는?

① 50만 원　　　　　　　　② 100만 원
③ 150만 원　　　　　　　　④ 200만 원
⑤ 250만 원

대표유형 4   일의 양

어느 볼펜 조립 작업장에서 근무하는 갑~병 3명의 6시간 동안 총작업량은 435개였다. 을의 작업속도가 갑의 1.2배이고, 병의 작업속도가 갑의 0.7배라면, 갑이 1시간 동안 조립하는 볼펜의 개수는?(단, 각 작업자의 작업속도는 동일하다)

① 23개   ② 24개
③ 25개   ④ 26개
⑤ 27개

| 해설 | 갑의 1시간 동안 작업량을 x개라고 하면, 을과 병의 1시간 동안 작업량은 각각 $1.2x$개, $0.7x$개이다. 그러므로 다음과 같은 식이 성립한다.
$6 \times (x + 1.2x + 0.7x) = 435$
$\therefore x = 25$
따라서 갑이 1시간 동안 조립하는 볼펜은 25개이다.

정답 ③

09 어떤 일을 소미가 혼자 하면 12일, 세정이와 미나 둘이서 하면 4일이 걸린다. 이 일을 소미, 세정, 미나가 다 같이 하면 며칠이 걸리겠는가?

① 2일   ② 3일
③ 4일   ④ 5일
⑤ 6일

10 영수는 1분에 15L의 물을 퍼낼 수 있고, 철수는 1분에 12L의 물을 부을 수 있다. 물이 가득 차 있는 100L짜리 수조에 두 사람이 동시에 물을 퍼내고 붓기 시작했다면, 25분 후에 수조에 남아있는 물의 양은?

① 15L   ② 18L
③ 20L   ④ 22L
⑤ 25L

11 1L 물통을 가득 채우는 데 A수도는 15분, B수도는 20분이 걸린다고 한다. A, B수도를 동시에 사용해 30분 동안 물을 받을 때 가득 채울 수 있는 물통의 개수는?

① 1개   ② 2개
③ 3개   ④ 4개
⑤ 5개

대표유형 5 점수

펜싱선수 갑과 을은 총 3회전의 경기를 치렀다. 갑이 3회전에서 얻은 점수는 1·2회전에서 얻은 점수의 $\frac{3}{7}$이다. 을은 최종점수로 갑이 1·2회전에서 얻은 점수의 2배를 획득하였다. 갑과 을 모두 총점이 20점 미만 두 자리 자연수일 때, 갑이 3회전에서 얻은 점수는?

① 1점 ② 2점
③ 3점 ④ 4점
⑤ 5점

| 해설 | 갑이 1·2회전에서 얻은 점수를 x점이라 하면 을의 최종점수는 $2x$점이다.
또한 갑의 최종점수는 $x+\frac{3}{7}x=\frac{10}{7}x$점이며, 자연수이므로 x로 가능한 수는 7 또는 14이다. 이때, $x=14$인 경우 갑의 최종점수가 20점이 되기 때문에 $x=7$이 된다.
따라서 갑이 3회전에서 얻은 점수는 $\frac{3}{7}\times 7=3$점이다.

정답 ③

12 수학, 영어 점수의 평균이 85점이고, 수학, 국어 점수의 평균이 91점일 때, 영어와 국어 점수의 차이는 몇 점인가?

① 12점 ② 13점
③ 15점 ④ 16점
⑤ 17점

13 A~D 4명은 중간고사 시험을 보았다. A, C, D의 국어영역 점수는 각각 85점, 69점, 77점이고 4명의 평균점수는 80점이라고 했을 때, B의 국어영역 점수는?

① 86점 ② 87점
③ 88점 ④ 89점
⑤ 90점

14 평균점수가 80점 이상이면 우수상을, 85점 이상이면 최우수상을 받는 시험이 있다. 현재 갑돌이는 70점, 85점, 90점을 받았고 나머지 한 과목의 시험만을 남겨 놓은 상태이다. 이때, 갑돌이가 최우수상을 받으려면 몇 점 이상을 받아야 하는가?

① 80점 ② 95점
③ 90점 ④ 95점
⑤ 100점

| 대표유형 6 | 농도 |

식염 75g에 몇 g의 물을 넣어야 농도가 15%인 식염수가 되는가?

① 350g ② 375g
③ 400g ④ 425g
⑤ 450g

|해설| 물의 중량을 xg이라고 하면 다음과 같은 식이 성립한다.
$$\frac{75}{75+x} \times 100 = 15$$
$$\therefore x = 425$$
따라서 식염 75g에 425g의 물을 넣어야 농도가 15%인 식염수가 된다.

정답 ④

15 농도 5%의 소금물 20g에 농도 2%의 소금물 몇 g을 넣어야 농도 3%의 소금물이 되는가?

① 30g ② 32g
③ 35g ④ 36g
⑤ 40g

16 A씨는 25% 농도의 코코아 700mL를 즐겨 마신다. A씨가 마시는 코코아에 들어간 코코아 분말의 양은?(단, 1mL=1g이다)

① 170g ② 175g
③ 180g ④ 185g
⑤ 190g

17 농도 8%의 소금물 200g에서 한 컵의 소금물을 퍼내고 퍼낸 양만큼 물을 부었다. 그리고 다시 농도 2%의 소금물을 더 넣었더니 농도 3%의 소금물 320g이 되었다고 할 때, 퍼낸 소금물의 양은?

① 100g ② 110g
③ 120g ④ 130g
⑤ 140g

대표유형 7   최대공약수·최소공배수

벽면이 가로 360cm, 세로 648cm인 화장실에 정사각형 모양의 타일을 채우려고 한다. 타일의 개수를 최소로 사용하여 붙이려고 할 때, 필요한 타일의 개수는?

① 30개
② 35개
③ 40개
④ 45개
⑤ 50개

| 해설 | 360과 648의 최대공약수를 구하면, 타일의 한 변의 길이는 72cm이다.
따라서 가로에 5개, 세로에 9개가 들어가므로 필요한 타일의 개수는 5×9=45개이다.

정답 ④

---

18 가로, 세로의 길이가 각각 432m, 720m인 공원에 나무를 심으려고 한다. 네 귀퉁이에는 반드시 나무를 심고 서로 간격이 일정하게 떨어지도록 심으려고 할 때, 최소한 몇 그루를 심을 수 있는가?

① 16그루
② 24그루
③ 36그루
④ 48그루
⑤ 60그루

19 사람들에게 감자 54봉지를 똑같이 나눠준 후 2봉지가 남았고, 당근 94봉지도 똑같이 나눠주었더니 3봉지가 남았다. 이때 감자와 당근을 받을 수 있는 최대 인원은?

① 13명
② 14명
③ 15명
④ 16명
⑤ 17명

20 S사는 야유회에서 가로의 길이가 40cm, 세로의 길이가 16cm인 돗자리를 붙여 하나의 큰 정사각형 모양의 자리를 만들려고 한다. 이때 돗자리는 최소 몇 개가 필요한가?

① 8개
② 10개
③ 12개
④ 14개
⑤ 16개

대표유형 8   경우의 수

할아버지와 할머니, 아버지와 어머니, 그리고 3명의 자녀로 이루어진 가족이 있다. 이 가족이 일렬로 서서 가족사진을 찍으려고 한다. 할아버지가 맨 앞, 할머니가 맨 뒤에 위치할 때, 가능한 경우의 수는?

① 120가지　　　　　　　　② 125가지
③ 130가지　　　　　　　　④ 135가지
⑤ 140가지

|해설| 맨 앞의 할아버지와 맨 뒤의 할머니를 제외한 5명이 일렬로 서는 경우의 수를 구하면 된다.
따라서 할아버지가 맨 앞, 할머니가 맨 뒤에 위치할 때, 가능한 경우의 수는 5!＝120가지이다.

정답 ①

21 서로 다른 두 개의 주사위를 던질 때, 나오는 눈의 수의 합이 4 또는 7이 나오는 경우의 수는?

① 5가지　　　　　　　　② 6가지
③ 7가지　　　　　　　　④ 8가지
⑤ 9가지

22 민석이의 지갑에는 1,000원, 5,000원, 10,000원짜리 지폐가 각각 8장씩 있다. 거스름돈 없이 물건 값 23,000원을 내려고 할 때 돈을 낼 수 있는 경우의 수는?

① 2가지　　　　　　　　② 3가지
③ 4가지　　　　　　　　④ 5가지
⑤ 6가지

23 빨강 1개, 초록 1개, 파랑 2개의 총 4개의 숟가락과 빨강 2개, 초록 2개의 총 4개의 젓가락이 있다. 숟가락과 젓가락으로 4개 세트를 만드는 경우의 수는?(단, 세트에서 숟가락과 젓가락의 색이 동일해도 상관없다)

① 22가지　　　　　　　　② 36가지
③ 54가지　　　　　　　　④ 72가지
⑤ 84가지

대표유형 9 　확률

A~E 5권의 책을 책장에 일렬로 놓을 때, A와 B 2권의 책이 붙어 있을 확률은?

① $\dfrac{2}{5}$ 　　　　　　　　　② $\dfrac{2}{7}$

③ $\dfrac{1}{9}$ 　　　　　　　　　④ $\dfrac{1}{10}$

⑤ $\dfrac{3}{5}$

|해설| · 5권의 책을 나열하는 경우의 수 : 5!=120가지
　　　· A와 B 2권의 책이 붙어 있는 경우의 수 : 4!×2=48가지
　　　따라서 A와 B 2권의 책이 붙어 있을 확률은 $\dfrac{48}{120}=\dfrac{2}{5}$ 이다.

정답 ①

24 A, B, C 세 문제가 있다. 한 학생이 A, B, C 세 문제를 맞힐 확률은 각각 $\dfrac{5}{6}$, $\dfrac{1}{2}$, $\dfrac{1}{4}$ 이라면, 이 세 문제를 모두 풀 때 한 문제 이상 맞힐 확률은?

① $\dfrac{1}{24}$ 　　　　　　　　　② $\dfrac{5}{24}$

③ $\dfrac{7}{16}$ 　　　　　　　　　④ $\dfrac{13}{16}$

⑤ $\dfrac{15}{16}$

25 주사위와 100원짜리 동전을 동시에 던졌을 때, 주사위는 4보다 큰 수가 나오고 동전은 앞면이 나올 확률은?

① $\dfrac{1}{2}$ 　　　　　　　　　② $\dfrac{1}{3}$

③ $\dfrac{1}{5}$ 　　　　　　　　　④ $\dfrac{2}{5}$

⑤ $\dfrac{1}{6}$

02 ▶ 수추리

대표유형 1 수추리 1

※ 다음과 같이 일정한 규칙으로 수를 나열할 때, 빈칸에 들어갈 알맞은 수를 고르시오. [1~3]

01

| 7 10 30 33 99 ( ) |

① 39
② 69
③ 102
④ 111
⑤ 130

| 해설 | 앞의 항에 +3, ×3을 번갈아 적용하는 수열이다.
따라서 ( )=99+3=102이다.

정답 ③

02

| -2 -3 -5 -8 -13 ( ) |

① -15
② -17
③ -19
④ -21
⑤ -23

| 해설 | 앞의 두 항의 합이 다음 항이 되는 피보나치 수열이다.
따라서 ( )=(-8)+(-13)=-21이다.

정답 ④

03   1　5　(　)　　4　2　20　　7　3　58

① 24　　　　　② 26
③ 28　　　　　④ 30
⑤ 31

|해설| 나열된 수를 각각 A, B, C라고 하면
$\underline{A\ B\ C} \rightarrow A^2 + B^2 = C$
따라서 (　)=$1+5^2$=26이다.

정답 ②

※ 다음과 같이 일정한 규칙으로 수를 나열할 때, 빈칸에 들어갈 알맞은 수를 고르시오. [1~17]

01   11　18　31　50　75　106　(　)

① 98　　　　　② 110
③ 133　　　　　④ 143
⑤ 150

02   26　(　)　37　62　48　91　59　120

① 21　　　　　② 26
③ 28　　　　　④ 30
⑤ 33

03   88　132　176　264　352　528　(　)

① 649　　　　　② 704
③ 715　　　　　④ 722
⑤ 743

04

$$\frac{41}{391} \quad \frac{47}{385} \quad \frac{53}{379} \quad \frac{59}{373} \quad (\ ) \quad \frac{71}{361}$$

① $\frac{61}{367}$ ② $\frac{65}{367}$

③ $\frac{61}{369}$ ④ $\frac{65}{369}$

⑤ $\frac{68}{368}$

05

$$\frac{1}{2} \quad \frac{2}{3} \quad \frac{3}{4} \quad \frac{1}{2} \quad 1 \quad \frac{1}{3} \quad \frac{5}{4} \quad \frac{1}{6} \quad (\ )$$

① $\frac{9}{2}$ ② $\frac{7}{2}$

③ $\frac{5}{2}$ ④ $\frac{3}{2}$

⑤ $\frac{1}{2}$

06

$$\frac{3}{5} \quad \frac{2}{5} \quad -\frac{3}{5} \quad -\frac{2}{5} \quad -\frac{7}{5} \quad -\frac{14}{15} \quad (\ )$$

① $-\frac{29}{15}$ ② $-\frac{18}{15}$

③ $-\frac{21}{15}$ ④ $-\frac{28}{15}$

⑤ $-\frac{23}{15}$

07

       0.7 0.9 1.15 1.45 1.8 ( )

① 2.0   ② 2.1
③ 2.2   ④ 2.3
⑤ 2.4

08

       0.7 0.8 1.5 1.5 3.2 2.9 6.7 ( )

① 5.7   ② 7.3
③ 12.9   ④ 13.4
⑤ 15

09

       4 7 3.5 ( ) 3.25 6.25 3.125

① 3.375   ② 6.5
③ 10   ④ 13
⑤ 15

10

       −7 −4.5 −1 ( ) 9

① 7   ② 6.5
③ 4   ④ 3.5
⑤ 1.5

11

       −2 −0.4 −2.8 0.4 −3.6 ( )

① −2.1   ② −1.3
③ −0.9   ④ 0.4
⑤ 1.2

12. 2 2 3 4 2 4 4 3 ( )

① 1
② 3
③ 5
④ 7
⑤ 9

13. 6 3 45 10 ( ) 60 8 4 60

① 2
② 3
③ 4
④ 5
⑤ 6

14. $\dfrac{9}{4}$ 8 18 $\dfrac{1}{9}$ $\dfrac{15}{7}$ $\dfrac{5}{21}$ $\dfrac{5}{14}$ $\dfrac{7}{3}$ ( )

① $\dfrac{5}{6}$
② $\dfrac{2}{3}$
③ $\dfrac{1}{2}$
④ $\dfrac{1}{3}$
⑤ $\dfrac{1}{6}$

15. 10 6 4 15 9 6 20 12 ( )

① 5
② 8
③ 10
④ 0.4
⑤ 1.2

16

| 5 0 1　　5 3 ( )　　6 2 36 |

① 15　　　　　　　　　② 45
③ 75　　　　　　　　　④ 95
⑤ 125

17

| 3 2 4 2　　6 4 7 17　　7 3 9 ( )　　4 5 13 7 |

① 12　　　　　　　　　② 10
③ 8　　　　　　　　　　④ 6
⑤ 4

18 다음 수열의 11번째 항의 값은?

| 4　9　25　49　121　169　… |

① 841　　　　　　　　② 961
③ 1,089　　　　　　　 ④ 1,225
⑤ 1,369

19 다음 수열의 10번째 항의 값은?

| 97　38　59　21　38　17　21　… |

① 10　　　　　　　　　② 13
③ 16　　　　　　　　　④ 19
⑤ 22

대표유형 2   수추리 2

다음은 일정한 규칙에 의해 나열한 수열이다. 옳지 않은 것은?

A	7	102	② 76	42	49	④ 12	34	16	21	38
B	28	① 51	304	21	③ 196	48	136	⑤ 8	84	19

| 해설 | 홀수 열은 ×4, 짝수 열은 ÷2로 나열된 수열이다.
따라서 ④는 48×2=96이다.

정답 ④

※ 다음은 일정한 규칙에 의해 나열한 수열이다. 옳지 않은 것을 고르시오. [20~35]

20

A	① −2	5	−2	3	1	−4	④ 8	−9	15	−7
B	7	3	② −2	5	③ 5	2	16	1	⑤ 27	7

21

A	6	8	① 12	10	15	32	33	④ 44	51	58
B	2	4	4	5	② 5	16	③ 11	22	17	⑤ 27

22

A	2	6	−2	3	② 3	9	③ 5	12	16	−11
B	1	25	① 9	4	16	64	16	121	④ 225	⑤ 144

23

A	6	1	24	② 11	③ −2	5	72	6	70	50
B	① −1	−2	8	16	−5	6	32	④ 8	31	⑤ 96

24

A	① 3	9	7	5	③ 2	8	11	21	14	28
B	7	19	② 15	11	5	17	23	④ 43	⑤ 31	57

25

A	11	6	13	② 50	−8	③ 15	24	7	10	⑤ 9
B	55	① 11	65	55	−40	20	120	12	④ 40	14

26

A	4	① 1	−5	−3	4	8	−13	④ −33	⑤ 9	17
B	7	5	2	② 6	15	③ 21	2	−16	28	38

27

A	2	① 17	10	② 45	4	32	8	26	④ 12	⑤ 46
B	22	37	110	85	44	92	③ 88	106	132	136

28

A	18	55	② 6	48	③ 105	35	72	84	75	36
B	① 1	0	1	1	0	0	④ 1	1	⑤ 1	1

29

A	① 12	27	10	39	71	92	④ 45	62	⑤ 82	33
B	30	90	② 20	120	③ 80	110	90	80	100	60

30

A	3	① 5	7	9	11	③ 13	15	17	⑤ 19	21
B	6	20	56	② 90	352	832	④ 1,920	4,532	9,728	21,504

31

A	21	14	② 27	38	49	54	61	72	⑤ 85	99
B	① 6	10	18	22	26	③ 18	14	④ 20	26	36

32

A	11	27	31	② 48	③ 25	91	33	16	18	42
B	33	① 216	39	252	246	57	④ 99	183	⑤ 243	72

33

A	1	−2	6	② 4	−1	③ 7	−15	27	11	⑤ −5
B	5	−8	① 20	10	−1	19	−43	④ 79	35	−20

34

A	11	8	10	11	③ 18	33	7	69	⑤ 67	94
B	4	① 5	② 7	8	5	10	④ 5	11	16	13

35

A	① 3	5	0	4	−1	③ 6	−4	④ 7	2	9
B	1	27	② −8	8	−27	64	−216	125	⑤ 8	343

03 ▶ 공간지각

대표유형 도형 찾기

다음 중 제시된 도형과 같은 것은?

① ② ③ ④ ⑤

| 해설 | ① ② ③ ④

정답 ⑤

※ 다음 중 제시된 도형과 같은 것을 고르시오(단, 도형은 회전이 가능하다). **[1~3]**

01

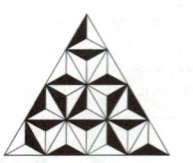

①

②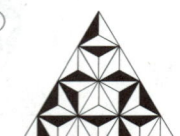

③

④

⑤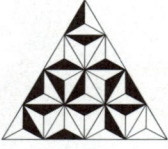

02

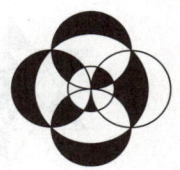

① 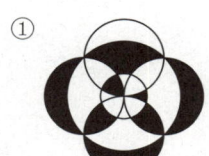   ②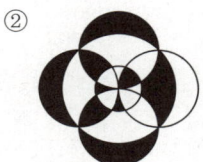

③ 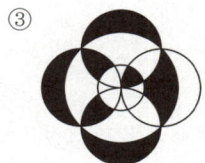   ④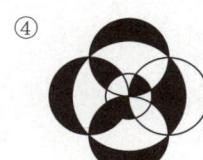

⑤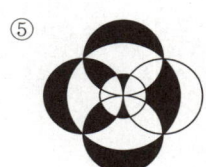

03

①    ②

③    ④

⑤

※ 다음 중 나머지 도형과 다른 것을 고르시오. [4~6]

04

① 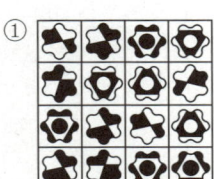   ② (image)

③ 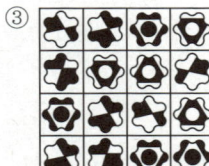   ④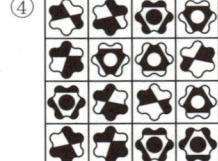

⑤ (image)

05

① 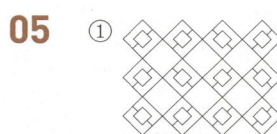   ②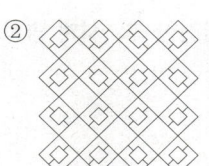

③    ④

⑤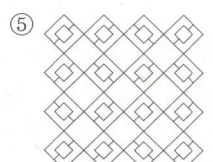

06

①    ②

③    ④

⑤

07 다음 도형을 좌우 반전한 후, 시계 방향으로 90° 회전한 모양은?

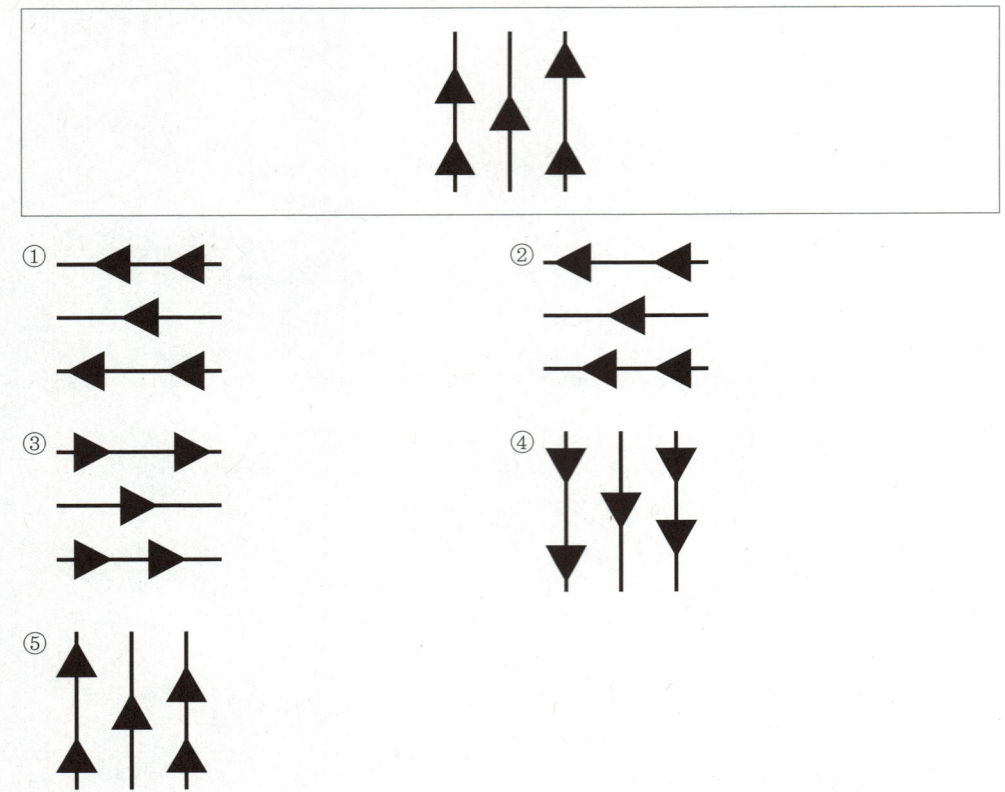

08 다음 도형을 상하 반전하고 시계 반대 방향으로 90° 회전한 후, 좌우 반전한 모양은?

①  ②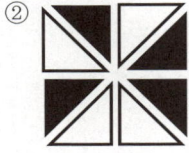

③  ④

⑤

09 다음 도형을 180° 회전한 후, 상하 반전한 모양은?

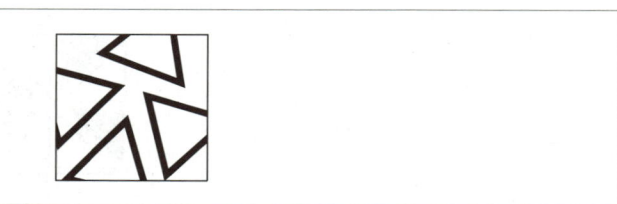

①    ②

③    ④

⑤

10 다음 도형을 시계 방향으로 270° 회전한 후, 상하 반전한 모양은?

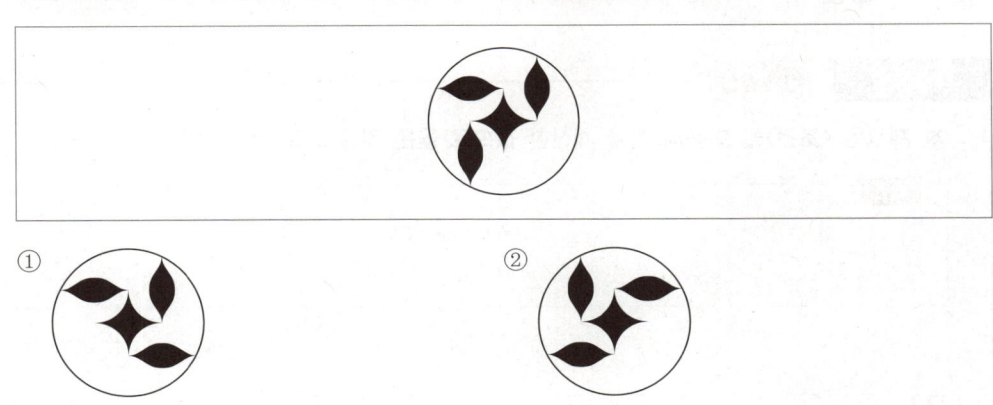

①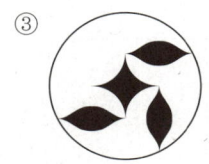

②

③

④

⑤

04 ▶ 연산자

대표유형 　약속연산

※ 제시된 〈조건〉을 이용해 식을 계산한 값으로 옳은 것을 고르시오. **[1~2]**

> **조건**
>
> $$a ☆ b = 4a + 5b$$
> $$a ★ b = (a+b)^2 ÷ 4$$

01

$$17 ☆ 15$$

① 141　　　　　　　② 142
③ 143　　　　　　　④ 144
⑤ 145

| 해설 | 17☆15
　　　=4×17+5×15
　　　=68+75
　　　=143

정답 ③

02

$$5 ★ 9$$

① 39　　　　　　　② 49
③ 59　　　　　　　④ 69
⑤ 79

| 해설 | $(5+9)^2 ÷ 4$
　　　$=14^2 ÷ 4$
　　　$=196 ÷ 4$
　　　$=49$

정답 ②

※ 제시된 〈조건〉을 이용해 식을 계산한 값으로 옳은 것을 고르시오. [1~2]

조건

$$a ◎ b = a^2 - b + a$$
$$a ◆ b = 3a - 2b$$

01

15◎20

① 210 ② 215
③ 220 ④ 225
⑤ 230

02

47◆61

① 16 ② 19
③ 21 ④ 24
⑤ 26

※ 제시된 〈조건〉을 이용해 식을 계산한 값으로 옳은 것을 고르시오. [3~5]

조건

$$a \circ b = a^2 b + ab^2$$
$$a \bullet b = \frac{a}{3} + \frac{b}{2}$$

03

$$\frac{5}{6} \circ 2$$

① $\frac{23}{9}$
② $\frac{85}{18}$
③ $\frac{70}{9}$
④ $\frac{26}{3}$
⑤ $\frac{55}{6}$

04

$$13 \bullet 4$$

① 6
② $\frac{19}{3}$
③ $\frac{17}{2}$
④ 9
⑤ $\frac{29}{3}$

05

$$(2 \circ 1) \bullet (6 \bullet 18)$$

① $\frac{9}{2}$
② $\frac{11}{2}$
③ $\frac{13}{2}$
④ $\frac{15}{2}$
⑤ $\frac{17}{2}$

CHAPTER 03 물리 핵심이론

1. 힘

(1) 여러 가지 힘
① 힘 : 물체의 모양이나 운동 상태를 변화시키는 원인이 되는 것
② 탄성력 : 탄성체가 변형되었을 때 원래의 상태로 되돌아가려는 힘
 ㉠ 탄성체 : 용수철, 고무줄, 강철판 등
 ㉡ 방향 : 변형된 방향과 반대로 작용한다.
③ 마찰력 : 두 물체의 접촉면 사이에서 물체의 운동을 방해하는 힘
 ㉠ 방향 : 물체의 운동 방향과 반대
 ㉡ 크기 : 접촉면이 거칠수록, 누르는 힘이 클수록 커진다(접촉면의 넓이와는 무관).
④ 자기력 : 자석과 자석, 자석과 금속 사이에 작용하는 힘
⑤ 전기력 : 전기를 띤 물체 사이에 작용하는 힘
⑥ 중력 : 지구와 지구상의 물체 사이에 작용하는 힘
 ㉠ 방향 : 지구 중심 방향
 ㉡ 크기 : 물체의 질량에 비례

(2) 힘의 작용과 크기
① 힘의 작용
 ㉠ 접촉하여 작용하는 힘 : 탄성력, 마찰력, 사람의 힘
 ㉡ 떨어져서 작용하는 힘 : 자기력, 중력, 전기력
 ㉢ 쌍으로 작용하는 힘 : 물체에 힘이 작용하면 반드시 반대 방향으로 반작용의 힘이 작용한다.
② 힘의 크기
 ㉠ 크기 측정 : 용수철의 늘어나는 길이는 힘의 크기에 비례하므로 이를 이용하여 힘의 크기를 측정
 ㉡ 힘의 단위 : N, kg_f($1kg_f = 9.8N$)

〈힘의 화살표〉

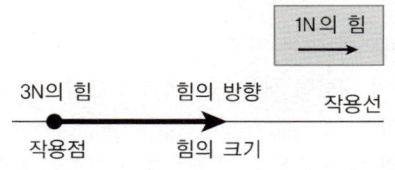

(3) 힘의 합성과 평형

① 힘의 합성 : 두 개 이상의 힘이 작용하여 나타나는 효과를 하나의 힘으로 표현한 것이다.
  ㉠ 방향이 같은 두 힘의 합력 : $F = F_1 + F_2$
  ㉡ 방향이 반대인 두 힘의 합력 : $F = F_1 - F_2 (F_1 > F_2)$
  ㉢ 나란하지 않은 두 힘의 합력 : 평행사변형법
② 힘의 평형 : 한 물체에 여러 힘이 동시에 작용하여도 움직이지 않을 때이며, 합력은 0이다.
  ㉠ 두 힘의 평형 조건 : 크기가 같고 방향이 반대이며, 같은 작용선상에 있어야 한다.
  ㉡ 평형의 예 : 실에 매달린 추, 물체를 당겨도 움직이지 않을 때

2. 힘과 운동의 관계

(1) 물체의 운동

① 물체의 위치 변화
  ㉠ 위치 표시 : 기준점에서 방향과 거리로 표시
  ㉡ (이동 거리)=(나중 위치)-(처음 위치)
② 속력 : 단위 시간 동안 이동한 거리
  ㉠ (속력)= $\dfrac{(이동\ 거리)}{(걸린\ 시간)} = \dfrac{(나중\ 위치)-(처음\ 위치)}{(걸린\ 시간)}$
  ㉡ 단위 : m/s, km/h

(2) 여러 가지 운동

① 속력이 변하지 않는 운동 : 등속(직선)운동
② 속력이 일정하게 변하는 운동 : 낙하 운동

  (평균 속력)= $\dfrac{(처음\ 속력)+(나중\ 속력)}{2}$

③ 방향만 변하는 운동 : 등속 원운동
④ 속력과 방향이 모두 변하는 운동 : 진자의 운동, 포물선 운동

(3) 힘과 운동의 관계

① 힘과 속력의 변화
  ㉠ 힘이 가해지면 물체의 속력이 변한다.
  ㉡ 힘이 클수록, 물체의 질량이 작을수록 속력의 변화가 크다.
② 힘과 운동 방향의 변화
  ㉠ 힘이 가해지면 힘의 방향과 운동 방향에 따라 방향이 변할 수도 있고 속력만 변할 수도 있다.
  ㉡ 힘이 클수록, 물체의 질량이 작을수록 물체의 운동 방향 변화가 크다.

③ 뉴턴의 운동 법칙
  ㉠ 운동의 제1법칙(관성의 법칙) : 물체는 외부로부터 힘이 작용하지 않는 한 현재의 운동 상태를 계속 유지하려 한다.
  ㉡ 운동의 제2법칙(가속도의 법칙) : 속력의 변화는 힘의 크기에 비례하고 질량에 반비례한다.

〈운동의 제2법칙〉

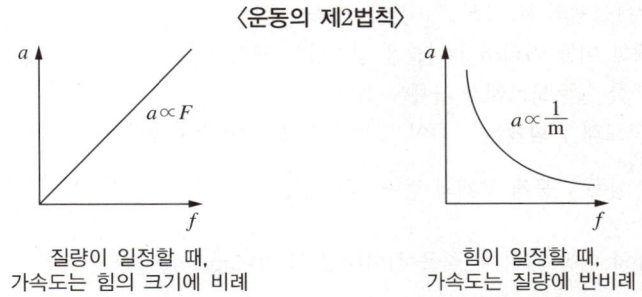

질량이 일정할 때, 가속도는 힘의 크기에 비례

힘이 일정할 때, 가속도는 질량에 반비례

  ㉢ 운동의 제3법칙(작용·반작용의 법칙) : 한 물체가 다른 물체에 힘을 가할 때, 힘을 받는 물체도 상대 물체에 같은 크기의 힘이 반대 방향으로 작용한다.

3. 일과 에너지

(1) 일

① 일의 크기와 단위
  ㉠ 일의 크기 : 힘의 크기(F)와 물체가 이동한 거리(S)의 곱으로 나타낸다.
    $W = F \times S$
  ㉡ 단위 : 1N의 힘으로 물체를 1m만큼 이동시킨 경우의 크기를 1J이라 한다.
    $1J = 1N \times 1m$

② 들어 올리는 힘과 미는 힘
  ㉠ 물체를 들어 올리는 일 : 물체의 무게만큼 힘이 필요하다.
    [드는 일(중력에 대한 일)] = (물체의 무게) × (높이)
  ㉡ 물체를 수평면상에서 밀거나 끄는 일 : 마찰력만큼의 힘이 필요하다.
    [미는 일(마찰력에 대한 일)] = (마찰력) × (거리)
  ㉢ 무게와 질량
    • 무게 : 지구가 잡아당기는 중력의 크기
    • 무게의 단위 : 힘의 단위(N)와 같다.
    • 무게는 질량에 비례한다.

(2) 일의 원리

① 도르래를 사용할 때
  ㉠ 고정 도르래 : 도르래축이 벽에 고정되어 있다.
   • 힘과 일의 이득이 없고, 방향만 바꾼다.
   • (힘)=[물체의 무게($F=w$)]
   • [물체의 이동 거리(h)]=[줄을 잡아당긴 거리(s)]
   • 힘이 한 일=도르래가 물체에 한 일
  ㉡ 움직 도르래 : 힘에는 이득이 있으나 일에는 이득이 없다.
   • 힘의 이득 : 물체 무게의 절반 $\left(F=\dfrac{w}{2}\right)$
   • (물체의 이동 거리)=(줄을 잡아당긴 거리)$\times\dfrac{1}{2}$

② 지레를 사용할 때 : 힘의 이득은 있으나, 일에는 이득이 없다.
  ㉠ 원리 : 물체의 무게를 W, 누르는 힘을 F라 하면 식은 다음과 같다.
   $W\times b=F\times a$
  ㉡ 거리 관계
   [물체가 움직인 거리(h)]<[사람이 지레를 움직인 거리(s)]

③ 축바퀴를 사용할 때
  ㉠ 축바퀴의 원리 : 지레의 원리를 응용한 도구
  ㉡ 줄을 당기는 힘
   $F=w\times\dfrac{r}{R}$
  ㉢ (물체가 움직인 거리)<(당긴 줄의 길이)
  ㉣ 일의 이득 : 일의 이득은 없다.

④ 빗면을 이용할 때
  ㉠ 힘의 이득 : 빗면의 경사가 완만할수록 힘의 이득이 커진다.
   (힘)=(물체의 무게)$\times\dfrac{(\text{수직 높이})}{(\text{빗면의 길이})}\left(F=w\times\dfrac{h}{s}\right)$
  ㉡ 일의 이득 : 일의 이득은 없다.
  ㉢ 빗면을 이용한 도구 : 나사, 쐐기, 볼트와 너트

⑤ 일의 원리 : 도르래나 지레, 빗면 등의 도구를 사용하여도 일의 이득이 없지만, 작은 힘으로 물체를 이동시킬 수 있다.

(3) 역학적 에너지

① 위치 에너지 : 어떤 높이에 있는 물체가 가지는 에너지

  ㉠ (위치 에너지)=(질량)×(중력 가속도)×(높이) → $mgh=9.8mh$

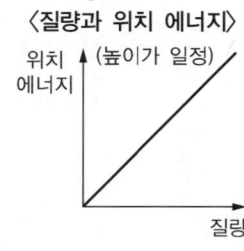
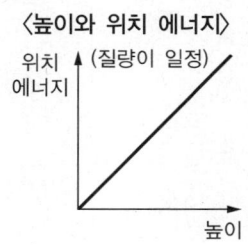

  ㉡ 위치 에너지와 일
  • 물체를 끌어올릴 때 : 물체를 끌어올리면서 한 일은 위치 에너지로 전환된다.
  • 물체가 낙하할 때 : 물체의 위치 에너지는 지면에 대하여 한 일로 전환된다.

  ㉢ 위치 에너지의 기준면
  • 기준면에 따라 위치 에너지의 크기가 다르다.
  • 기준면은 편리하게 정할 수 있으나, 보통 지면을 기준으로 한다.
  • 기준면에서의 위치 에너지는 0이다.

② 운동 에너지 : 운동하고 있는 물체가 갖는 에너지(단위 : J)

  ㉠ 운동 에너지의 크기 : 물체의 질량과 (속력)^{2}에 비례한다.

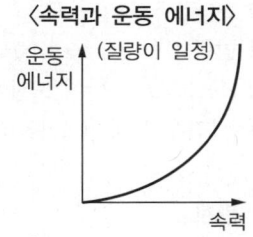

  ㉡ (운동 에너지)=$\frac{1}{2}$×(질량)×(속력)^2 → $\frac{1}{2}mv^2$

③ 역학적 에너지

  ㉠ 역학적 에너지의 전환 : 높이가 변하는 모든 운동에서는 위치 에너지와 운동 에너지가 서로 전환된다.
  • 높이가 낮아질 때 : 위치 에너지 → 운동 에너지
  • 높이가 높아질 때 : 운동 에너지 → 위치 에너지

  ㉡ 역학적 에너지의 보존
  • 운동하는 물체의 역학적 에너지
   - 물체가 올라갈 때 : (감소한 운동 에너지)=(증가한 위치 에너지)
   - 물체가 내려갈 때 : (감소한 위치 에너지)=(증가한 운동 에너지)
  • 역학적 에너지의 보존 법칙 : 물체가 운동하고 있는 동안 마찰이 없다면 역학적 에너지는 일정하게 보존된다[(위치 에너지)+(운동 에너지)=(일정)].

- 낙하하는 물체의 역학적 에너지 보존
  - (감소한 위치 에너지)$=9.8mh_1-9.8mh_2$
  - (증가한 운동 에너지)$=\dfrac{1}{2}mv_2{}^2-\dfrac{1}{2}mv_1{}^2$

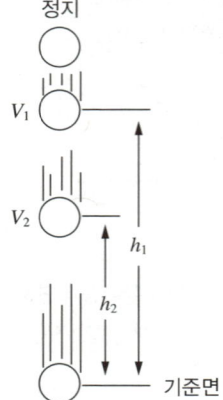

4. 전압 · 전류 · 저항

(1) 전류의 방향과 세기

① 전류의 방향 : (+)극 → (−)극
② 전자의 이동 방향 : (−)극 → (+)극
③ 전류의 세기(A) : 1초 동안에 도선에 흐르는 전하의 양
④ [전하량(C)]=[전류의 세기(A)]×[시간(s)]

(2) 전압과 전류의 관계

① 전류의 세기는 전압에 비례한다.
② 전기 저항(R) : 전류의 흐름을 방해하는 정도
③ 옴의 법칙 : 전류의 세기(A)는 전압(V)에 비례하고, 전기 저항(R)에 반비례한다.

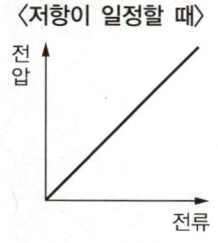
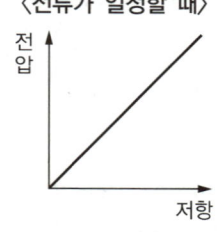
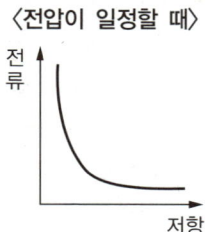

(3) 저항의 연결

① **직렬 연결** : 저항을 한 줄로 연결
  ㉠ 전류 : $I = I_1 = I_2$
  ㉡ 각 저항의 전합 : $V_1 : V_2 = R_1 : R_2$
  ㉢ 전체 전압 : $V = V_1 + V_2$
  ㉣ 전체 저항 : $R = R_1 + R_2$

② **병렬 연결** : 저항의 양끝을 묶어서 연결
  ㉠ 전체 전류 : $I = I_1 + I_2$
  ㉡ 전체 전압 : $V = V_1 = V_2$
  ㉢ 전체 저항 : $\dfrac{1}{R} = \dfrac{1}{R_1} + \dfrac{1}{R_2}$

③ **혼합 연결** : 직렬 연결과 병렬 연결을 혼합

CHAPTER 03 | 물리 적중예상문제

정답 및 해설 p.019

01 다음과 같은 에너지 전환을 주로 이용하는 장치는?

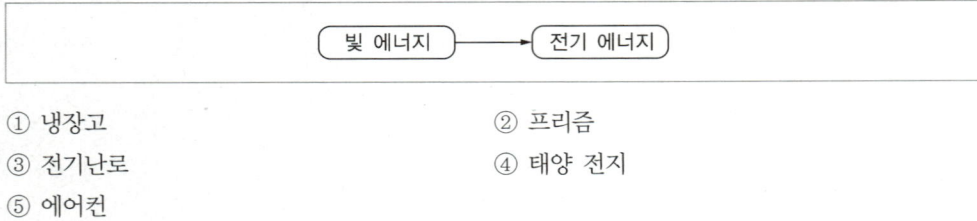

① 냉장고　　　　　　② 프리즘
③ 전기난로　　　　　④ 태양 전지
⑤ 에어컨

02 다음 설명에 해당하는 반도체 소자는?

- p형과 n형 반도체를 접합시킨 구조이다.
- 전류가 흐를 때 빛을 방출한다.

① 부도체　　　　　　② 자성체
③ 초전도체　　　　　④ 발광 다이오드
⑤ LCD(액정표시장치)

03 다음은 에너지 사이의 전환 관계에 대한 그림이다. (가)에 해당하는 에너지 전환 장치는?

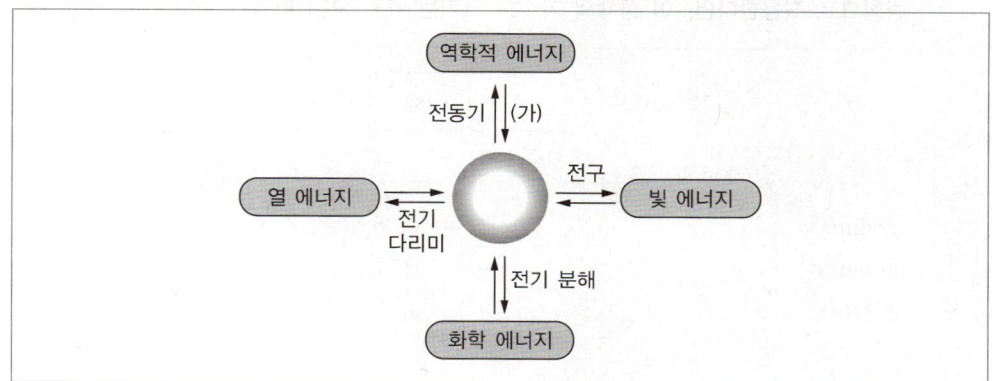

① 화력발전　　　　　　② 태양전지
③ 건전지　　　　　　　④ 발전기
⑤ 핵분열

04 다음 그림과 같이 저항을 연결할 때, 이에 대한 설명으로 옳은 것을 〈보기〉에서 모두 고르면?

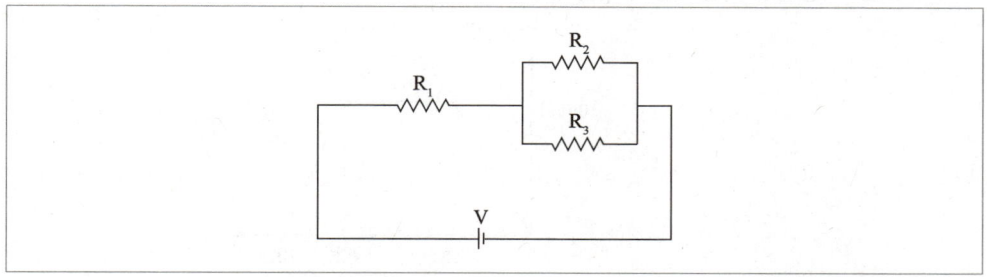

보기
㉠ R_1을 증가시키면 전체 합성저항은 증가한다.
㉡ R_2를 증가시키면 R_3에 흐르는 전류는 증가한다.
㉢ R_2를 증가시키면 R_1에 걸리는 전압은 감소한다.

① ㉠　　　　　　　　　② ㉠, ㉡
③ ㉠, ㉢　　　　　　　④ ㉡, ㉢
⑤ ㉠, ㉡, ㉢

05 다음과 같이 수평면 위에 정지해 있는 1kg의 물체에 수평 방향으로 4N과 8N의 힘이 서로 반대 방향으로 작용한다면, 이 물체의 가속도 크기는?(단, 모든 마찰과 저항은 무시한다)

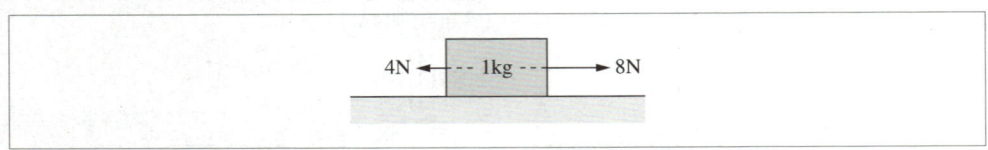

① $4m/s^2$
② $5m/s^2$
③ $6m/s^2$
④ $7m/s^2$
⑤ $8m/s^2$

06 혜린이는 건물 1층에서 맨 위층까지 올라가기 위해 엘리베이터를 탔다. 질량이 50kg인 혜린이가 엘리베이터 바닥에 놓인 저울 위에 서서 올라가는 동안 시간에 따른 엘리베이터의 속도가 다음과 같았다. 이에 대한 설명으로 옳은 것을 〈보기〉에서 모두 고르면?(단, 중력가속도는 $10m/s^2$이고 모든 저항력과 마찰력은 무시한다)

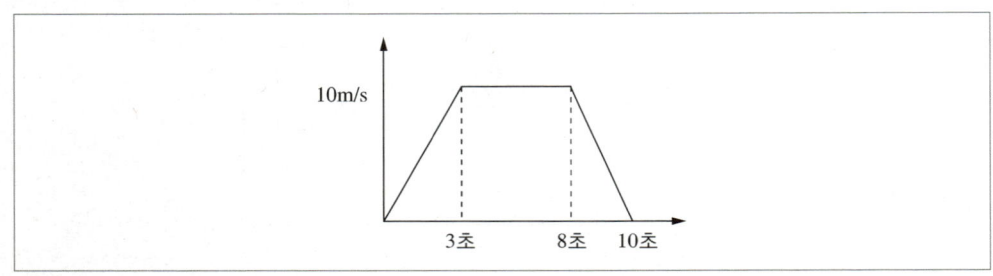

보기
㉠ 3초부터 8초 사이에 혜린이의 몸무게는 변함이 없다.
㉡ 8초부터 10초 사이에 저울이 가리키는 눈금은 250N이다.
㉢ 이 건물의 높이는 70m 이상이다.

① ㉠
② ㉢
③ ㉠, ㉢
④ ㉡, ㉢
⑤ ㉠, ㉡, ㉢

07 다음 〈보기〉 중 열기관에 대한 설명으로 옳은 것을 모두 고르면?

> **보기**
> ㉠ 열에너지를 일로 전환하는 장치이다.
> ㉡ 열은 저열원에서 고열원으로 이동한다.
> ㉢ [열효율(%)]= $\frac{(열기관이\ 한\ 일)}{(열기관이\ 공급한\ 열에너지)} \times 100$이다.

① ㉡
② ㉢
③ ㉠, ㉡
④ ㉠, ㉢
⑤ ㉡, ㉢

08 재질이 같은 금속의 길이와 단면적을 다르게 할 경우, 다음 중 저항값이 가장 큰 것은?

	길이(cm)	단면적(mm^2)
①	1	5
②	2	4
③	3	3
④	4	2
⑤	5	1

09 다음 그림과 같이 무게 2kg인 진자가 A에서 B로 이동했을 때, 감소한 운동 에너지는?(단, 중력가속도의 크기는 9.8m/s^{2}이고, 모든 마찰 및 공기저항은 무시한다)

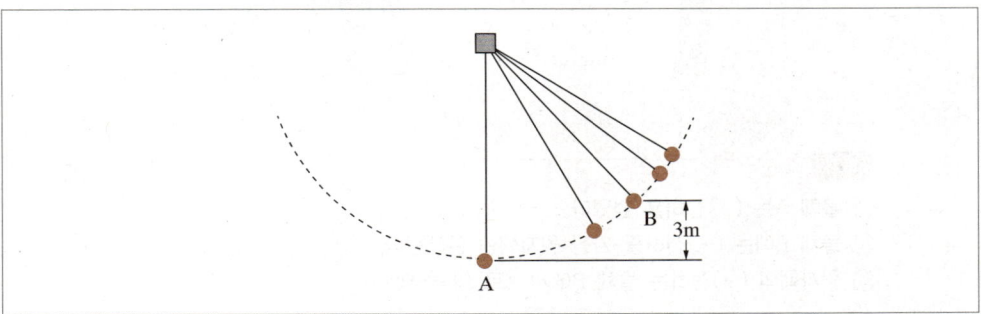

① 55.8J
② 56.8J
③ 57.8J
④ 58.8J
⑤ 59.8J

10 다음 전자기파 종류 중 에너지가 가장 큰 것은?

① X선 ② 적외선
③ 자외선 ④ 가시광선
⑤ 마이크로파

11 어느 해안에서 밀려오는 파도가 부서지는 주기가 평균 2초일 때 인접한 마루와 마루 사이의 거리가 10m였다. 같은 해안에서 마루와 마루 사이의 거리가 5m인 파도가 밀려든다면 파도가 부서지는 주기는?(단, 매질이 같으면 파동의 전파 속력은 같다)

① 0.5초 ② 1초
③ 2초 ④ 4초
⑤ 5초

12 다음 그림은 두 물체를 서로 마찰시킬 때 전하의 이동을 나타낸 것이다. 이에 대한 설명으로 옳은 것을 〈보기〉에서 모두 고르면?

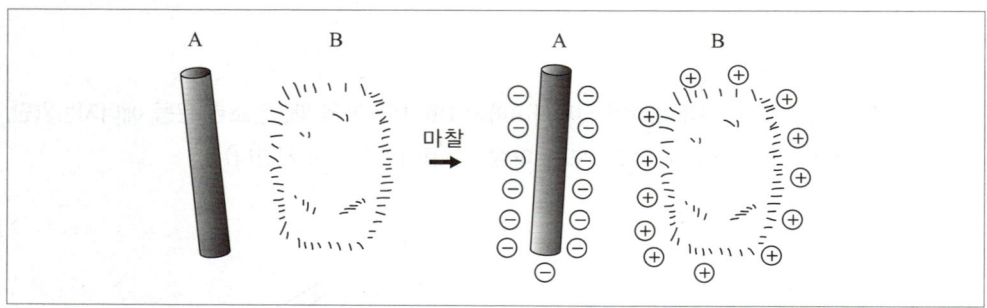

보기
㉠ 물체 A는 (−)전하를 얻었다.
㉡ 물체 B에는 (+)전하를 가진 원자핵만 존재한다.
㉢ 원자핵의 (+)전하는 물체 B에서 A로 이동하였다.

① ㉠ ② ㉠, ㉡
③ ㉠, ㉢ ④ ㉡, ㉢
⑤ ㉠, ㉡, ㉢

13 다음 중 인체를 X선으로 단층 촬영하고, 이를 컴퓨터로 분석하여 질병을 진단하는 데 쓰이는 기구는?

① 내시경
② CT(컴퓨터 단층 촬영기)
③ 청진기
④ 초음파 진단기
⑤ MRI(자기공명영상법)

14 다음 〈보기〉 중 작용·반작용과 관련 있는 것을 모두 고르면?

> **보기**
> ㉠ 두 사람이 얼음판 위에서 서로 밀면, 함께 밀려난다.
> ㉡ 배가 나무에서 떨어졌다.
> ㉢ 로켓이 연료를 뒤로 분사하면, 로켓은 앞으로 날아간다.
> ㉣ 버스가 갑자기 출발하면, 승객들은 뒤로 넘어진다.

① ㉠, ㉡
② ㉠, ㉢
③ ㉠, ㉣
④ ㉡, ㉢
⑤ ㉢, ㉣

15 동일한 크기의 세 비커 A~C에 각각 다른 질량의 물을 넣고 가열하였다. 가한 열량과 물의 온도변화가 다음 표와 같을 때, 비커 A~C에 들어 있는 물의 질량의 크기를 바르게 비교한 것은?

〈비커별 가한 열량 및 물의 온도변화〉

구분	A	B	C
가한 열량(kcal)	1	2	3
온도변화(℃)	6	8	9

① A < B < C
② A < B = C
③ A = B < C
④ A < C < B
⑤ A = B = C

16 전기 회로에서 저항이 5Ω인 2개의 전구를 직렬로 연결하고, 전압이 6V인 건전지를 연결하였다. 이 회로에서 흐르는 전체 전류는?

① 0.3A
② 0.4A
③ 0.5A
④ 0.6A
⑤ 0.7A

17 물체 A는 가속도가 4m/s²인 등가속도 운동을 하고 있다. 처음 속도가 5m/s였을 때, 8초 후 속도와 8초 동안의 평균 속도는?

	8초 후 속도	평균 속도
①	37m/s	20m/s
②	37m/s	21m/s
③	37m/s	22m/s
④	44m/s	21m/s
⑤	44m/s	22m/s

18 다음은 낙하하고 있는 질량 5kg인 공이다. 공이 A지점에 있을 때와 지면으로부터 2m 떨어진 B지점에 있을 때의 위치 에너지 차이는?(단, 중력가속도의 크기는 9.8m/s²이고, 공기저항은 무시한다)

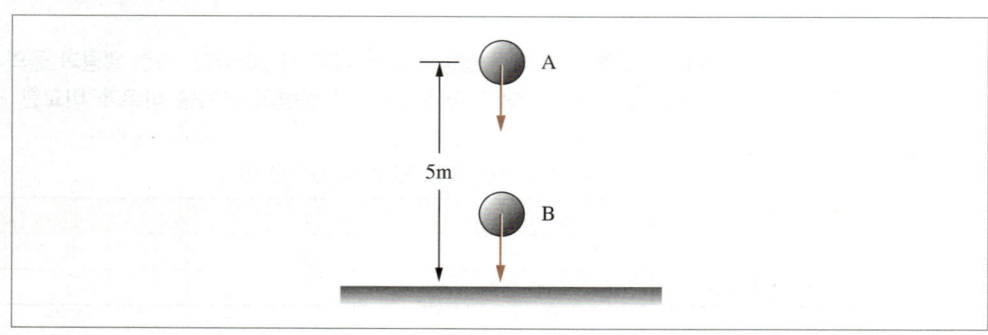

① 145J
② 147J
③ 149J
④ 151J
⑤ 153J

19 벽에 용수철을 매달고 손으로 잡아당겨 보았다. 4N의 힘으로 용수철을 당겼을 때, 5cm만큼 늘어났다고 한다. 용수철이 8cm가 늘어났다면, 용수철에 가해진 힘은?

① 1.6N ② 3.2N
③ 2.4N ④ 4.8N
⑤ 6.4N

20 다음 그림과 같이 마찰이 없는 수평면에 놓여 있는 물체를 철수와 영수가 반대 방향으로 당기고 있으나, 물체는 움직이지 않고 있다. 이 상황에서 물체에 작용하는 힘에 대한 설명으로 적절하지 않은 것을 〈보기〉에서 모두 고르면?

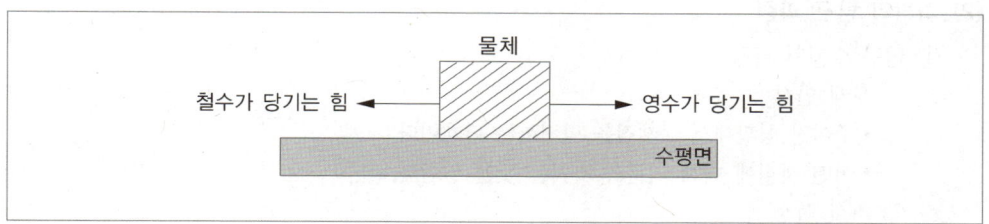

보기
㉠ 물체는 정지해 있으므로, 물체에 작용하는 합력은 0이다.
㉡ 합력이 0이므로, 철수가 물체를 당기는 힘과 영수가 물체를 당기는 힘은 크기가 같고 방향만 반대이다.
㉢ 위의 두 힘은 뉴턴의 제3법칙에서 말하는 작용과 반작용의 관계에 있다.

① ㉠ ② ㉡
③ ㉢ ④ ㉠, ㉡
⑤ ㉡, ㉢

CHAPTER 04 | 화학 핵심이론

01 ▶ 과학의 탐구 과정

1. 탐구 과정에 필요한 기초 기능

(1) 탐구 방법

① 연역적 방법(데카르트)
  ㉠ 어떤 자연 현상을 이미 인정된 과학적 원리나 법칙으로 설명하는 과정으로 가설(잠정적 결론) 검증 과정을 중시한다.
  ㉡ 탐구 과정
    관찰 → 문제 인식 → 가설(잠정적 결론) 설정 → 탐구 설계(변인 설정) → 탐구(실험) 수행(가설의 검증 과정) → 자료 해석 → 결론 도출 → 일반화(원리, 법칙)
  ㉢ 자료 해석을 통하여 얻은 결론이 앞의 가설과 일치하지 않을 때에는 가설을 수정하거나 새로운 가설을 세우고 다시 새로운 가설에 알맞은 탐구 설계를 하여 탐구 과정을 거친다(Feed-back 과정).

② 귀납적 방법(베이컨)
  ㉠ 가설 설정 과정이 없다.
  ㉡ 개개의 특수한 사실을 일반적 원리로 도출한다.
  ㉢ 탐구 과정
    자연 현상 → 관찰 주제 설정 → 관찰 방법 및 절차 고안 → 관찰 수행 → 관찰 결과 및 결론 도출

(2) 과학의 탐구 과정

① 탐구 수행의 과정
  ㉠ 문제 인식
    • 주어진 상황에서 문제점을 발견하는 단계이다.
    • 어떤 사실에 대해 의문을 가지는 것을 말한다.
  ㉡ 가설 설정
    • 어떤 문제를 인식하였을 때 그 문제에 대한 답을 임시로 정한 후 깊이 연구한다.
    • 이때 임시로 정한 답을 가설이라 하고, 가설을 세우는 것을 가설 설정이라고 한다.
  ㉢ 탐구 설계 : 종속 변인과 독립 변인을 구별하고 여러 가지 실험 방법 및 과정을 계획한다.
    • 종속 변인 : 독립 변인에 따라 결정되는 변인
    • 독립 변인 : 연구하는 사람이 조작할 수 있는 변화 가능한 변인
      - 조작 변인 : 실험하는 동안 체계적으로 변화시켜야 하는 변인
      - 통제 변인 : 실험에서 일정하게 유지시켜야 하는 변인
    • 변인 통제 : 실험에서 정확한 비교가 되기 위해서는 조작 변인 외에 실험에 영향을 미칠 수 있는 변인은 모두 일정하게 유지시켜야 한다.

ⓔ 탐구 수행
  - 탐구 설계대로 올바른 정보를 찾아낸다.
  - 사물과 사건을 수집하여 정리하는 과정이다.
ⓜ 자료 분석 및 해석
  - 실험, 관찰로부터 얻은 결과에서 일정한 규칙성을 찾아낸다.
  - 추리, 예상, 상관관계 등을 포함한다.
ⓑ 결론 도출 및 평가
  - 자료를 해석하여 결론을 내리고 탐구 과정을 평가한다.
  - 과학적인 결론은 다른 과학자가 실험을 하더라도 같은 결론을 얻을 수 있어야 한다.
② 탐구 활동의 기록
  ㉠ 객관성 : 자신은 물론 다른 사람들에게 원래 목적하던 바를 정확하게 전달할 수 있어야 한다.
  ㉡ 사실성 : 실험 결과나 느낀 바를 솔직하고 명확하게 기술해야 한다.
  ㉢ 즉각성 : 데이터나 의문점들은 바로바로 기록하여야 한다.

2. 연구 방법

(1) 관찰, 조사, 측정

① 관찰
  ㉠ 오감을 사용하여 정성적인 자료를 수집하는 탐구 활동이다.
  ㉡ 사물이나 사건의 현상을 자연 상태 그대로 두고 세심하게 살피는 활동이다.
  ㉢ 분류와 추론의 바탕이 되는 자료와 정보를 수집하는 데에 주요한 목적이 있다.
② 조사
  ㉠ 관찰보다 능동적이고 의도적인 탐색 활동을 뜻한다.
  ㉡ 자연을 통제하지 않고 그대로 둔 상태에서 진행된다.
  ㉢ 자연 현상들 사이의 상관관계나 인과관계를 밝히는 데 목적이 있다.
③ 측정
  ㉠ 과학 실험 도구나 기계를 사용하여 단위로 표현할 수 있는 정량적 자료를 수집하는 조작적 기능을 의미한다.
  ㉡ 주로 수학 공식으로 표현할 수 있는 과학적 법칙이나 원리의 기초자료를 얻는 데에 그 목적이 있다.

(2) 분류, 추리, 예상, 모형

① 분류
  ㉠ 어떤 공통적이거나 특징적인 속성에 따라 사물을 나누는 탐구 기능이다.
  ㉡ 관찰이나 측정을 통해 수집한 자료를 정리·정돈하여 분류 체계를 구성하는 데에 주된 목적이 있다.
② 추리
  ㉠ 관찰·측정·분류 과정을 통해 취득한 자료를 바탕으로 어떤 결론을 이끌어내고 그 결론에 따라 자연의 현상을 설명하는 탐구 기능이다.

ⓒ 예를 들어, 숲속에서 관찰한 생태학적 자료를 바탕으로 그곳에 살고 있는 동물의 종류를 알아내는 것이 추론이다.
③ 예상
ⓐ 확실한 관찰 결과와 정확한 측정 결과를 바탕으로 어떤 규칙성을 예측하는 탐구 활동을 말한다.
ⓒ 그렇지 못할 경우에는 검증이 불가능한 추측에 지나지 않을 수도 있다.
④ 모형
ⓐ 직접 관찰하기가 곤란한 현상을 눈으로 직접 볼 수 있도록 한 것이다.
ⓒ 마네킹을 이용하여 자동차 충돌 실험을 하는 것처럼 쉽게 다룰 수 있도록 활용하는 것이다.

(3) 실험, 자료 해석, 토의
① 실험
ⓐ 자연 현상에 인위적인 변화를 일으켜 관찰이나 측정을 통해 그 원인을 밝히려는 과학적 탐구 방법이다.
ⓒ 일반적으로 실험은 자연에서 일어나는 현상들 사이의 인과관계를 규명하는 데에 궁극적인 목적을 둔다.
② 자료 해석
ⓐ 조사나 실험을 통해 얻은 자료를 바탕으로 새로운 사실 또는 아직 관찰되지 않은 사실을 예상하거나 추론한다.
ⓒ 그러한 사실의 진위를 검증하는 데에 이용할 가설을 설정하는 활동을 일컫는다.
ⓒ 예로써 신문의 일기도 읽기, TV의 뉴스 보고 말하기, 여러 가지 도표를 보고 그 자료에 함축된 의미 말하기 등이 있다.
③ 토의
ⓐ 어떤 문제에 관하여 각자 의견을 내어 검토한다.
ⓒ 협의를 통해 그 해결 방법을 모색하는 일종의 사회적 활동이다.

02 ▶ 전해질과 이온

1. 전해질과 이온의 관계

(1) 전해질과 비전해질
① 전해질
ⓐ 물에 녹았을 때 전류가 흐르게 하는 물질
ⓒ 전해질의 예 : 염화나트륨, 질산칼륨, 염화구리, 황산구리, 염화수소, 수산화나트륨, 암모니아 등
ⓒ 염화나트륨이나 황산구리(Ⅱ) 등의 고체 결정은 전류가 흐르지 않지만 물에 녹아 수용액 상태에서는 전류가 흐른다.
ⓒ 수용액에서 전류가 흐르는 이유 : 전해질이 물에 녹으면 전하의 운반체(이온)가 생기기 때문

ⓜ 전해질의 농도와 전류
- 농도와 전류의 양 : 같은 전해질이라도 농도가 진해지면 흐르는 전류의 양이 많아진다(수용액 속에 이온이 많아지기 때문).
- 전해질의 농도와 전류의 세기 : 전류의 세기는 전해질의 농도가 진할수록 증가하다가 어느 한 계를 넘어서면 더 이상 증가하지 않고 일정해진다.

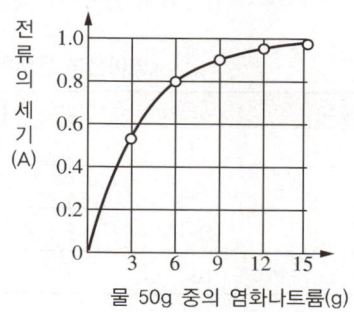

〈전해질의 농도와 전류의 세기〉

② 비전해질
 ㉠ 물에 녹아 전류가 흐르지 않는 물질
 ㉡ 비전해질의 예 : 설탕, 증류수, 알코올, 녹말, 포도당, 에탄올 등
 ㉢ 설탕이나 녹말은 고체 상태뿐만 아니라 수용액 상태에서도 전류가 흐르지 않는다.

〈전해질과 비전해질〉

물질 \ 상태	전해질(소금)	비전해질(설탕)
고체	×	×
액체	○	×

〈수용액 상태의 전해질과 비전해질〉

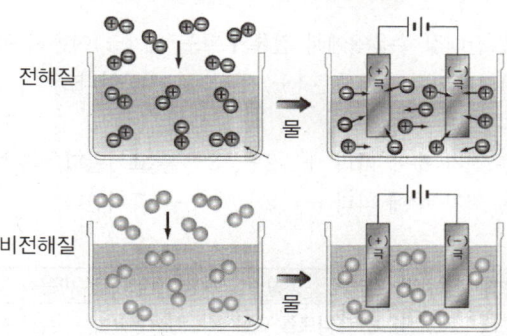

(2) 이온

① 이온의 형성

㉠ 이온 : 원자가 전자를 잃거나 얻어서 생긴 전하를 띤 입자
- 양이온 : 원자가 전자를 잃어서 (+)전하를 띤 입자

    $Na \rightarrow Na^+ + \ominus$

- 음이온 : 원자가 전자를 얻어서 (−)전하를 띤 입자

    $Cl + \ominus \rightarrow Cl^-$

〈양이온과 음이온〉

(+)이온	이온식	(−)이온	이온식
수소 이온	H^+	수산화 이온	OH^-
은 이온	Ag^+	질산 이온	NO_3^-
칼슘 이온	Ca^{2+}	황산 이온	SO_4^{2-}
알루미늄 이온	Al^{3+}	인산 이온	PO_4^{3-}

㉡ 원자의 전기적 성질 : 원자는 원자핵의 (+)전하 총량과 전자의 (−)전하 총량이 같아서 전기적으로 중성이다.

㉢ 전기적으로 중성인 원자가 전자를 잃으면 (+)전하를 띤 입자가 되고, 전자를 얻으면 (−)전하를 띤 입자가 된다.

〈이온의 생성〉

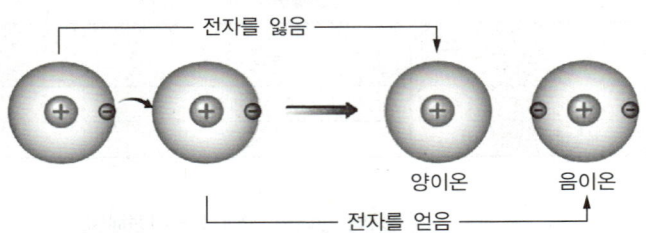

㉣ 이온의 이동 : 전해질 수용액에서 전류가 흐를 때 (−)이온이 움직이며 전하를 운반한다. 이때 양이온은 (−)전극으로 음이온은 (+)전극으로 이동한다.

② 이온의 표시 방법

㉠ 양이온 : 잃은 전자 수에 따라 +, 2+, 3+를 표기한다.

㉡ 음이온 : 얻은 전자 수에 따라 −, 2−, 3−를 표기한다.

㉢ 이온과 반응식

이온	명칭	반응식	형성 과정
Na^+	나트륨 이온	$Na \rightarrow Na^+ + \ominus$	전자를 1개 잃어서 생성
Cu^{2+}	구리 이온	$Cu \rightarrow Cu^{2+} + 2\ominus$	전자를 2개 잃어서 생성
Cl^-	염화 이온	$Cl + \ominus \rightarrow Cl^-$	전자를 1개 얻어서 생성
S^{2-}	황화 이온	$S + 2\ominus \rightarrow S^{2-}$	전자를 2개 얻어서 생성

③ 이온의 종류
  ㉠ 음이온
   • 전자 1개를 얻는 경우 : Cl^-(염화 이온), OH^-(수산화 이온), NO_3^-(질산 이온)
   • 전자 2개를 얻는 경우 : O^{2-}(산화 이온), SO_4^{2-}(황산 이온), CO_3^{2-}(탄산 이온)
  ㉡ 양이온
   • 전자 1개를 잃는 경우 : H^+(수소 이온), K^+(칼륨 이온), Ag^+(은 이온), NH_4^+(암모늄 이온)
   • 전자 2개를 잃는 경우 : Ca^{2+}(칼슘 이온), Mg^{2+}(마그네슘 이온), Cu^{2+}(구리 이온), Fe^{2+}(철 이온)
  ㉢ 다원자 이온 : 여러 가지 원자가 결합하여 이온으로 존재하는 이온
   • 암모늄 이온(NH_4^+), 황산 이온(SO_4^{2-}), 탄산 이온(CO_3^{2-}), 수산화 이온(OH^-)
④ 이온화 : 전해질을 물에 녹였을 때 양이온과 음이온으로 분리되는 현상

이온	명칭	이온화(수용액 상태)
HCl	염산	$HCl \rightarrow H^+ + Cl^-$
$CuCl_2$	염화구리	$CuCl_2 \rightarrow Cu^{2+} + 2Cl^-$
$CuSO_4$	황산구리	$CuSO_4 \rightarrow Cu^{2+} + SO_4^{2-}$
$AgNO_3$	질산은	$AgNO_3 \rightarrow Ag^+ + NO_3^-$
$CaCl_2$	염화칼슘	$CaCl_2 \rightarrow Ca^{2+} + 2Cl^-$
K_2CO_3	탄산칼륨	$K_2CO_3 \rightarrow 2K^+ + CO_3^{2-}$
Na_2CO_3	탄산나트륨	$Na_2CO_3 \rightarrow 2Na^+ + CO_3^{2-}$

〈원자핵과 전자〉

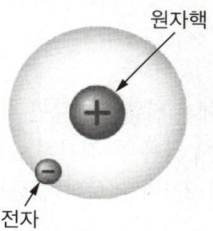

㉠ 원자핵 : 원자 중심에 위치하고 있는 (＋)전하(양성자＋중성자)
㉡ 전자 : 원자핵 주위에 위치하고 있는 (－)전하

⑤ 원소의 주기율표

족 주기	1	2	3	4	5	6	7	8	9	10	11	12	13	14	15	16	17	18
1	1 H																	2 He
2	3 Li	4 bE											5 B	6 C	7 N	8 O	9 F	10 Ne
3	11 Na	12 Mg											13 Al	14 Si	15 P	16 S	17 Cl	18 Ar
4	19 K	20 Ca	21 Sc	22 Ti	23 V	24 Cr	25 Mn	26 Fe	27 Co	28 Ni	29 Cu	30 Zn	31 Ga	32 Ge	33 As	34 Se	35 Br	36 Kr
5	37 Rb	38 Ba	39 Y	40 Zr	41 Nb	42 Mc	43 Tc	44 Ru	45 Rh	46 Pb	47 Ag	48 Cd	49 In	50 Sn	51 Sb	52 Te	53 I	54 Xe
6	55 Cs	56 Ba	*	72 Ht	73 Ta	74 W	75 Re	76 Os	77 Ir	78 Pt	79 Au	80 Hg	81 Sl	82 Pb	83 Bi	84 Po	85 At	86 Rn
7	87 Fr	88 Ra	**															

※ 원자 번호는 원소 기호 위에 표시하였다.

*란탄족	57 La	58 Ce	59 Pr	60 Nd	61 Pm	62 Sm	63 Eu	64 Gd	65 Tb	66 Dy	67 Ho	68 Er	69 Tm	70 Yb	71 Lu
**악티늄족	89 Ac	90 Th	91 Pa	92 U	93 Np	94 Pu	95 Am	96 Cm	97 Bk	98 Cf	99 Es	100 Fm	101 Md	102 No	103 Lr

2. 이온 반응과 검출 방법

(1) 전기 분해

① 전기 분해

㉠ 전기 분해 : 전해질 수용액에서 전류가 흐르면 각각의 이온은 전하의 종류와 서로 반대되는 전극으로 이동하여 전자를 얻거나 잃은 후 전기적 중성을 띠는 성분 물질로 분해되는 것이다. 즉, 전해질 수용액이 전류에 의해 2가지 이상의 물질로 분리되어 생성되는 반응이다.

㉡ 염화수소의 전기 분해

• 염화수소(HCl)는 수용액에서 수소 이온(H^+)과 염화 이온(Cl^-)으로 나누어진다.
• 수소(H^+) 이온은 ($-$)극으로 이동하고 염화 이온(Cl^-)은 ($+$)극으로 이동한다.
• 두 전극으로 이동한 이온은 전자를 흡수·방출하여 반응한다.

 ($-$)극에서 : $2H^+ + 2e \rightarrow H_2 \uparrow$ (수소 기체 발생)

 ($+$)극에서 : $2Cl^- \rightarrow Cl_2 \uparrow + 2e$ (염소 기체 발생)

• 결과 : 염화수소가 전류에 의하여 수소와 염소로 분해된다.

㉢ 염화구리의 전기 분해

• 염화구리(Ⅱ)의 이온화 : $CuCl_2 \rightarrow Cu^{2+} + 2Cl^-$
• ($+$)극에서 반응 : ($-$)전하를 띤 Cl^-이 ($+$)극으로 이동하여 전하를 잃고 황록색의 자극성 냄새가 나는 염소 기체가 된다.

 $2Cl^- \rightarrow Cl_2 \uparrow + 2e$

- (−)극 반응 : (＋)전하를 띤 Cu^{2+}이 (−)극으로 이동하여 전자를 얻은 후 Cu로 석출된다.

  $Cu^{2+} + 2e \rightarrow Cu$

- 전체 반응 : $CuCl_2 \rightarrow Cu$(붉은색)＋Cl_2(황록색의 기체)

② 용융된 아이오딘화납(PbI_2)의 전기 분해

- 아이오딘화납은 물에는 녹지 않으므로 가열하여 용융 전기 분해한다.
- 용융된 상태에서 아이오딘화납의 이온화

  $PbI_2 \rightarrow Pb^{2+} + 2I^-$

- (＋)극에서 반응 : (−)전하를 띤 I^-이 (＋)극으로 이동하여 전자를 잃고 보라색으로 아이오딘 고체가 된다.

  $2I^- \rightarrow I_2 + 2e$

- (−)극에서의 반응 : (＋)전하를 띤 Pb^{2+}이 (−)극으로 이동하여 전자를 얻은 후 Pb으로 석출된다.

  $Pb^{2+} + 2e \rightarrow Pb$

② 앙금 생성 반응

㉠ 물에 녹아 있는 두 종류의 전해질 수용액을 반응시킬 때, 물에 녹지 않는 물질(앙금)이 생기는 반응이다(이온 검출에 이용).

㉡ 염화 이온(Cl^-)의 검출

질산은 수용액과 같이 은이온이 포함된 수용액에 염화나트륨 수용액을 넣으면 흰색 앙금인 염화은이 생성된다.

$Ag^+ + Cl^- \rightarrow AgCl \downarrow$ (흰색 앙금)

㉢ 탄산 이온(CO_3^{2-})의 검출

바륨 이온이나 칼슘 이온이 포함된 수용액을 탄산 이온 수용액에 넣으면 흰색 앙금인 탄산칼슘이나 탄산바륨이 생성된다.

$Ca^{2+} + CO_3^{2-} \rightarrow CaCO_3 \downarrow$ (흰색 앙금)

$Ba^{2+} + CO_3^{2-} \rightarrow BaCO_3 \downarrow$ (흰색 앙금)

㉣ 황산 이온(SO_4^{2-})의 검출

칼슘 이온이나 바륨 이온이 포함된 수용액을 황산 이온 수용액에 넣으면 흰색 앙금인 황산바륨이나 황산칼슘이 생성된다.

$Ca^{2+} + SO_4^{2-} \rightarrow CaSO_4 \downarrow$ (흰색 앙금)

$Ba^{2+} + SO_4^{2-} \rightarrow BaSO_4 \downarrow$ (흰색 앙금)

㉤ 납 이온(Pb^{2+})의 검출

폐수 속에 들어 있는 납 이온(Pb^{2+})은 아이오딘화 이온(I^-)으로 검출한다.

$Pb^{2+} + 2I^- \rightarrow PbI_2 \downarrow$ (노란색 앙금)

ⓑ Zn^{2+}, Cu^{2+}, Pb^{2+}, Cd^{2+}의 검출
　　폐수 속에 들어 있는 중금속 이온을 황화 이온으로 검출한다.
　　$Zn^{2+} + S^{2-} \rightarrow ZnS\downarrow$ (흰색 침전)
　　$Cu^{2+} + S^{2-} \rightarrow CuS\downarrow$ (검은색 침전)
　　$Pb^{2+} + S^{2-} \rightarrow PbS\downarrow$ (검은색 침전)
　　$Cd^{2+} + S^{2-} \rightarrow CdS\downarrow$ (노란색 침전)
ⓐ 은 이온(Ag^+)의 검출
　　은 이온은 염화 이온, 브롬화 이온, 아이오딘화 이온으로 검출이 가능하다.
　　$Ag^+ + Cl^- \rightarrow AgCl\downarrow$ (흰색 앙금)
　　$Ag^+ + Br^- \rightarrow AgBr\downarrow$ (연노란색 앙금)
　　$Ag^+ + I^- \rightarrow AgI\downarrow$ (노란색 앙금)
ⓞ 앙금 반응의 이용
　• 염화은(AgCl) : 수돗물을 소독하고 난 후 남아 있는 염화 이온의 검출
　• 탄산칼슘($CaCO_3$) : 센물에 포함된 칼슘 이온 검출, 지하수 속에 녹아 있는 탄산 이온의 검출
　• 황산바륨($BaSO_4$) : 화산 근처의 호수에 녹아 있는 황산 이온의 검출
　• 아이오딘화납(PbI_2) : 공장에서 흘러나오는 폐수의 납 이온의 검출
ⓩ 앙금이 생기지 않는 이온의 검출
　• 나트륨 이온(Na^+), 칼륨 이온(K^+), 암모늄 이온(NH_4^+), 질산 이온(NO_3^-) 등은 앙금을 생성하지 않는다.
　• 금속 이온인 나트륨 이온과 칼륨 이온은 불꽃 반응색으로 확인할 수 있다.
　• 암모늄 이온은 네슬러 시약에 의해 적갈색으로 변한다.
　• 질산 이온은 진한 황산과 황산철(Ⅲ) 수용액의 혼합 용액을 가하면 갈색 고리가 생긴다.

③ 알짜 이온 반응식
　㉠ 이온 사이의 반응에서 실제로 반응에 참여한 이온만을 나타낸 화학식이다.
　㉡ 알짜 이온은 반응에 실제로 참여하는 이온이고, 구경꾼 이온은 반응에 참여하지 않는 이온이다.
　㉢ 질산납 수용액과 아이오딘화칼륨 수용액의 반응 : 아이오딘화칼륨(KI) 수용액과 질산납[$Pb(NO_3)_2$] 수용액을 섞으면 노란색 침전인 아이오딘화납(PbI_2)이 생성된다.

〈알짜 이온 반응식〉

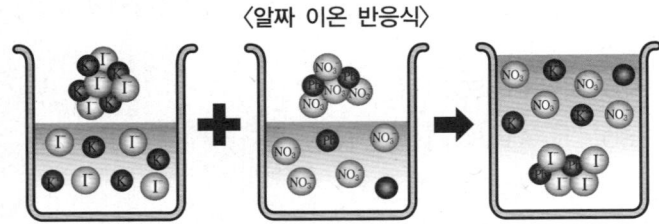

　• 화학 반응식 : $2KI(aq) + Pb(NO_3)_2(aq) \rightarrow PbI_2(s) + 2KNO_3(aq)$
　• 알짜 이온 반응식 : $Pb^{2+} + 2I^- \rightarrow PbI_2(s)$
　• 알짜 이온은 Pb^{2+}, I^-이고, K^+, NO_3^-은 구경꾼 이온이다.

(2) 불꽃 반응과 스펙트럼을 이용한 이온의 검출
① 불꽃 반응
   물질을 무색의 겉불꽃 속에 넣었을 때 나타나는 특유한 불꽃 색깔로 원소를 구별하는 방법이다.
② 몇 가지 원소의 불꽃 색깔

원소	리튬(Li)	나트륨(Na)	칼륨(K)	칼슘(Ca)	스트론튬(Sr)	구리(Cu)
불꽃의색깔	빨간색	노란색	보라색	주황색	진한 빨간색	청록색

③ 스펙트럼의 특징
   ㉠ 시험 방법이 간단하고, 아주 적은 양의 물질이라도 분석이 가능하다.
   ㉡ 불꽃 색깔이 비슷한 원소도 쉽게 구별할 수 있다.

03 ▶ 산과 염기의 반응

1. 산과 염기의 구별

(1) 산의 성질
① 산 : 산성을 띠는 물질로, 수용액에서 이온화하여 수소 이온(H^+)을 내놓는 물질
② 산성 : 산의 수용액이 나타내는 공통적인 성질

   ㉠ $HCl \rightarrow H^+ + Cl^-$
   ㉡ $CH_3COOH \rightarrow CH_3COO^- + H^+$
   ㉢ $H_2SO_4 \rightarrow 2H^+ + SO_4^{2-}$
   ㉣ $HNO_3 \rightarrow H^+ + NO_3^-$

〈산이 수소 이온을 내놓는 정도〉

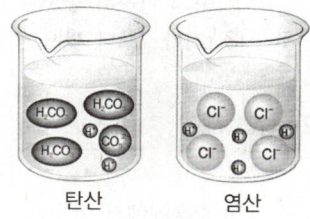

탄산   염산

③ 산의 성질
   ㉠ 수용액에서 신맛을 낸다.
   ㉡ 산의 수용액은 전류를 흐르게 하는 전해질이다.
   ㉢ 푸른 리트머스 종이를 붉게 한다.
   ㉣ 금속과 반응하여 수소 기체를 발생한다.
   • $Zn + 2HCl \rightarrow ZnCl_2 + H_2 \uparrow$ (기체 발생)
   • $Mg + 2HCl \rightarrow MgCl_2 + H_2 \uparrow$ (기체 발생)

〈마그네슘과 염산의 반응모형〉

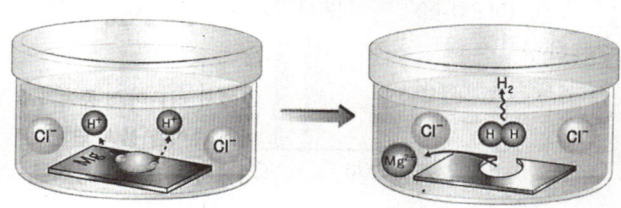

(2) 염기

① **염기** : 염기성을 띠는 물질로 수용액에서 이온화하여 수산화 이온(OH^-)을 내놓는다.
② **염기성** : 염기의 수용액이 나타내는 공통적인 성질
  ㉠ $NaOH \rightarrow Na^+ + OH^-$
  ㉡ $KOH \rightarrow K^+ + OH^-$
  ㉢ $Ca(OH)_2 \rightarrow Ca^{2+} + 2OH^-$
  ㉣ $NH_4OH \rightarrow NH_4^+ + OH^-$
③ **염기의 성질**
  ㉠ 수용액에서 쓴맛을 내며 단백질을 녹이므로 손에 닿으면 미끈거린다.
  ㉡ 염기의 수용액은 전해질이므로 전류를 흐르게 한다.
  ㉢ 염기성이므로 붉은색 리트머스 종이를 푸르게 한다.
  ㉣ 공통적으로 OH^-가 나타난다.

2. 산과 염기의 세기

(1) 세기의 결정과 표시

① **세기의 결정**
  수용액에서 이온화 잘됨 → H^+, OH^-의 농도(↑) → 산, 염기의 세기 ↑
② **세기의 표시(pH : 산성도)**
  ㉠ 수소 이온의 농도를 나타내는 단위
  ㉡ pH가 7보다 낮으면 산성을 의미함

(2) 산의 세기

① **강산**
  ㉠ 수용액에서 이온화되어 수소 이온(H^+)을 잘 내놓는 물질
  ㉡ 염산(HCl), 황산(H_2SO_4), 질산(HNO_3)
② **약산**
  ㉠ 수용액에서 일부만 이온화되어 수소 이온(H^+)을 내놓는 물질
  ㉡ 탄산(H_2CO_3), 아세트산(CH_3COOH), 붕산(H_3BO_3), 인산(H_3PO_4)

〈강한 산과 약한 산의 비교〉

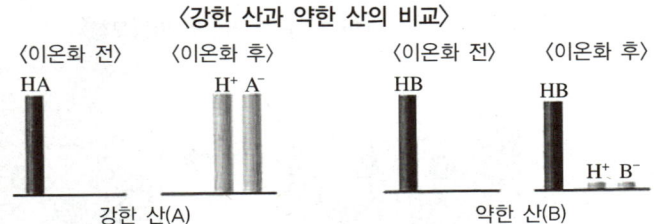

(3) 염기의 세기

① 강한 염기
  ㉠ 수용액에서 대부분 이온화되어 수산화 이온(OH^-)을 잘 내놓는 물질
  ㉡ NaOH, KOH, $Ca(OH)_2$

② 약한 염기
  ㉠ 수용액에서 일부만 이온화되어 수산화 이온(OH^-)을 내놓는 물질
  ㉡ NH_4OH, $Mg(OH)_2$

(4) 산과 염기의 이온화

① 이온화도(α)
  ㉠ 전해질이 수용액 속에서 이온화되는 정도를 이온화도(α)라고 한다.

  $$[이온화도(\alpha)] = \frac{(이온화된\ 전해질의\ 분자\ 수)}{(수용액\ 속에\ 녹아\ 있는\ 총분자\ 수)}$$

  ㉡ 이온화도의 값 : $0 \leq \alpha \leq 1$
  ㉢ 이온화가 클수록 수용액 속에 이온이 많이 존재한다.
  ㉣ $\alpha = 0$이면 비전해질이고, $\alpha = 1$이면 100% 이온화된 것을 의미한다.
  ㉤ 이온화도는 온도와 농도에 따라 달라진다. 같은 수용액이라도 온도가 높고 농도가 낮을수록 이온화도가 커진다.

② 산과 염기의 이온화도

산	이온화도	염기	이온화도
HCl	0.94	NaOH	0.91
HNO_3	0.92	KOH	0.91
H_2SO_4	0.62	$Ca(OH)_2$	0.91
CH_3COOH	0.013	NH_3	0.013

3. 산과 염기의 종류

(1) 산의 종류

① 염산(HCl)
  ㉠ 염화수소
    • 자극성이 강한 무색의 기체로서 공기보다 무거우며 물에 아주 잘 녹는다.
    • 암모니아(NH_3)와 반응하여 흰 연기 상태의 염화암모늄(NH_4Cl)을 만든다.

    $HCl + NH_3 \rightarrow NH_4Cl$

  ㉡ 염산
    • 염화수소를 녹인 수용액으로 휘발성이 있다.
    • 이용 : 금속의 녹을 제거하거나 PVC, 염료, 조미료를 만드는 원료로 쓰인다.
    • 물에 대단히 잘 녹는다(20℃, 1기압에서 물 1L에 HCl 22.4L가 녹는다).
    • 위액 속의 위산은 HCl이 주성분이고, 0.2~0.4% 들어 있다. 또한, 위산은 소화를 돕는 작용을 한다.

② 질산(HNO_3)
　㉠ 진한 질산
　　• 무색의 발연성이 있는 액체로 물보다 무겁다.
　　• 열과 빛에 의하여 잘 분해되므로, 빛을 차단하는 갈색 병에 보관한다.
　　　$$4HNO_3 \xrightarrow{빛} 2H_2O + 4NO_2 + O_2$$
　㉡ 묽은 질산
　　• 진한 질산을 묽게 해서 만든다.
　　• 순수한 수소를 얻는 데 사용하지 않는다(NO, NO_2와 섞여 나오기 때문).
　㉢ 산화력이 크기 때문에 수소보다 반응성이 작은 금속과 반응한다.
　　• 묽은 질산 : $3Cu + 8HNO_3 \rightarrow 3Cu(NO_3)_2 + 4H_2O + 2NO\uparrow$
　　• 진한 질산 : $Cu + 4HNO_3 \rightarrow Cu(NO_3)_2 + 2H_2O + 2NO_2\uparrow$
　㉣ 순수한 질산 : 무색의 발연성 액체로 녹는점이 $-42℃$, 끓는점은 $86℃$, 비중은 1.52이다(진한 질산은 70% 수용액이다).

③ 황산(H_2SO_4)
　㉠ 진한 황산
　　• 농도가 98%이며, 무겁고 점성이 큰 무색의 액체이다.
　　• 탈수 작용을 하므로 건조제로 쓰인다.
　㉡ 묽은 황산
　　• 진한 황산을 묽게 해서 만들며, 수용액에서 이온화가 잘 되므로 강산이다.
　　• 이용 : 염료, 의약, 축전지, 인조 섬유, 석유의 정제 등 화학 공업에 쓰인다.

(2) 염기의 종류
① 수산화나트륨(NaOH)
　㉠ 흰색의 고체로 물에 잘 녹으며, 수용액은 강한 염기성을 나타낸다.
　㉡ 공기 중에서 수분을 흡수하여 스스로 녹는 조해성이 있다.
　㉢ 이산화탄소(CO_2)를 흡수하여 탄산나트륨(Na_2CO_3)을 만든다.
　㉣ 비누, 섬유, 종이, 물감을 만드는 원료로 사용된다.
② 수산화칼슘[$Ca(OH)_2$]
　㉠ 회색의 가루로 소석회라고 한다.
　㉡ 용해도는 작으나 용해된 것은 이온화가 잘되므로 강염기이다.
　㉢ 수용액 : 석회수
　㉣ 석회수는 이산화탄소 검출에 이용한다.
　　　$Ca(OH)_2 + CO_2 \rightarrow CaCO_3$(흰색 앙금) $+ H_2O$
③ 암모니아(NH_3)
　㉠ 무색의 자극성 기체로서 공기보다 가볍다.
　㉡ 수용액 : 암모니아수(NH_3OH)
　㉢ 물에 잘 녹으며 이온화하여 염기성을 나타낸다.

ⓔ 염화수소(HCl)와 만나면 염화암모늄을 만든다.

NH$_3$ + HCl → NH$_4$Cl(흰 연기)

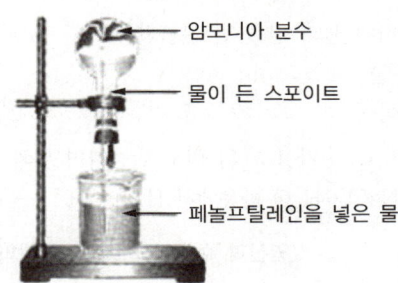

〈염기성 용액에서의 암모니아의 작용〉
- 암모니아 분수
- 물이 든 스포이트
- 페놀프탈레인을 넣은 물

04 ▶ 산과 염기의 중화 반응

1. 수용액과 지시약

(1) 수용액의 성질

① 수용액의 성질은 수소 이온(H$^+$)과 수산화 이온(OH$^-$)의 양에 의해 결정된다.

② 수용액의 성질

ⓐ 산성 : H$^+$ > OH$^-$, pH < 7
ⓑ 중성 : H$^+$ = OH$^-$, pH = 7
ⓒ 염기성 : H$^+$ < OH$^-$, pH > 7

(2) 지시약의 색깔

① 지시약은 수용액의 pH에 따라 색이 달라지는 물질로서, 용액의 액성을 구별할 때 사용된다. 지시약은 그 자체가 약한 산성을 띠거나, 약염기성이므로 사용하면 용액의 액성에 영향을 끼친다.

② 지시약의 변색

지시약	산성	중성	염기성
리트머스	붉은색	보라색	푸른색
페놀프탈레인	무색	무색	붉은색
메틸오렌지	붉은색	주황색	노란색
BTB	노란색	녹색	푸른색

2. 중화 반응의 특성

(1) 중화 반응

① 중화 반응
  ㉠ 산과 염기가 반응하여 물과 염을 만드는 반응
  ㉡ 산 + 염기 → 염 + 물

② 중화 반응의 이온 반응식
  ㉠ 산의 H^+와 염기의 OH^-가 1 : 1의 비로 반응하여 염과 물이 생성되는 반응
  ㉡ $HCl + NaOH \rightarrow NaCl + H_2O$ 반응에서 $H^+ + OH^- \rightarrow H_2O$가 생성되는 반응

〈염산과 수산화나트륨 수용액의 반응〉

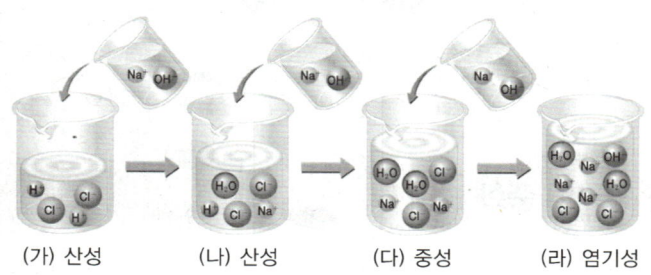

(가) 산성   (나) 산성   (다) 중성   (라) 염기성

  ㉢ 혼합 용액에서의 액성
    • 산성 : $H^+ > OH^-$
    • 중성 : $H^+ = OH^-$
    • 염기성 : $H^+ < OH^-$

③ 염
  ㉠ 산과 염기의 중화 반응에서 물과 함께 생성되는 물질
  ㉡ 염의 생성 반응
    • 산과 염기의 중화 반응 : $HCl + NaOH \rightarrow H_2O + NaCl$
    • 금속과 산의 반응 : $Mg + 2HCl \rightarrow MgCl_2 + H_2 \uparrow$
    • 염과 염의 반응 : $NaCl + AgNO_3 \rightarrow NaNO_3 + AgCl \downarrow$
  ㉢ 염의 용해성
    • Na^+, K^+, NH_4^+는 물에 잘 녹는다.
    • 물에 잘 녹지 않는 염(앙금 생성 반응) : $CaCl_2$, $BaCl_2$, $AgCl$

음이온 양이온	NO_3^-	Cl^-	SO_4^{2-}	CO_3^{2-}	용해성
Na^+	$NaNO_3$	$NaCl$	Na_2SO_4	Na_2CO_3	잘 녹는다.
K^+	KNO_3	KCl	K_2SO_4	K_2CO_3	
NH_4^+	NH_4NO_3	NH_4Cl	$(NH_4)_2SO_4$	$(NH_4)_2CO_3$	
Ca^{2+}	$Ca(NO_3)_2$	$CaCl_2$	$CaSO_4$	$CaCO_3$	잘 녹지 않는다.
Ba^{2+}	$Ba(NO_3)_2$	$BaCl_2$	$BaSO_4$	$BaCO_3$	
Ag^+	$AgNO_3$	$AgCl$	Ag_2SO_4	Ag_2CO_3	

④ 중화 반응의 예
  ㉠ HCl + NaOH → H_2O + NaCl
  ㉡ H_2SO_4 + 2NaOH → $2H_2O$ + Na_2SO_4
  ㉢ 2HCl + $Ca(OH)_2$ → $2H_2O$ + $CaCl_2$

(2) 중화열과 중화 반응의 이용

① 중화열
  ㉠ 중화 반응이 일어날 때 방출하는 열 : H^+ + OH^- → H_2O + 열
  ㉡ 중화 반응은 발열 반응이므로 반응 시 물은 열을 흡수하여 용액의 온도는 상승한다(산의 H^+과 염기의 OH^-이 반응하는 양에 따라 발생하는 열량이 달라진다).
  ㉢ 용액의 온도와 중화점 : 일정량의 염기 용액에 산 용액을 가할 때 혼합 용액에서는 열이 발생하므로 용액의 온도가 가장 높을 때가 중화점이다.

② 산과 염기의 중화 반응에서 발생하는 열
  ㉠ H^+ + OH^- → H_2O + 열(중화열)
  ㉡ 중화 반응 시 온도의 변화
    • 산과 염기의 중화 반응이 진행됨에 따라 용액의 온도가 점차 높아지며 완전히 중화될 때 온도가 가장 높다.
    • 반응하는 산의 H^+과 염기의 OH^-이 많을수록 중화열이 많이 발생한다.
  ㉢ 중화 여부 측정 방법
    • 지시약을 사용하여 용액의 색깔 변화를 보아 중화점을 안다.

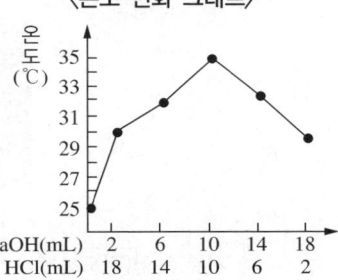

〈온도 변화 그래프〉

    • 용액의 온도 변화 측정 : 산과 염기를 중화시킬 때 변화되는 온도를 측정하여 용액의 온도 변화가 최고에 이를 때 중화된 것을 안다.

③ 일상생활과 중화 반응
  ㉠ 벌에 쏘인 부위에 암모니아수를 바른다. → 벌침의 독에는 포름산 등의 산성 물질이 들어 있으므로 염기성인 암모니아수로 중화된다.
  ㉡ 신 김치로 찌개를 만들 때 탄산수소나트륨을 넣으면 신맛이 줄어든다. → 탄산수소나트륨은 염기성 물질이므로 김치의 산을 중화시킨다.
  ㉢ 생선회에 레몬즙을 뿌리면 비린내를 줄일 수 있다. → 생선회의 비린내는 트리메틸아민이라는 염기성 물질이므로 레몬즙의 산성 물질로 중화시킨다.
  ㉣ 속이 쓰릴 때 제산제를 먹는다. → 위에서 과다하게 분비된 염산에 의해 속이 쓰리므로 수산화마그네슘, 탄산수소나트륨 등이 주성분인 제산제를 먹으면 중화된다.
  ㉤ 산성화된 토양이나 호수에 석회를 뿌린다. → 염기성 물질인 석회로 산성을 중화시킨다.

(3) 중화점

① 중화점
  ㉠ 산의 수소 이온(H^+)과 염기의 수산화 이온(OH^-)이 1 : 1의 비로 반응하여 정확하게 중성이 되는 점
  ㉡ 중화 반응에서 염산에 NaOH 수용액을 가할 때 이온수의 변화

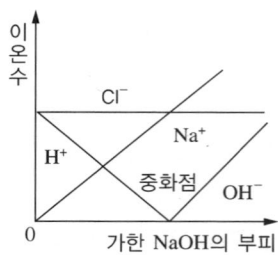

② 중화점의 관찰
  ㉠ 지시약 관찰(산성에서 중성으로 변하는 색상 조사) : 용액의 산성도를 조사한다.
  ㉡ 온도 측정(온도의 상승 곡선 조사) : 중화점에서 최고 온도를 나타낸다.

 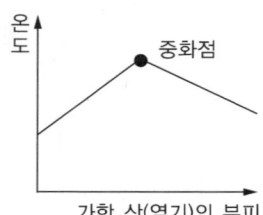

  ㉢ 전류 측정(전도도계를 이용하여 전도도의 변곡점 조사) : 이온의 수가 감소하므로 전류 값 감소

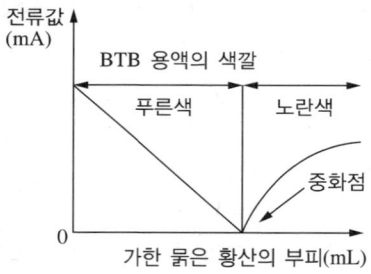

③ 온도에 따른 중화점
  ㉠ 중화열과 H^+ 및 OH^-의 수 : 반응하는 수소 이온(H^+)과 수산화 이온(OH^-)의 수가 많을수록 열이 많이 발생한다.
  ㉡ 중화점과 온도 변화 : 중화점에서 온도 변화가 가장 크며, 중화점에서는 수소 이온과 수산화 이온이 모두 반응한다.

05 ▶ 반응 속도

1. 반응 속도와 화학 반응

(1) 반응 속도
① 반응물의 성질

반응물의 활성이 큰 경우 반응 속도는 빠르다(엔탈피가 큰 경우).

② 반응 속도

㉠ 반응 속도 : 단위 시간당 반응하는 물질의 농도 감소량 또는 생성되는 물질의 농도 증가량을 말하며 농도는 몰농도로 나타낸다.

$$(반응\ 속도) = \frac{(반응\ 물질의\ 농도\ 변화)}{(시간)} = \frac{(생성\ 물질의\ 농도\ 변화)}{(시간)}$$

㉡ 반응 속도의 단위
- 기체 : mL/초, mL/분
- 액체 : 몰/(L·초), 몰/(L·분)

㉢ 빠른 반응
- 침전 반응, 중화 반응, 기체 발생 반응, 연소 반응은 반응 속도가 빠르다.
    - 침전 반응 : $AgNO_3 + NaCl \rightarrow AgCl(침전) + NaNO_3$
    - 중화 반응 : $HCl + NaOH \rightarrow H_2O(물\ 생성) + NaCl$
    - 기체 발생 반응 : $Zn + 2HCl \rightarrow ZnCl_2 + H_2(기체\ 발생)$
    - 연소 반응 : $CH_4 + 2O_2 \rightarrow CO_2 + 2H_2O$
- 단순 이온 간의 반응은 반응 속도가 빠르다.
- 빠른 반응의 예
    - 프로판이나 부탄과 같은 연료가 타는 반응
    - 폭약이 폭발하는 반응
    - 수용액에서 앙금이 생기는 반응
    - 대리석과 염산의 반응

㉣ 느린 반응
- 철의 부식이나 석회암 동굴의 생성 반응 등은 느리다.
    - 철의 부식 : $4Fe + 3O_2 + 2H_2O \rightarrow 2Fe_2O_3H_2$
    - 석회암 동굴의 생성 반응 : $CaCO_3 + CO_2 + H_2O \rightarrow Ca(HCO_3)_2$
- 공유 결합의 분해 반응은 반응 속도가 느리다.
    - $2HI \rightarrow H_2 + I_2$

- 느린 반응의 예
  - 대리석 건물이 산성비에 의해 침식될 때의 반응
  - 찹쌀을 이용하여 술을 빚을 때의 반응
  - 김치가 익는 반응
  - 석회 동굴이 생기는 반응
  - 과일이 익어가는 반응
  - 철과 황산의 반응

③ 반응 속도 측정 방법
  ㉠ 일반적으로 단위 시간 동안 반응 물질의 농도 감소량, 생성 물질의 농도 증가량을 조사한다.
  ㉡ 앙금의 이용 : 일정량의 앙금이 생성되는 시간을 조사한다. 속도는 걸린 시간에 반비례한다.
  ㉢ 기체의 이용
    - 생성된 기체가 빠져나갈 때 : 반응할수록 질량이 감소하므로 단위 시간당 질량의 감소량으로 반응 속도를 측정한다(전자저울을 이용).
    - 생성된 기체를 모으는 경우 : 단위 시간당 발생하는 기체의 부피를 측정한다.

〈기체의 생성〉

부피 측정법   질량 측정법

  ㉣ 기울기 그래프 이용
    - 기울기 변화를 조사함으로써 반응 속도를 알 수 있다.
    - 시간에 따른 농도의 변화에서 기울기가 클 때 : 반응 속도가 빠르다.
    - 시간에 따른 농도의 변화에서 기울기가 작을 때 : 반응 속도가 느리다.
    - 시간에 따른 농도의 변화에서 기울기가 0일 때 : 반응 종결
    - 시간에 따라 발생하는 기체의 부피를 그래프로 그렸을 때, 반응 속도는 그래프의 기울기와 같다. 즉, 그래프의 두 점 사이의 기울기는 그 시간 동안의 반응 속도와 같다.

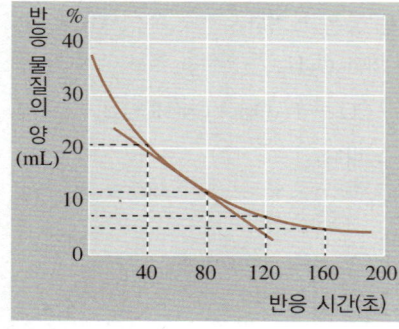

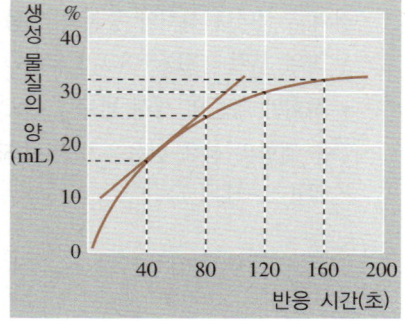

④ 반응 속도의 변화
  ㉠ 처음에는 빠르지만 시간이 흐를수록 점차 느려진다.
  ㉡ 반응 속도는 시간에 따른 농도의 변화 그래프에서 접선의 기울기와 같다.

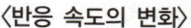

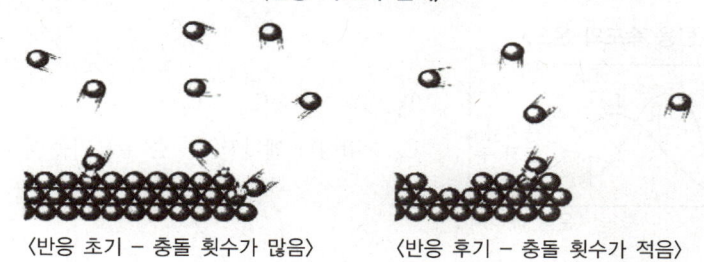

〈반응 초기 – 충돌 횟수가 많음〉　　〈반응 후기 – 충돌 횟수가 적음〉

(2) 화학 반응의 조건
① 화학 반응이 일어나기 위한 조건
  ㉠ 반응하는 물질의 입자 사이에 충돌이 있어야 한다.
  ㉡ 충분한 에너지를 동반한 충돌이어야 한다.
② 활성화 에너지 : 반응에 필요한 최소의 에너지를 활성화 에너지라고 하며 활성화 에너지가 작을수록 반응 속도가 빠르다.
③ 유효 충돌 : 반응을 일으키기에 적당한 방향으로 부딪치는 입자의 충돌을 유효 충돌이라고 한다.

2. 반응 속도에 영향을 끼치는 요인

(1) 농도
① 반응 속도와 농도 : 반응물의 농도가 진할수록 반응 물질 사이의 충돌 횟수가 많아져 반응을 일으키는 입자 수가 증가하기 때문에 반응 속도가 빨라진다.
② 농도와 충돌 횟수

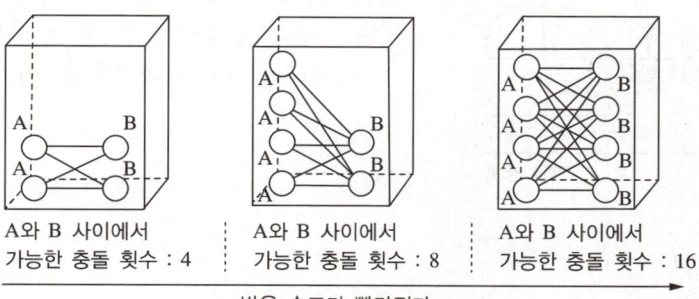

A와 B 사이에서　　　A와 B 사이에서　　　A와 B 사이에서
가능한 충돌 횟수 : 4　가능한 충돌 횟수 : 8　가능한 충돌 횟수 : 16

반응 속도가 빨라진다.

(2) 온도

① 반응 속도와 온도 : 온도가 상승하면 분자의 운동이 활발해지고 활성화 에너지보다 큰 에너지로 충돌하는 분자 수가 증가하므로 반응 속도는 빨라진다.
② 온도가 10℃ 상승하면 반응 속도는 약 2배 정도 증가한다.

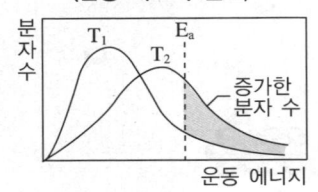

〈반응 속도와 온도〉

T_1, T_2 : 온도($T_1 < T_2$)
E_a : 활성화 에너지(반응을 일으키는 데 필요한 최소의 에너지)

(3) 촉매

① 반응 속도와 촉매 : 촉매는 화학 반응이 일어날 때 활성화 에너지에 영향을 주어 반응 속도가 변하도록 해주는 물질이지만, 촉매 자신은 변하지 않는다.
② 촉매의 종류
  ㉠ 정촉매
  • 활성화 에너지를 감소시켜 반응 속도를 빠르게 한다.
  • $2KClO_3 \xrightarrow{MnO_2} 2KCl + 3O_2$

  ㉡ 부촉매
  • 활성화 에너지를 증가시켜 반응 속도를 느리게 한다.
  • $H_2O_2 \xrightarrow{H_3PO_4} H_2O + \frac{1}{2}O_2$

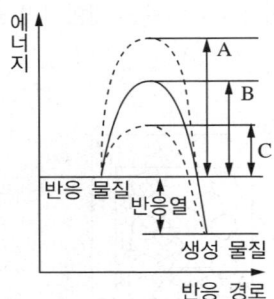

A : 부촉매 사용 시 활성화 에너지
B : 촉매가 없을 때의 활성화 에너지
C : 정촉매 사용 시 활성화 에너지

(4) 그 밖의 요인

① 압력 : 밀폐된 용기 안의 기체 분자들이 반응할 때 압력이 증가하면 기체의 부피가 감소하여(단위 부피 당 분자 수 증가) 압력에 관한 효과는 농도와 같은 결과를 얻는다.
② 표면적 : 반응물의 표면적이 넓을수록 반응물 간의 접촉 면적이 넓으므로 충돌하는 입자 수가 증가되어 반응 속도는 빨라진다.
③ 빛 에너지 : 빛 에너지는 반응물을 활성화시켜 반응 속도를 빠르게 한다.

3. 반응 속도와 생활의 관계

(1) 농도·온도·촉매의 영향

① 농도의 영향
- ㉠ 강산에서는 금속이 쉽게 녹슨다.
- ㉡ 산성도가 높은 비일수록 금속 구조물을 쉽게 손상시킨다.
- ㉢ 알약보다는 가루약, 물약이 약효가 빠르다.

② 온도의 영향
- ㉠ 음식물을 냉장 보관하면 신선도를 오래 유지한다(부패 속도 감소).
- ㉡ 압력솥에서 밥이 빨리 된다.

③ 촉매의 영향
유해한 자동차의 배기가스를 촉매 변환기를 이용하여 유해하지 않은 물질로 변환시킨다.

(2) 반응 속도의 영향

① 반응 속도를 느리게 하는 경우
- ㉠ 냉장고에 음식을 넣어 부패 속도를 느리게 한다.
- ㉡ 위 속에서 녹는 속도가 다른 물질로 캡슐을 만든다.

② 반응 속도를 빠르게 하는 경우
- ㉠ 압력솥으로 밥을 짓는다.
- ㉡ 암모니아의 합성 반응에서 압력과 온도를 조절하여 반응 속도를 빠르게 한다.
- ㉢ 화학 공업에서 반응이 잘 일어날 수 있게 하기 위해 정촉매를 사용한다.
- ㉣ 된장, 고추장, 김치, 젓갈 등의 식품을 만들거나 물질 합성 및 환경오염 제거 등에 효소를 이용한다.

CHAPTER 04 | 화학 적중예상문제

01 다음 중 기체의 종류와 분자식이 바르게 연결되지 않은 것은?

① 산소 – O_2
② 산화질소 – NO
③ 오존 – O_3
④ 네온 – Ne
⑤ 헬륨 – He_2

02 다음 그림은 물(H_2O)의 전자 배치를 나타낸 것이다. 공유 전자쌍의 개수는?

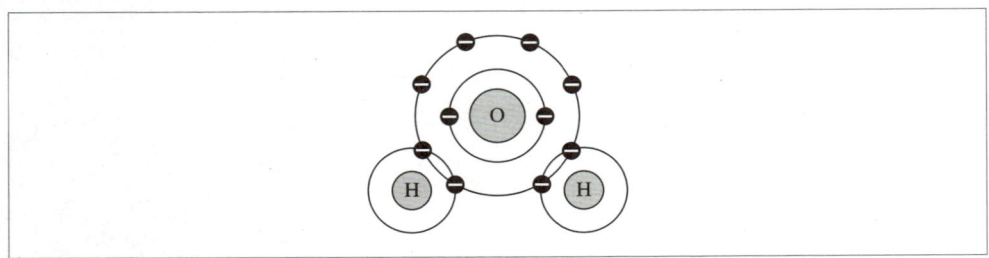

① 1개
② 2개
③ 3개
④ 5개
⑤ 8개

03 다음 중 원자의 전자구름 모형에 대한 설명으로 옳은 것은?

① 원자는 더 이상 쪼갤 수 없는 공 모양이다.
② 불확정성 원리에 의한 전자의 위치를 확률로써 나타낸 모형이다.
③ 전자는 원자핵을 중심으로 일정한 궤도에서 공전한다.
④ 균일하게 분포한 원자핵 사이에 전자가 군데군데 존재한다.
⑤ 원자 중심에 질량이 매우 큰 원자핵이 있고, 그 중심으로 질량이 매우 작은 전자가 공전한다.

04 다음 중 일상생활 속 물리적 변화와 화학적 변화를 바르게 연결한 것은?

> ㉠ 나무로 가구를 만든다.
> ㉡ 포도로 포도주스를 만든다.
> ㉢ 포도를 발효시켜 포도주를 만든다.
> ㉣ 못이 녹슨다.
> ㉤ 우유로 치즈를 만든다.

	물리적 변화	화학적 변화
①	㉠, ㉡	㉢, ㉣, ㉤
②	㉠, ㉤	㉡, ㉢, ㉣
③	㉢, ㉣	㉠, ㉡, ㉤
④	㉠, ㉣, ㉤	㉡, ㉢
⑤	㉡, ㉢, ㉣	㉠, ㉤

05 다음 중 산화 반응에 대한 설명으로 옳은 것은?

① 분자, 원자나 이온이 산소를 얻거나 수소 또는 전자를 잃는 것
② 분자, 원자나 이온이 산소를 잃거나 수소 또는 전자를 얻는 것
③ 생물이 외부에서 받아들인 저분자를 고분자화합물로 합성하는 작용
④ 질량수가 크고 무거운 원자핵이 다량의 에너지를 방출하고, 같은 정도의 둘 이상의 핵으로 분열하는 일
⑤ 높은 온도, 높은 압력하에서 두 개의 가벼운 원소가 충돌하여 하나의 무거운 핵으로 변할 때 질량 결손에 의해서 많은 양의 에너지가 방출되는 현상

06 다음은 제시된 반응식의 에너지 변화에 대한 그래프이다. 이에 대한 설명으로 옳은 것을 〈보기〉에서 모두 고르면?

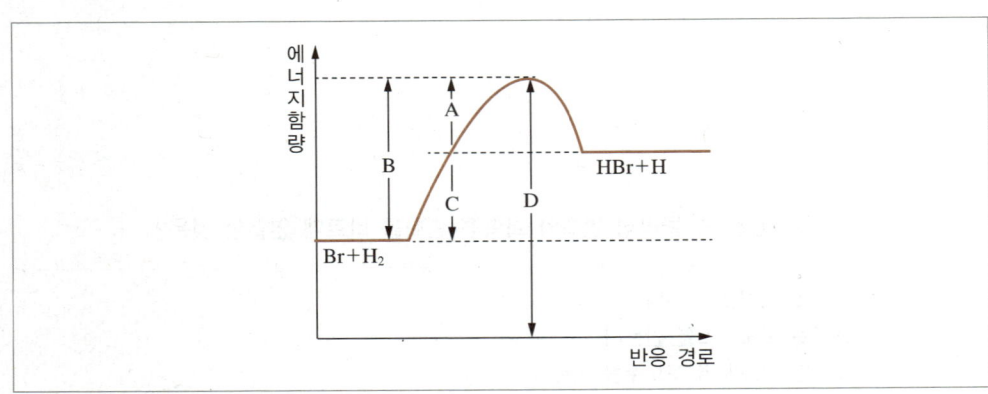

보기
㉠ 반응열을 나타낸 구간은 C이다.
㉡ 역반응이 진행될 때 활성화 에너지를 나타내는 구간은 B이다.
㉢ 이 반응이 진행되는 시험관을 물이 든 비커에 넣어 반응시키면 비커 속 물의 온도는 올라간다.
㉣ 촉매를 가하여도 변하지 않는 구간은 C이다.

① ㉠, ㉡　　　　　　　　② ㉠, ㉢
③ ㉠, ㉣　　　　　　　　④ ㉠, ㉡, ㉢
⑤ ㉡, ㉢, ㉣

07 다음은 인류 문명의 발달에 영향을 준 두 가지 원소에 대한 설명이다. (가)와 (나)에 해당하는 원소가 바르게 연결된 것은?

> - (가) : 현재 인류가 가장 많이 사용하는 금속으로 자연에서 대부분 산화물로 존재한다. 코크스를 이용한 제련 기술이 개발되면서 본격적으로 이 금속이 사용되기 시작하였다.
> - (나) : 하버와 보슈에 의해 처음으로 공업적 합성법이 개발되었다. 이를 통해 질소 비료를 대량 생산할 수 있게 되어 인류의 식량 문제를 해결하는 데 기여하였다.

	(가)	(나)
①	철	질산
②	철	암모니아
③	철	요소
④	구리	암모니아
⑤	구리	요소

08 다음은 서로 다른 탄화수소에 대한 자료이다. 이에 대한 설명으로 옳지 않은 것은?

구분	(가)	(나)	(다)	(라)
분자식	CH_4	C_2H_4	C_3H_6	C_6H_6
분자 구조	사슬 모양	사슬 모양	고리 모양	고리 모양

① (가)는 메테인으로 결합각은 109.5°이다.
② (나)는 에텐이며, 삼중결합을 한다.
③ (다)는 불포화 탄화수소인 사이클로프로페인이며, C원자 하나당 H원자 수는 2개이다.
④ (라)는 벤젠이며, 평면상에 존재한다.
⑤ (라)의 결합각(∠CCC)은 모두 120°로 같다.

09 다음 중 양성자를 구성하는 기본 입자는?

① 쿼크
② 이온
③ 분자
④ 중성자
⑤ 렙톤

10 다음에서 설명하는 원소는?

- 지질 시대의 생물이 땅 속에 묻혀 특정 환경에서 분해되어 만들어진 것의 주요 성분 원소이다.
- 광합성에 의해 생명 활동을 일으키는 물질 성분이 된다.
- 호흡이나 화석 연료의 연소반응에 의해 화합물로 전환되면서 순환한다.

① 산소
② 탄소
③ 질소
④ 수소
⑤ 철

11 다음은 산화 – 환원 반응을 알아보는 실험을 나타낸 그림으로, 비커에는 묽은 염산이 담겨져 있다. 실험 중 금속판을 비커에 넣었을 때, 아무 반응이 없는 금속판은?

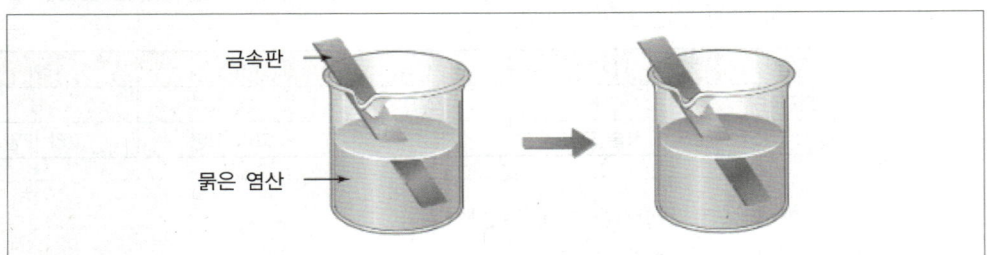

① Fe
② Zn
③ Cu
④ Al
⑤ Mg

12 다음은 숯(C)과 메테인(CH_4)의 연소를 나타낸 화학 반응식이다. 빈칸에 공통으로 들어가는 물질은?

- $C + \underline{} \rightarrow CO_2$
- $CH_4 + 2\underline{} \rightarrow CO_2 + 2H_2O$

① Ar ② H_2
③ O_2 ④ O_3
⑤ N_2

13 다음은 원자 A~D의 원자 번호와 중성자 수를 나타낸 것이다. 이에 대한 설명으로 옳은 것을 〈보기〉에서 모두 고르면?

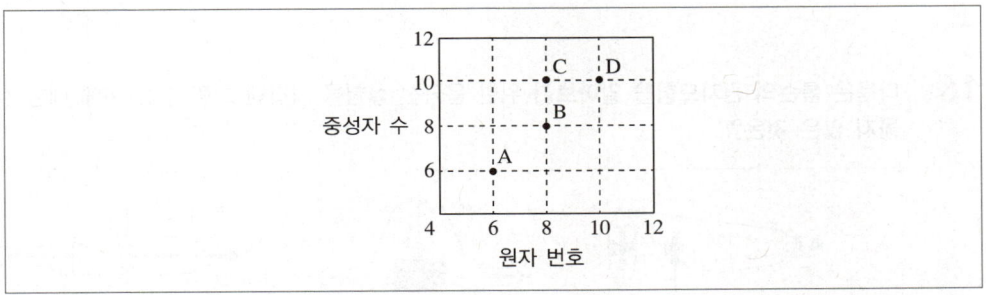

보기
㉠ A는 양성자 수와 중성자 수가 같다.
㉡ B와 C는 전자 수가 같다.
㉢ C와 D는 동위 원소이다.

① ㉠ ② ㉢
③ ㉠, ㉡ ④ ㉡, ㉢
⑤ ㉠, ㉡, ㉢

14 다음 중 앙금 생성 반응에 대한 설명으로 옳지 않은 것은?

① 나트륨 이온과 칼륨 이온은 황화 이온으로 검출 가능하다.
② 폐수 속에 들어 있는 납 이온은 요오드화 이온으로 검출 가능하다.
③ 질산은 수용액과 염화나트륨 수용액을 넣으면 흰색의 염화은이 생성된다.
④ 탄산 이온의 검출은 바륨 이온이나 칼슘 이온이 포함된 수용액을 이용한다.
⑤ 물에 녹아 있는 두 종류의 전해질 수용액을 반응시킬 때, 물에 녹지 않는 물질이 생기는 반응을 말한다.

15 다음 중 물질의 반응 속도가 느려지는 경우에 해당하는 것은?

① 통나무를 잘게 쪼개면 더 잘 탄다.
② 부채질을 하면 숯불이 더 환하게 타오른다.
③ 음식을 냉장고에 넣으면 쉽게 상하지 않는다.
④ 이산화망가니즈를 넣으면 과산화수소가 빨리 분해된다.
⑤ 묽은 염산의 농도를 짙게 하면 마그네슘과 반응이 빨라진다.

16 다음은 톰슨의 원자모형을 알아보기 위한 음극선 실험을 나타낸 그림이다. 이에 대한 설명으로 옳지 않은 것은?

음극선의 진로에 장애물을 설치하면 그림자가 생긴다.
음극선의 진로에 바람개비를 설치하면 바람개비가 회전한다.
전기장에서 음극선의 진로가 (+)극 쪽으로 한다.

① 톰슨은 음극선 실험으로 전자를 발견하였다.
② 톰슨은 음극선 실험으로 원자핵을 발견하였다.
③ 그림자가 생기는 것은 음극선은 직진성을 가지고 있음을 알 수 있다.
④ 바람개비가 회전하는 것을 보고 음극선은 질량을 가진 입자임을 알 수 있다.
⑤ 음극선의 진로가 전기장에서 (+)극 쪽으로 휘는 것은 음극선이 음극을 띠는 것이다.

17 다음은 pH에 따른 지시약의 색깔에 대한 표이다. 빈칸에 들어갈 색을 바르게 짝지은 것은?

구분	산성	중성	염기성
리트머스	붉은색	보라색	푸른색
페놀프탈레인	무색	(나)	붉은색
메틸오렌지	(가)	주황색	노란색
BTB	노란색	녹색	(다)

    (가)   (나)   (다)
① 붉은색 무색 푸른색
② 붉은색 노란색 주황색
③ 붉은색 녹색 무색
④ 주황색 푸른색 무색
⑤ 노란색 푸른색 노란색

18 다음 설명에 해당하는 물질은?

- 암모니아 합성에 사용된다.
- 반응성이 낮아 과자 봉지의 충전재로 사용된다.
- 지구 대기 조성(부피비) 중 약 78%를 차지한다.

① 산소   ② 탄소
③ 질소   ④ 아르곤
⑤ 수소

19 다음 중 탐구 방법에서 연역적 방법과 귀납적 방법에 대한 내용으로 적절하지 않은 것은?

① 귀납적 탐구 방법은 여러 개의 가설을 설정하여 탐구 과정을 거친다.
② 귀납적 탐구 방법은 일반적 원리를 도출하는 것이다.
③ 연역적 탐구 방법에서 실험 결론이 가설과 다를 경우 가설을 수정한다.
④ 연역적 탐구 방법은 가설을 설정하고 탐구 설계를 시작한다.
⑤ 탐구 설계에서는 종속 변인과 독립 변인을 구별하여 수행한다.

20 다음은 (가)~(다) 분자의 구조식을 나타낸 그림이다. 이에 대한 설명으로 옳은 것을 〈보기〉에서 모두 고르면?

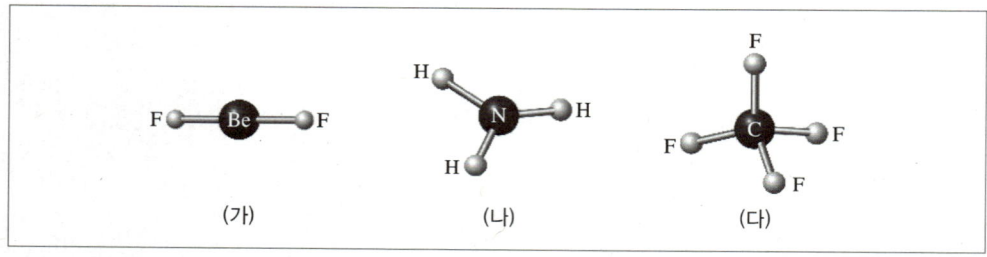

(가) (나) (다)

보기
㉠ 무극성 분자는 2개이다.
㉡ 입체구조는 1개이다.
㉢ (나)는 삼각뿔형으로 결합각이 제일 작다.
㉣ (가), (다) 분자에는 비공유 전자쌍이 없다.

① ㉠, ㉡　　　　　　　　② ㉠, ㉢
③ ㉡, ㉢　　　　　　　　④ ㉡, ㉣
⑤ ㉡, ㉢, ㉣

PART 2
최종점검 모의고사

S-OIL 생산직 온라인 필기시험
도서 동형 온라인 실전연습 서비스 — ATTN-00000-6A210

최종점검 모의고사

☑ 응시시간 : 50분   ☑ 문항 수 : 120문항

정답 및 해설 p.024

01 ▶ 언어력

※ 다음 제시된 단어의 대응 관계로 볼 때, 빈칸에 들어가기에 알맞은 것을 고르시오. **[1~8]**

01

국가 : 대한민국 = ( ) : 음악

① 예술
② 피아노
③ 악보
④ 작곡
⑤ 노래

02

마이크 : 스피커 = 키보드 : ( )

① 키보드 덮개
② 마우스
③ 모니터
④ 이어폰
⑤ 스캐너

03

가끔 : 이따금 = ( ) : 죽다

① 눕다
② 살다
③ 맞다
④ 날다
⑤ 숨지다

04 ( ) : 경쾌하다 = 패배 : 굴복

① 발걸음
② 가뿐하다
③ 참신하다
④ 흐무러지다
⑤ 흐드러지다

05 우애 : 돈독하다 = 대립 : ( )

① 녹록하다
② 충충하다
③ 첨예하다
④ 공변되다
⑤ 성사되다

06 상승 : 하강 = 질서 : ( )

① 규칙
② 약속
③ 혼돈
④ 예절
⑤ 자연

07 운명하다 : 사망하다 = 한가하다 : ( )

① 번거롭다
② 여유롭다
③ 알리다
④ 바쁘다
⑤ 미쁘다

08 가정맹어호 : 공자 = ( ) : 장자

① 소국과민
② 호접지몽
③ 새옹지마
④ 대기만성
⑤ 양두구육

※ 다음 제시된 단어의 대응 관계로 볼 때, 빈칸에 들어가기에 알맞은 것끼리 짝지어진 것을 고르시오.
[9~16]

09

편지 : ( ) = ( ) : 연고

① 전화, 수술 ② 종이, 약국
③ 우표, 상처 ④ 우체국, 붕대
⑤ 이메일, 면봉

10

늦잠 : ( ) = ( ) : 수질오염

① 숙면, 공기오염 ② 자명종, 식수
③ 버릇, 환경 ④ 불면, 바다
⑤ 지각, 폐수

11

명절 : ( ) = 양식 : ( )

① 추석, 호떡 ② 설날, 파스타
③ 세배, 짬뽕 ④ 새해, 떡국
⑤ 광복절, 우동

12

농부 : ( ) = ( ) : 채굴

① 경작, 돌 ② 광부, 광산
③ 수확, 광부 ④ 땅, 광산
⑤ 낫, 곡괭이

13 무게 : (   ) = 시간 : (   )

① 체중계, 체온계
② 저울, 시계
③ 중력, 거리
④ 증가, 정지
⑤ 중량, 촉박

14 별 : (   ) = 해 : (   )

① 쏘다, 뜨다
② 빛나다, 입다
③ 빛나다, 뜨다
④ 달, 여름
⑤ 뜨겁다, 크다

15 (   ) : 문학 = (   ) : 건축

① 사실, 원시
② 책, 창문
③ 소설, 바로크
④ 소설, 창문
⑤ 인문, 공학

16 암시 : (   ) = (   ) : 갈등

① 시사, 알력
② 귀띔, 해소
③ 계시, 발전
④ 충고, 칡덩굴
⑤ 복선, 잠재

※ 다음 제시된 단어와 동의 또는 유의 관계인 단어를 고르시오. [17~21]

17

| 간극 |

① 간헐 ② 극간
③ 간조 ④ 간섭
⑤ 간과

18

| 무릇 |

① 가령 ② 대개
③ 대저 ④ 도통
⑤ 비단

19

| 발전 |

① 동조 ② 진전
③ 발생 ④ 퇴보
⑤ 발주

20

| 는개 |

① 작달비 ② 안개비
③ 소나기 ④ 그믐치
⑤ 여우비

21

| 실팍하다 |

① 충실하다 ② 사무리다
③ 암만하다 ④ 노회하다
⑤ 사분사분하다

※ 다음 제시된 단어와 반의 관계인 단어를 고르시오. [22~26]

22

성실

① 근면 ② 성의
③ 정성 ④ 태만
⑤ 상실

23

비번

① 당번 ② 비근
③ 비견 ④ 번망
⑤ 야근

24

꿉꿉하다

① 강샘하다 ② 꽁꽁하다
③ 강마르다 ④ 눅눅하다
⑤ 끌탕하다

25

풍만하다

① 납신하다 ② 궁핍하다
③ 농단하다 ④ 몽매하다
⑤ 내외하다

26

뜨악하다

① 가멸다 ② 옹골지다
③ 푼푼하다 ④ 흐벅지다
⑤ 마뜩하다

※ 다음 중 서로 동의 또는 유의 관계인 단어 2개를 고르시오. [27~31]

27 ① 아성 ② 근거 ③ 유예 ④ 유린 ⑤ 요원

28 ① 운영 ② 이용 ③ 응용 ④ 원용 ⑤ 인용

29 ① 사려 ② 수긍 ③ 모반 ④ 반성 ⑤ 납득

30 ① 요약 ② 삭제 ③ 원조 ④ 개괄 ⑤ 기초

31 ① 개량 ② 부족 ③ 개선 ④ 승낙 ⑤ 거절

※ 다음 중 서로 반의 관계인 단어 2개를 고르시오. [32~36]

32 ① 존경 ② 존중 ③ 관심 ④ 숭배 ⑤ 멸시

33 ① 고정 ② 동결 ③ 이동 ④ 고착 ⑤ 불변

34 ① 모방 ② 농후 ③ 표류 ④ 희박 ⑤ 인위

35 ① 우량 ② 정착 ③ 전체 ④ 분산 ⑤ 집중

36 ① 막연 ② 발굴 ③ 매몰 ④ 급격 ⑤ 복잡

37 다음 글의 주제로 가장 적절한 것은?

> 우리는 혈연, 지연, 학연 등에 의거한 생활양식 내지 행위원리를 연고주의라 한다. 특히 이에 대해 지극히 부정적인 의미를 부여하며 대부분의 한국병이 연고주의와 직·간접적인 어떤 관련을 갖는 것으로 진단한다. 그러나 여기서 주목할 만한 한 가지 사실은 연고주의가 그 자체로서는 반드시 역기능적인 어떤 것으로 치부될 이유가 없다는 점이다.
> 연고주의는 그 자체로서 비판받아야 할 것이라기보다는 나름의 고유한 가치를 갖는 사회적 자산이다. 이미 공동체적 요인이 청산·해체되어 버리고, 공동체에 대한 기억마저 사라진 서구 선진사회의 사람들은 오히려 삭막하고 황량한 사회생활의 긴장으로부터 해방되기 위해 새로운 형태의 공동체를 모색·시도하고 있다. 그에 비하면 우리의 연고주의는 인간적 온기를 지닌 것으로 그 나름의 가치 있는 삶의 원리가 아닐 수 없다.

① 연고주의는 그 자체로서 고유한 가치를 갖는 사회적 자산이다.
② 연고주의는 반드시 역기능적인 면을 가지는 것은 아니다.
③ 연고주의는 인간적 온기를 느끼게 하는 삶의 활력소이다.
④ 오늘날 연고주의에 대해 부정적 의미를 부여하기 쉽다.
⑤ 연고주의는 계속해서 유지하고 보존해야 하는 것이다.

38 다음 글의 빈칸에 들어갈 내용으로 가장 적절한 것은?

> 질병(疾病)이란 유기체의 신체적, 정신적 기능이 비정상으로 된 상태를 일컫는다. 인간에게 있어 질병이란 넓은 의미에서는 극도의 고통을 비롯하여 스트레스, 사회적인 문제, 신체기관의 기능 장애와 죽음까지를 포괄하며, 넓게는 개인에서 벗어나 사회적으로 큰 맥락에서 이해되기도 한다.
> 하지만 다분히 진화 생물학적 관점에서, 질병은 인간의 몸 안에서 일어나는 정교하고도 합리적인 자기조절 과정이다. 질병은 정상적인 기능을 할 수 없는 상태임과 동시에, 진화의 역사 속에서 획득한 자기 치료 과정이 _____ 이기도 하다. 가령, 기침을 하고, 열이 나고, 통증을 느끼고, 염증이 생기는 것 따위는 자기 조절과 방어 시스템이 작동하는 과정인 것이다.

① 문제를 일으킨 상태
② 비일상적인 특이 상태
③ 정상적으로 가동하고 있는 상태
④ 인구의 개체 변이를 도모하는 상태
⑤ 보다 새로운 정보를 습득하려는 상태

39 다음 글의 내용으로 적절하지 않은 것은?

> 인간 사유의 결정적이고도 독창적인 비약은 시각적인 표시의 코드 체계의 발명에 의해서 이루어졌다. 시각적인 표시의 코드 체계에 의해 인간은 정확한 말을 결정하여 텍스트를 마련하고, 또 이해할 수 있게 된 것이다. 이것이 바로 진정한 의미에서의 '쓰기(Writing)'이다.
> 이러한 '쓰기'에 의해 코드화된 시각적인 표시는 말을 사로잡게 되고, 그 결과 그때까지 소리 속에서 발전해 온 정밀하고 복잡한 구조나 지시 체계의 특수한 복잡성이 그대로 시각적으로 기록될 수 있게 되고, 나아가서는 그러한 시각적인 기록으로 인해 그보다 훨씬 정교한 구조나 지시 체계가 산출될 수 있게 된다. 그러한 정교함은 구술적인 발화가 지니는 잠재력으로써는 도저히 이룩할 수 없는 정도의 것이다. 이렇듯 '쓰기'는 인간의 모든 기술적 발명 속에서도 가장 영향력이 큰 것이었으며, 지금도 그러하다. 쓰기는 말하기에 단순히 첨가된 것이 아니다. 왜냐하면 쓰기는 말하기를 구술 – 청각의 세계에서 새로운 감각의 세계, 즉 시각의 세계로 이동시킴으로써 말하기와 사고를 함께 변화시키기 때문이다.

① 인간은 시각적 코드 체계를 사용함으로써 말하기를 한층 정교한 구조로 만들었다.
② 인간은 쓰기를 통해서 정확한 말을 사용한 텍스트의 생산과 소통이 가능하게 되었다.
③ 인간은 쓰기를 통해 지시 체계의 복잡성을 기록함으로써 말하기와 사고의 변화를 일으킨다.
④ 인간은 정밀하고 복잡한 지시 체계를 통해 시각적 코드를 발명하였다.
⑤ 인간의 모든 기술적 발명 속에서도 '쓰기'는 예전이나 지금이나 가장 영향력이 크다.

40 다음 문장을 논리적 순서대로 바르게 나열한 것은?

> (가) 르네상스와 종교개혁을 거치면서 성립된 근대 계몽주의는 중세를 지배했던 신(神) 중심의 사고에서 벗어나 합리적 사유에 근거한 인간 해방을 추구하였다.
> (나) 하지만 이 같은 문명의 이면에는 환경 파괴와 물질만능주의, 인간소외와 같은 근대화의 병폐가 숨어 있었다.
> (다) 또한 계몽주의의 합리적 사고는 자연과학의 성립으로 이어졌으며, 우주와 자연에서 신비로운 요소를 걷어낸 과학 기술의 발전은 인류에게 그 어느 때보다 풍요로운 물질적 부를 가져왔다.
> (라) 인간의 무지로부터 비롯된 자연에 대한 공포가 종교적 세계관을 낳았지만, 계몽주의는 이성과 합리성을 통해 이를 극복하였다.

① (가) – (나) – (다) – (라)
② (가) – (다) – (나) – (라)
③ (라) – (가) – (다) – (나)
④ (라) – (나) – (다) – (가)
⑤ (라) – (다) – (가) – (나)

02 ▶ 수리력

※ 다음과 같이 일정한 규칙으로 수를 나열할 때, 빈칸에 들어갈 알맞은 수를 고르시오. [1~10]

01

| 2 | 4 | 11 | 6 | 12 | 19 | 14 | ( ) | 35 | 30 |

① 16
② 17
③ 22
④ 23
⑤ 28

02

| 3 | 9 | 27 | 81 | ( ) | 729 |

① 242
② 243
③ 244
④ 245
⑤ 246

03

| 41 | ( ) | 49 | 56 | 65 | 76 | 89 |

① 40
② 42
③ 43
④ 44
⑤ 45

04

| | 18 | 13 | 10.5 | 9.25 | ( ) | |

① 6.5
② 8.5
③ 8.625
④ 9.625
⑤ 10.5

05

| | 0.4 | 0.5 | 0.65 | 0.85 | 1.1 | ( ) | |

① 1.35
② 1.4
③ 1.45
④ 1.5
⑤ 1.55

06

| | 5 | 8 | 14 | 26 | 50 | 98 | ( ) | |

① 162
② 172
③ 182
④ 194
⑤ 204

07

| | 1 | 4 | 13 | 40 | 121 | ( ) | 1,093 | |

① 351
② 363
③ 364
④ 370
⑤ 392

08 6 5 7   11 10 12   26 25 ( )

① 27 ② 28
③ 29 ④ 30
⑤ 31

09 6 10 37   14 27 12   20 ( ) 7   43 1 9

① 20 ② 23
③ 26 ④ 29
⑤ 32

10 2 ( ) 10   4 -3 -10   -5 2 -8

① 4   ② 6
③ 8   ④ 12
⑤ 14

11 다음 수열의 15번째 항의 값은?

4　10　17　25　34　…

① 165　　　　　　　　　② 173
③ 179　　　　　　　　　④ 184
⑤ 189

12 다음 수열의 11번째 항의 값은?

0　3　8　15　24　35　…

① 80　　　　　　　　　② 99
③ 120　　　　　　　　　④ 143
⑤ 168

※ 다음은 일정한 규칙에 의해 나열한 수열이다. 적절하지 않은 것을 고르시오. **[13~14]**

13

A	8	4	① 10	② 5	−1	21	7	④ 30	18	−8
B	12	0	6	1	3	③ 17	11	26	22	⑤ −12

14

A	−2	−1	1.5	2	③ 1	4.3	3	6.5	8.2	7
B	① −1.5	② 0	3	4	3.5	7.3	④ 6.5	10.5	12.7	⑤ 12.5

15 A열차는 용산역에서 출발해 청량리역으로 가는 중이며 가는 길에는 440m 길이의 다리가 있다. A열차가 20m/s의 속력으로 다리를 완전히 통과하는 데 30초가 걸렸을 때, A열차의 길이는?

① 140m ② 150m
③ 160m ④ 170m
⑤ 180m

16 현재 현우의 나이는 30세이고, 조카의 나이는 5세이다. 현우의 나이가 조카 나이의 2배가 되는 것은 몇 년 후인가?

① 17년 후 ② 18년 후
③ 19년 후 ④ 20년 후
⑤ 21년 후

17 세희네 가족의 올해의 여름휴가 비용은 작년 대비 교통비는 15%, 숙박비는 24% 증가하여 전체 휴가비용이 20% 증가하였다. 작년 전체 휴가비용이 36만 원일 때, 올해 숙박비는?(전체 휴가비는 교통비와 숙박비의 합이다)

① 160,000원 ② 184,000원
③ 200,000원 ④ 248,000원
⑤ 260,000원

18 하루에 100대씩 자동차를 생산하는 공장이 있다. 주문량이 폭주하여 생산량의 30% 증가를 결정하게 되었는데, 이후 갑자기 주문량이 변경되어 이전에 증가하였던 물량의 20%를 줄일 수밖에 없게 되었다. 주문량 폭주 전과 비교하면 얼마만큼 생산변동이 생겼는가?

① 4대 증가 ② 4대 감소
③ 20대 감소 ④ 40대 증가
⑤ 40대 감소

19 물통에 물을 가득 채우는 데 A관은 10분, B관은 15분 걸린다. 두 관을 모두 사용하면 몇 분 만에 물을 가득 채울 수 있는가?

① 3분
② 4분
③ 5분
④ 6분
⑤ 7분

20 소금물 160g에 물 40g을 넣었더니 농도가 8%인 소금물이 되었다. 물을 넣기 전 처음 소금물의 농도는?

① 5%
② 10%
③ 15%
④ 20%
⑤ 25%

21 농도 4%의 설탕물 400g이 들어있는 컵을 방에 두고 자고 일어나서 보니 물이 증발하여 농도가 8%가 되었다. 남아있는 물의 양은?

① 100g
② 200g
③ 300g
④ 400g
⑤ 500g

22 사과 154개, 참외 49개, 토마토 63개 각각을 동일한 개수로 사람들에게 나누어 주려고 한다. 나누어 줄 수 있는 최대 인원은 몇 명인가?

① 5명 ② 6명
③ 7명 ④ 8명
⑤ 9명

23 S사의 해외사업부, 온라인 영업부, 영업지원부에서 각각 2명, 2명, 3명이 대표로 회의에 참석하기로 하였다. 자리배치는 원탁 테이블에 같은 부서 사람이 옆자리로 앉는다고 할 때, 7명이 앉을 수 있는 경우의 수는?

① 18가지 ② 24가지
③ 27가지 ④ 36가지
⑤ 48가지

24 한 개의 주사위를 두 번 던질 때, 두 눈의 합이 10 이상 나올 확률은?

① $\frac{1}{3}$ ② $\frac{1}{4}$
③ $\frac{1}{5}$ ④ $\frac{1}{6}$
⑤ $\frac{1}{7}$

※ 다음 중 제시된 도형과 같은 것을 고르시오(단, 도형은 회전이 가능하다). **[25~26]**

25

① 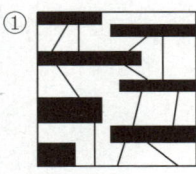   ②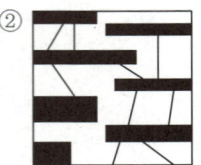

③ 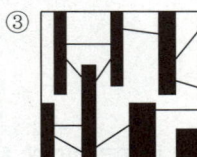   ④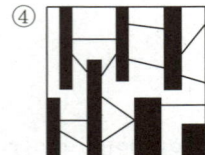

⑤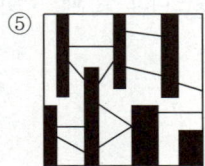

26

①

②

③

④

⑤

※ 다음 중 나머지 도형과 다른 것을 고르시오. [27~28]

27

①  ②

③  ④

⑤

28

①  ②

③  ④

⑤

29 다음 도형을 상하 반전한 후, 시계 반대 방향으로 270° 회전한 모양은?

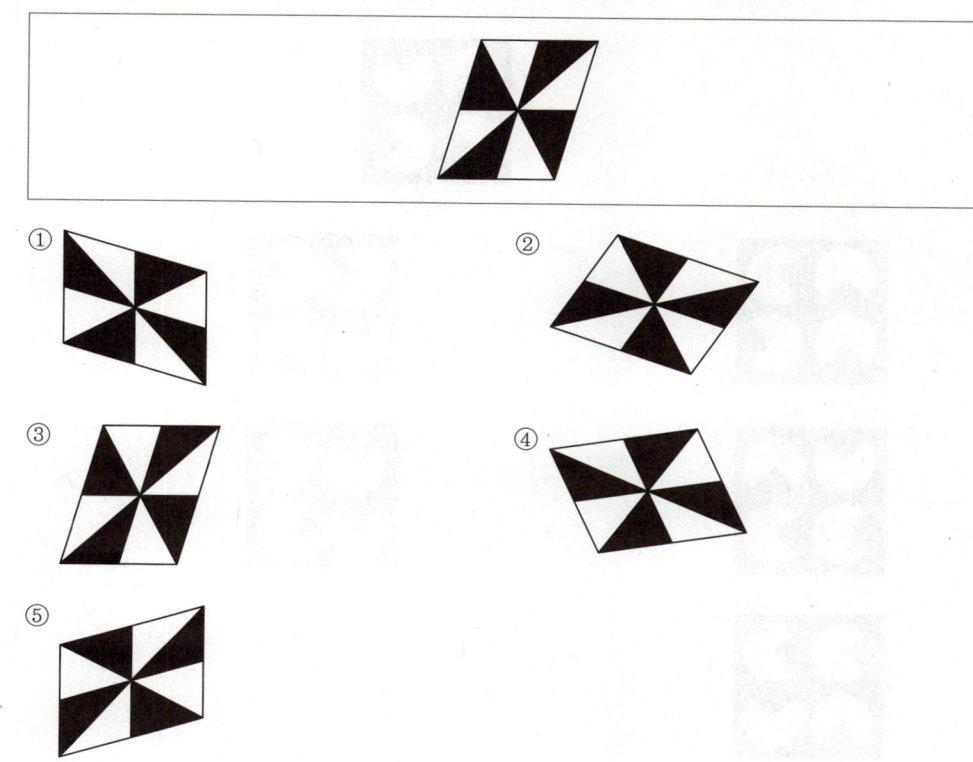

30 다음 도형을 좌우 반전한 후, 180° 회전한 모양은?

①  ②

③  ④

⑤

31 다음 도형을 시계 방향으로 90° 회전한 후, 좌우 반전한 모양은?

①

②

③

④

⑤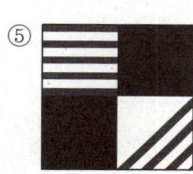

※ 제시된 〈조건〉을 이용해 식을 계산한 값으로 옳은 것을 고르시오. **[32~34]**

조건

$$a ☆ b = a^3 + 3ab - 2b$$
$$a ★ b = 2a - 3ab + b^3$$

32

| 2★7 |

① 301　　　　　　　　② 303
③ 305　　　　　　　　④ 307
⑤ 309

33

| 4☆5 |

① 113　　　　　　　　② 114
③ 115　　　　　　　　④ 116
⑤ 117

34

| (−3)★11 |

① 1,424　　　　　　　② 1,423
③ 1,422　　　　　　　④ 1,421
⑤ 1,420

※ 제시된 〈조건〉을 이용해 식을 계산한 값으로 옳은 것을 고르시오. [35~37]

조건

$$a \heartsuit b = (a+5)(b^2-5)$$
$$a \blacktriangledown b = \frac{3}{2}(a-b)$$

35

$25 \heartsuit 5$

① 500 ② 600
③ 700 ④ 800
⑤ 900

36

$137 \blacktriangledown 69$

① 102 ② 120
③ 201 ④ 210
④ 220

37

$10 \heartsuit (5 \blacktriangledown 7)$

① 40 ② 50
③ 60 ④ 70
⑤ 80

※ 제시된 〈조건〉을 이용해 식을 계산한 값으로 옳은 것을 고르시오. [38~40]

조건

$$a ♧ b = 3a - \frac{a}{b}$$

$$a ♣ b = \frac{b}{a} + 2b$$

38

$$27 ♧ 3$$

① 72
② 88
③ 99
④ 101
⑤ 111

39

$$4 ♣ 36$$

① 81
② 83
③ 85
④ 87
⑤ 89

40

$$(21 ♧ 7) ♣ \frac{5}{2}$$

① $\frac{111}{24}$
② $\frac{121}{24}$
③ $\frac{201}{24}$
④ $\frac{211}{24}$
⑤ $\frac{221}{24}$

03 ▶ 물리·화학

01 다음 중 (+)전하를 띠는 입자는?

① 광자
② 보손
③ 양성자
④ 중성자
⑤ 전자

02 다음 〈보기〉 중 힘의 방향이 변하지 않는 운동을 모두 고르면?

> **보기**
> ㉠ 포물선 궤도로 떨어지는 야구공
> ㉡ 지구 주변을 공전하는 인공위성
> ㉢ 바람이 안 부는 날 하늘에서 떨어지는 빗방울

① ㉠
② ㉢
③ ㉠, ㉢
④ ㉡, ㉢
⑤ ㉠, ㉡, ㉢

03 수평면 위에 놓인 물체에 수평 방향으로 8N의 힘을 가하였을 때, 가속도의 크기가 $2m/s^2$이었다. 이 물체의 질량은?(단, 마찰과 공기 저항은 무시한다)

① 1kg
② 2kg
③ 4kg
④ 8kg
⑤ 10kg

04 다음 〈보기〉 중 유체와 유체 속에서 작용하는 압력에 대한 설명으로 옳은 것을 모두 고르면?

> **보기**
> ㉠ 액체 또는 기체와 같이 흐를 수 있는 물질을 유체라고 한다.
> ㉡ 유체의 단위 면적에 작용하는 힘을 압력이라고 한다.
> ㉢ 유체 속에서 작용하는 압력의 단위로 N을 사용한다.

① ㉠
② ㉠, ㉡
③ ㉠, ㉢
④ ㉡, ㉢
⑤ ㉠, ㉡, ㉢

05 (+)로 대전된 막대를 전기적으로 중성인 검전기에 가까이 하였더니 금속박이 벌어졌다. 이때 다음 그림과 같이 손을 대면 일어나는 현상은 무엇인가?

① 금속박이 더 벌어진다.
② 전자가 손에서 검전기로 들어온다.
③ 금속박 사이에는 더욱 큰 척력이 작용한다.
④ 금속박에서 금속판으로 전자의 이동이 있다.
⑤ 전자의 이동이 없어 금속박의 변화가 없다.

06 다음 그림과 같이 물체가 수평면에서 4m 이동한다고 할 때, 물체가 받는 힘은?(단, 모든 마찰 및 공기저항은 무시한다)

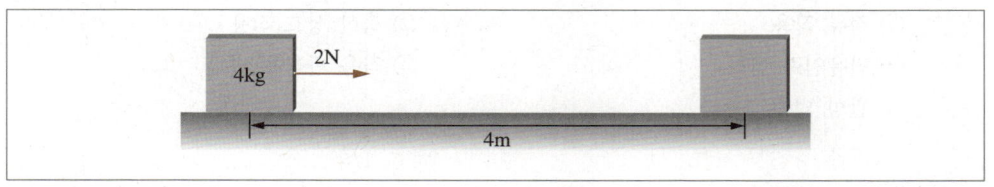

① 2J
② 4J
③ 8J
④ 16J
⑤ 32J

07 도르래의 두 물체가 다음 그림과 같이 운동하고 있을 때, 두 물체의 가속도는?(단, 중력가속도는 $10m/s^2$이고, 모든 마찰 및 공기 저항은 무시한다)

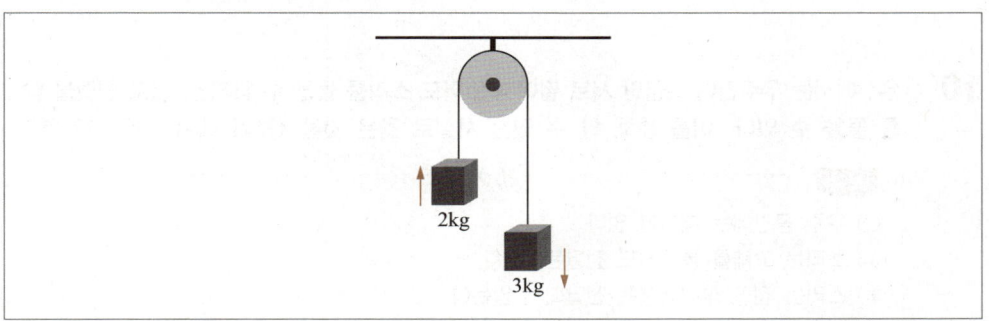

① $1m/s^2$
② $2m/s^2$
③ $3m/s^2$
④ $4m/s^2$
⑤ $5m/s^2$

08 다음 중 P형 반도체와 N형 반도체를 접합시킨 다이오드가 전류를 한쪽 방향으로만 흐르게 하는 작용은?

① 정류 작용
② 강한 상호 작용
③ 만유인력 법칙
④ 작용 반작용 법칙
⑤ 관성 법칙

09 다음 설명에 해당하는 파동은?

> • 매질이 없는 공간에서도 전파된다.
> • 파장에 따라 전파, 가시광선, 적외선, X선 등으로 분류된다.

① 종파
② 횡파
③ 초음파
④ 지진파
⑤ 전자기파

10 우주에서는 우주인이 조금만 서로 떨어져 있어도 소리를 들을 수 없지만, 서로 헬멧을 맞대면 소리를 들을 수 있다. 이를 통해 알 수 있는 사실로 옳은 것을 〈보기〉에서 모두 고르면?

> 보기
> ㉠ 우주 공간에는 대기가 없다.
> ㉡ 소리는 고체를 통해서도 전달된다.
> ㉢ 소리는 진공 상태에서는 전달되지 않는다.

① ㉠
② ㉠, ㉡
③ ㉠, ㉢
④ ㉡, ㉢
⑤ ㉠, ㉡, ㉢

11 다음은 같은 온도에서 각 기체의 평균 속도를 나타낸 것이다. 이 중 분자량이 가장 작은 것은?

기체	산소	질소	수소	탄소
평균 속도(km/s)	0.48	0.51	1.90	0.62

① 산소 ② 질소
③ 수소 ④ 탄소
⑤ 모두 같음

12 질량이 다른 물체 A, B가 수평면 위에 정지해 있다. 두 물체에 힘(F)을 일정하게 작용할 때 A, B의 가속도를 각각 a_A, a_B라 하면 $a_A : a_B$는?(단, 마찰은 무시한다)

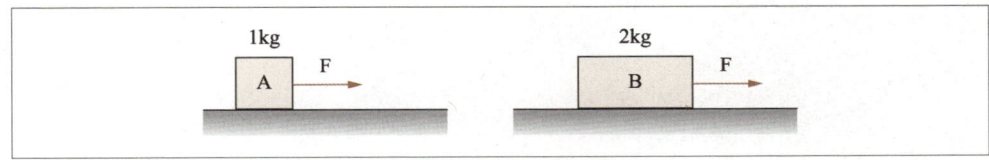

① 1:1 ② 2:1
③ 3:1 ④ 5:1
⑤ 1:2

13 그림 A~C와 같이 높이 h에서 가만히 놓은 공이 경사면을 따라 내려올 때, 지면에 도달하는 순간의 속력에 대한 설명으로 적절한 것은?(단, 공은 모두 동일하고, 모든 마찰은 무시한다)

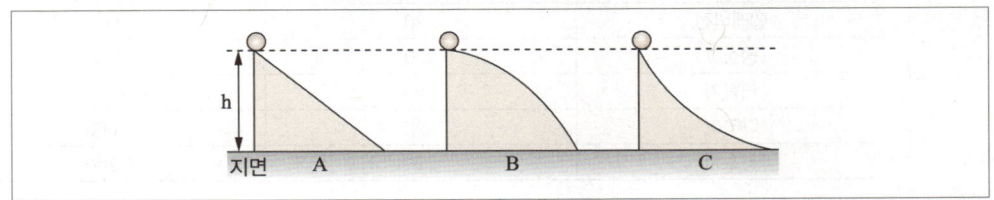

① A에서 가장 빠르다. ② B에서 가장 빠르다.
③ C에서 가장 빠르다. ④ 모두 같다.
⑤ 알 수 없다.

14 다음은 직선 도로에서 운동하는 물체의 속도를 시간에 따라 나타낸 것이다. 이 운동에 대한 해석으로 옳지 않은 것은?

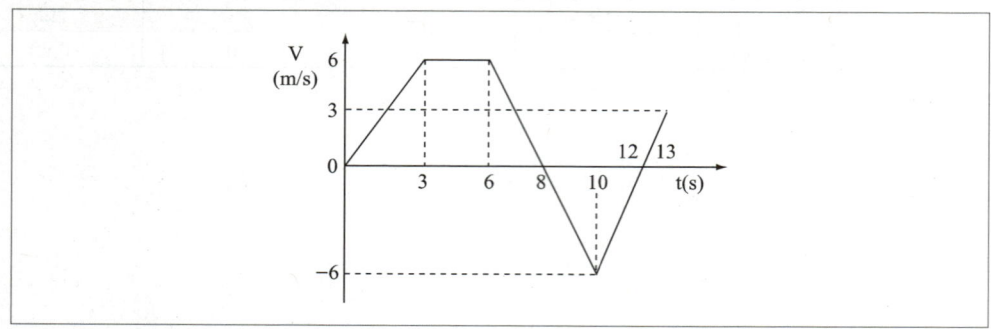

① 등속운동으로 이동한 거리는 18m이다.
② 이 물체의 운동 방향은 3번 바뀌었다.
③ 8초 동안의 이동거리는 33m이다.
④ 6초일 때의 위치와 10초일 때의 위치는 같다.
⑤ 3~6초 동안 이동한 거리는 18m이다.

15 다음은 어떤 가정에서 사용하는 전기기구의 소비 전력을 나타낸 것이다. 표에 주어진 전기기구를 모두 사용한다면, 이 가정의 배전관 퓨즈에 흐르는 전류는?

전기기구	정격 전압(V)	소비 전력(W)
텔레비전	220	220
냉장고	220	400
세탁기	220	900
다리미	220	1,560
청소기	220	1,100

① 16A   ② 17A
③ 18A   ④ 19A
⑤ 20A

16 다음 그림과 같이 같은 양의 물이 담긴 두 개의 컵 A, B가 있다. A는 마개를 덮고 B는 마개를 덮지 않았을 때, 둘 중 물의 온도가 더 낮아지는 것과 그 이유로 옳은 것은?

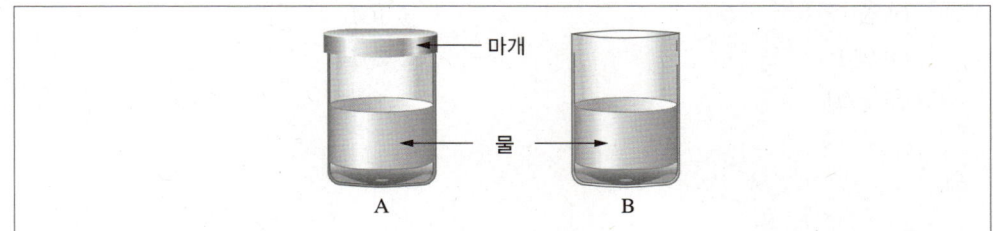

① A, 물이 기화하면서 열을 흡수하므로
② A, 물이 액화하면서 열을 방출하므로
③ B, 물이 기화하면서 열을 흡수하므로
④ B, 물이 액화하면서 열을 방출하므로
⑤ B, 물이 기화하면서 열을 방출하므로

17 다음 직렬과 병렬이 모두 있는 회로에서 (A)의 저항은?

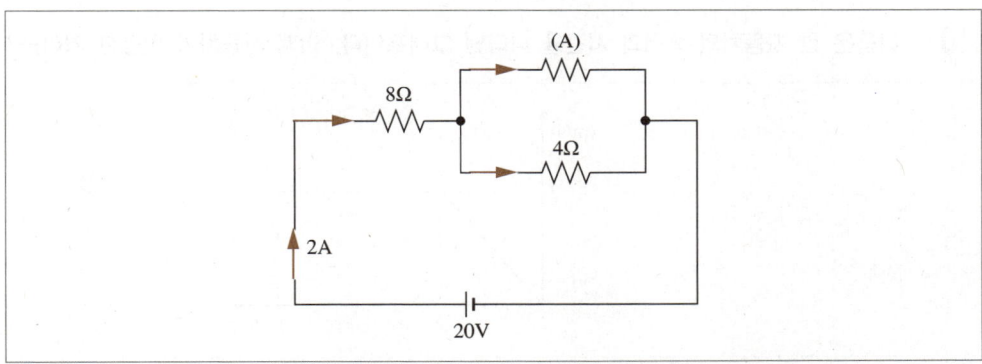

① 1Ω   ② 2Ω
③ 4Ω   ④ 8Ω
⑤ 16Ω

18 질량이 2kg인 어떤 물체가 5m/s의 속력으로 움직이고 있다. 이 물체가 정지할 때까지 할 수 있는 일의 양은?

① 5J ② 10J
③ 25J ④ 50J
⑤ 100J

19 다음 그림에서 수평이 되기 위해 필요한 막대의 무게는?

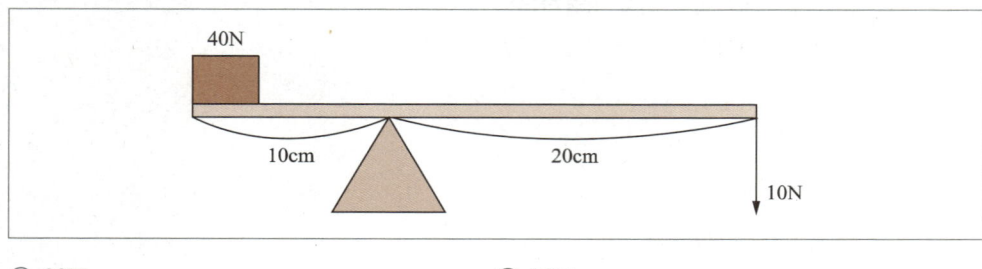

① 20N ② 30N
③ 40N ④ 50N
⑤ 60N

20 다음은 한 자동차의 속력과 시간을 나타낸 그래프이다. 이때 자동차가 이동한 거리는?

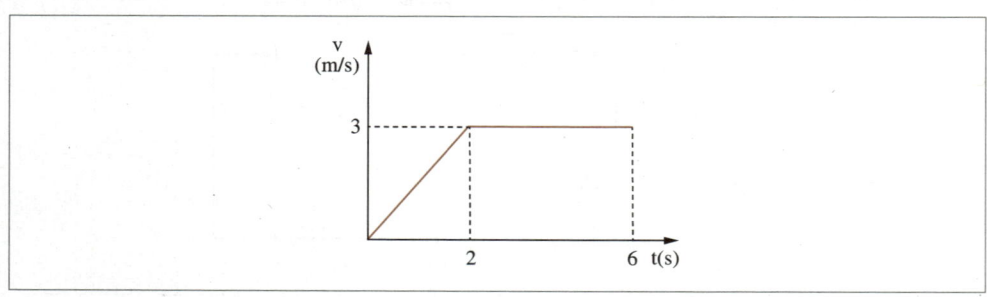

① 10m ② 15m
③ 20m ④ 25m
⑤ 30m

21 다음 설명에 해당하는 것은?

> • 우주에 가장 많이 존재하는 원소이다.
> • 양성자 1개와 전자 1개로 구성되어 있다.

① 철　　　　　　　　　② 수소
③ 질소　　　　　　　　④ 탄소
⑤ 산소

22 다음 중 물체의 밀도에 대한 설명으로 옳은 것은?(단, 물체는 고체 또는 액체인 경우이다)

① 온도가 높아지면 밀도는 감소한다.
② 압력이 낮아지면 밀도는 감소한다.
③ 물을 제외한 물체는 고체보다 액체일 때 밀도가 더 크다.
④ 밀도는 물질의 고유한 특성이 아니다.
⑤ 밀도는 부피를 질량으로 나눈 값이다.

23 다음은 메테인을 생성하는 화학 반응식이다. (가)에 해당하는 것은?

$$C + (\text{가}) \rightarrow CH_4$$

① H　　　　　　　　② H_2
③ $3H$　　　　　　　 ④ $2H_2$
⑤ $4H$

24 다음 중 분자 1개를 구성하는 원자 수가 가장 많은 것은?

① 산소(O_2) ② 수소(H_2)
③ 질소(N_2) ④ 암모니아(NH_3)
⑤ 물(H_2O)

25 다음 중 보어의 원자 모형에 대한 설명으로 옳지 않은 것은?

① 전자는 에너지를 방출하며 높은 전자껍질로 전이된다.
② 전자가 원자핵 주위의 일정한 궤도를 따라 원운동한다.
③ 에너지 준위가 가장 낮은 안정한 상태를 바닥상태라고 한다.
④ 원자핵에서 멀어질수록 전자껍질의 에너지 준위는 높아진다.
⑤ 수소 원자의 불연속적인 선 스펙트럼을 설명하기 위해 제안된 모형이다.

26 다음 〈보기〉 중 화석 연료에 대한 설명으로 옳은 것을 모두 고르면?

보기
㉠ 석유, 석탄 등이 대표적인 화석 연료이다.
㉡ 지질 시대의 생물이 땅 속에 묻혀 생성되었다.
㉢ 과다하게 사용해도 환경오염을 일으키지 않는다.

① ㉠   ② ㉢
③ ㉠, ㉡   ④ ㉡, ㉢
⑤ ㉠, ㉡, ㉢

27 다음 중 이온과 불꽃 반응색이 잘못 짝지어진 것은?

① Na – 노란색
② K – 보라색
③ Ca – 파란색
④ Cu – 청록색
⑤ Li – 붉은색

28 다음 제시된 전자기파(빛)를 파장이 긴 순서대로 바르게 나열한 것은?

㉠ 마이크로파	㉡ 적외선
㉢ X선	㉣ 가시광선
㉤ 자외선	

① ㉠ – ㉡ – ㉢ – ㉣ – ㉤
② ㉠ – ㉡ – ㉣ – ㉤ – ㉢
③ ㉠ – ㉣ – ㉡ – ㉤ – ㉢
④ ㉡ – ㉠ – ㉣ – ㉢ – ㉤
⑤ ㉡ – ㉠ – ㉣ – ㉤ – ㉢

29 다음 그림을 보고 원자모형의 변천과정을 순서대로 바르게 나열한 것은?

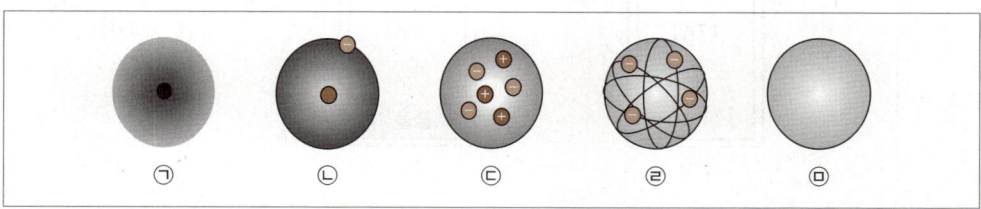

① ㉠ – ㉡ – ㉢ – ㉣ – ㉤
② ㉠ – ㉤ – ㉢ – ㉡ – ㉣
③ ㉤ – ㉢ – ㉡ – ㉠ – ㉣
④ ㉤ – ㉢ – ㉡ – ㉣ – ㉠
⑤ ㉤ – ㉣ – ㉡ – ㉢ – ㉠

30 다음 화학 반응식에 대한 설명으로 옳은 것은?

$$N_2 + 3H_2 \rightarrow 2NH_3$$

① N_2는 생성물이다.
② NH_3는 반응물이다.
③ 반응 전후의 몰수는 같다.
④ 반응 전후의 원자 수는 같다.
⑤ 반응 전후의 분자 수는 같다.

31 다음은 일정한 용기에 액체의 종류나 양을 다르게 하여 넣은 모습을 나타낸 것이다. 외부 압력을 그림과 같이 유지하면서 가열하였을 때, 끓는점을 바르게 비교한 것은?

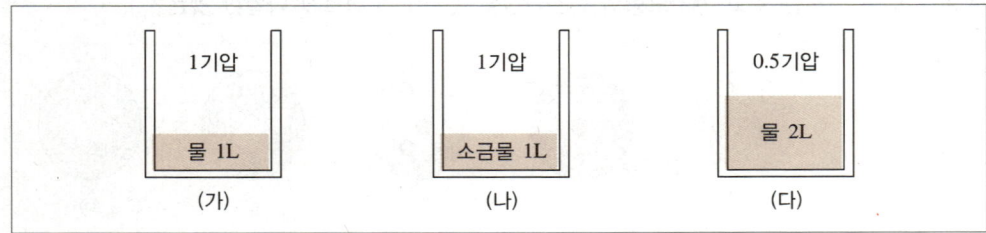

① (가)=(나)=(다)
② (나)>(가)>(다)
③ (나)>(다)=(가)
④ (다)=(가)>(나)
⑤ (다)>(가)>(나)

※ 다음은 물의 전기분해 실험을 나타낸 그림이다. 이어지는 질문에 답하시오. [32~33]

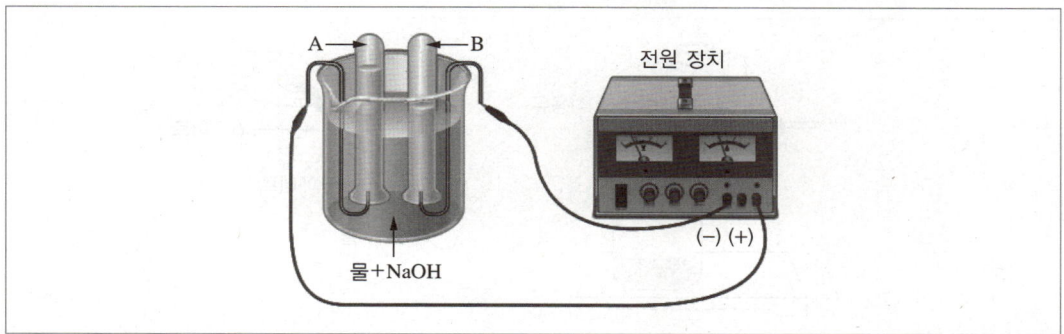

32 다음 중 물의 전기분해 실험 후 시험관 A, B에 들어있는 기체를 바르게 짝지은 것은?

	A	B
①	수증기	수소 기체
②	수소 기체	산소 기체
③	수소 기체	수소 기체
④	산소 기체	수소 기체
⑤	산소 기체	수증기

33 다음 중 위 실험에 대한 내용으로 옳지 않은 것은?

① 생성된 수소 기체의 부피는 산소 기체의 2배이다.
② 생성된 수소 기체와 산소 기체는 2원자 분자이다.
③ (+)극에서는 산소 기체, (-)극에서는 수소 기체가 발생한다.
④ 전해질로 수산화나트륨 대신 소량의 황산나트륨을 넣으면 전기분해를 할 수 없다.
⑤ 전해질인 수산화나트륨을 넣는 이유는 순수한 물에서는 전류가 거의 흐르지 않기 때문이다.

34 다음 액체 혼합물 분리 실험에서 물질의 특성 중 무엇을 이용했는가?

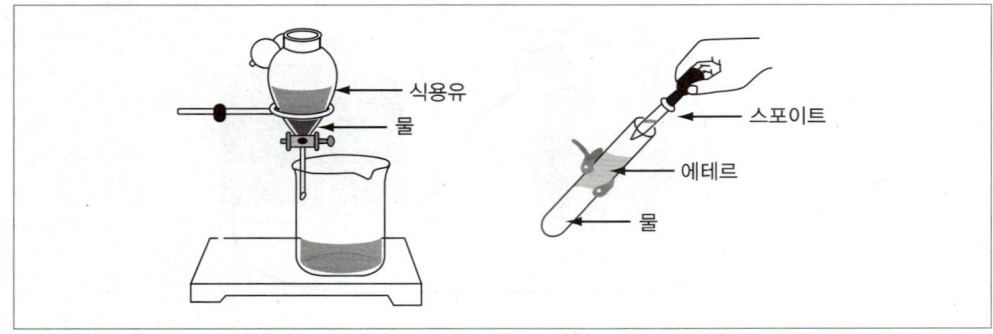

① 밀도
② 온도
③ 용해도
④ 농도
⑤ 비열

35 다음은 원자 A~C의 전자 수와 중성자 수를 나타낸 것이다. 이에 대한 설명으로 옳은 것을 〈보기〉에서 모두 고르면?

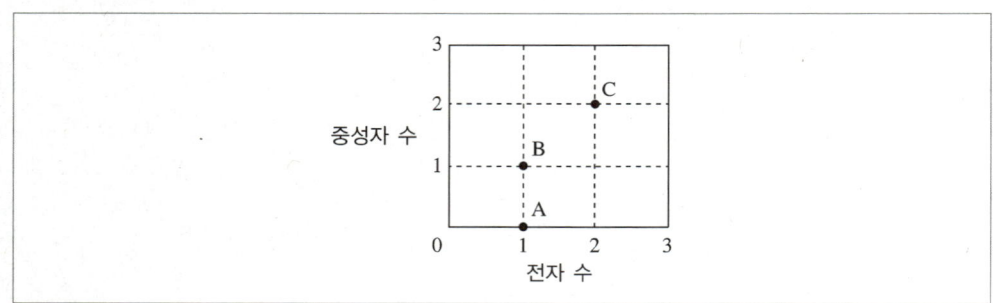

보기
㉠ A와 B는 양성자 수가 같다.
㉡ C의 원자 번호는 2이다.
㉢ 원자핵의 질량은 C가 A의 약 2배이다.

① ㉠
② ㉢
③ ㉠, ㉡
④ ㉡, ㉢
⑤ ㉠, ㉡, ㉢

36 다음은 몇 가지 원소들의 특징과 주기율표의 일부이다. 원소 A~E를 주기율표에 표시할 때 연속적으로 배열되는 세 원소를 모두 고르면?(단, A~E는 1~3주기 임의의 원소 기호이다)

- A : 원자 번호가 가장 작다.
- B : 총 전자 수는 8개이다.
- C : E보다 양성자 수가 1개 적다.
- D : B와 최외각 전자 수가 같다.
- E : 전자껍질이 2개이며 단원자 분자이다.

주기 \ 족	1	2	13	14	15	16	17	18
1								
2								
3								

① A, B, C ② A, B, D
③ B, C, E ④ B, D, E
⑤ C, D, E

37 다음은 몇 가지 물질의 입자를 모형으로 나타낸 것이다. 이에 대한 설명으로 옳은 것을 〈보기〉에서 모두 고르면?

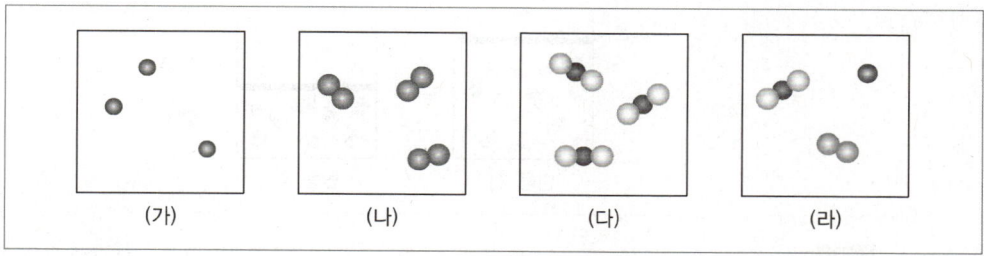

(가)   (나)   (다)   (라)

보기
㉠ (가)는 홑원소 물질이다.
㉡ (나)의 분자는 무극성이다.
㉢ (다)와 (라)는 혼합물이다.

① ㉡   ② ㉢
③ ㉠, ㉡ ④ ㉠, ㉢
⑤ ㉠, ㉡, ㉢

38 다음 설명에 해당하는 염기의 종류는?

> • 무색의 자극성 기체로 공기보다 가볍다.
> • 물에 잘 녹으며 이온화되어 약한 염기성을 나타낸다.
> • 합성 비료의 재료로 사용된다.
> • 염화수소(HCl)와 만나면 염화암모늄(NH_4Cl)을 만든다.

① 암모니아
② 수산화칼륨
③ 수산화칼슘
④ 수산화나트륨
⑤ 수산화마그네슘

39 다음은 실린더 속에서 기체 A와 B가 반응하여 기체 C를 생성하는 과정을 그림으로 나타낸 것이다. 이에 대한 설명으로 옳은 것을 〈보기〉에서 모두 고르면?(단, 온도와 압력은 일정하다)

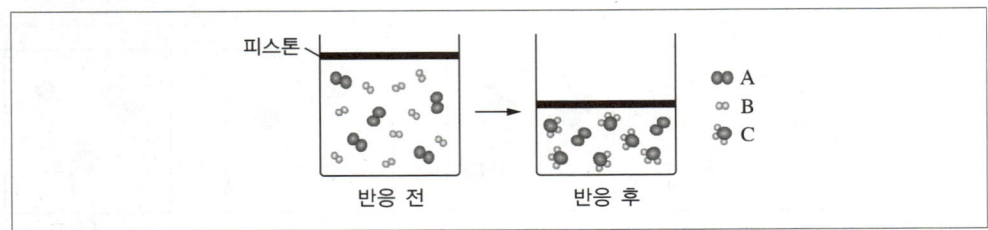

보기
㉠ 화학 반응식은 A+3B → 2C이다.
㉡ C의 분자량은 $\dfrac{(A의\ 분자량)+(B의\ 분자량)}{2}$이다.
㉢ 실린더 속 혼합 기체의 밀도는 반응 후가 반응 전보다 작다.

① ㉠
② ㉢
③ ㉠, ㉡
④ ㉡, ㉢
⑤ ㉠, ㉡, ㉢

40 다음은 지구 탄생 이후 현재까지 대기의 주요 성분 기체 A~C의 조성비를 나타낸 것이다. A~C는 각각 산소, 질소, 이산화탄소 중 하나이다. A~C에 해당하는 기체를 바르게 짝지은 것은?

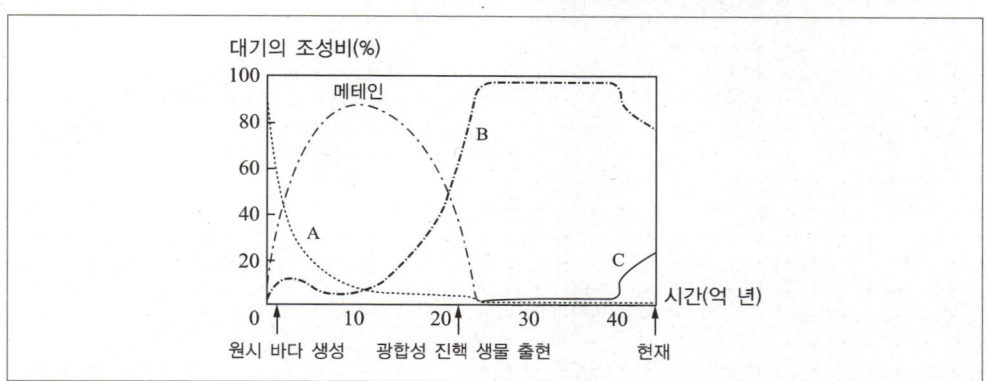

	A	B	C
①	산소	질소	이산화탄소
②	질소	산소	이산화탄소
③	질소	이산화탄소	산소
④	이산화탄소	산소	질소
⑤	이산화탄소	질소	산소

MEMO

PART 3

인성검사

PART 3 인성검사

개인이 업무를 수행하면서 능률적인 성과물을 만들기 위해서는 개인의 능력과 경험 그리고 회사에서의 교육 및 훈련 등이 필요하지만, 개인의 성격이나 성향 역시 중요하다. 여러 직무분석 연구에서 나온 결과들에 따르면, 직무에서의 성공과 관련된 특성들 중 최고 70% 이상이 능력보다는 성격과 관련이 있다고 한다. 따라서 최근 기업들은 인성검사의 비중을 높이고 있는 추세이다.

현재 기업들은 인성검사를 KIRBS(한국행동과학연구소)나 SHR(에스에이치알) 등의 전문기관에 의뢰해서 시행하고 있다. 전문기관에 따라서 인성검사 방법에 차이가 있고, 보안을 위해서 인성검사를 의뢰한 기업을 공개하지 않아 특정 기업의 인성검사를 정확하게 판단할 수 없지만, 지원자들이 후기에 올린 문제를 통해 인성검사 유형을 예상할 수 있다. 본서는 S-OIL의 인성검사와 수검요령 및 검사 시 유의사항에 대해 간략하게 정리하였다. 또한 인성검사 모의연습을 통해 실제 시험 유형을 확인할 수 있도록 하였다.

01 ▶ S-OIL 인성검사

S-OIL의 인재상과 적합한 인재인지 평가하는 테스트로, 지원자의 개인 성향이나 인성에 관한 질문으로 구성되어 있다.

(1) **문항 수** : 421문항
(2) **시간** : 60분
(3) **유형** : 각 문항에 대해, 자신의 성격에 맞게 '예', '아니요'를 선택하는 문제가 출제된다.

02 ▶ 인성검사 수검요령

인성검사는 특별한 수검요령이 없다. 다시 말하면 모범답안이 없고, 정답이 없다는 이야기다. 국어문제처럼 말뜻을 풀이하는 것도 아니다. 굳이 수검요령을 말하자면, 진실하고 솔직한 내 생각이 답변이라고 할 수 있을 것이다.

인성검사에서 가장 중요한 것은 첫째, 솔직한 답변이다. 지금까지의 경험을 통해 축적된 내 생각과 행동을 허구 없이 솔직하게 기재해야 한다. 예를 들어, "나는 타인의 물건을 훔치고 싶은 충동을 느껴본 적이 있다."라는 질문에 피검사자들은 많은 생각을 하게 된다. 생각해 보라. 유년기에 또는 성인이 되어서도 타인의 물건을 훔친 적은 없다 해도 마음속에서 훔치고 싶은 충동은 누구나 조금은 느껴보았을 것이다. 그런데 이 질문에 고민하는 사람이 간혹 있다. 이 질문에 "예"라고 대답하면 담당 검사관들이 나를 사회적으로 문제가 있는 사람으로 여기지는 않을까 하는 생각에 "아니요"라는 답을 기재하게 된다. 이런 솔직하지 않은 답변은 답변의 신뢰와 솔직함을 나타내는 타당성 척도에 좋지 않은 점수를 준다.

둘째, 일관성 있는 답변이다. 인성검사의 수많은 질문 문항 중에는 비슷한 뜻의 질문이 여러 개 숨어 있는 경우가 많다. 그 질문들은 피검사자의 솔직한 답변과 심리적인 상태를 알아보기 위해 내포되어 있는 문항들이다. 가령 "나는 유년시절 타인의 물건을 훔친 적이 있다."라는 질문에 "예"라고 대답했는데, "나는 유년시절 타인의 물건을 훔쳐보고 싶은 충동을 느껴본 적이 있다."라는 질문에는 "아니요"라는 답을 기재한다면 어떻겠는가. 일관성 없이 '대충 기재하자'라는 식의 심리적 무성의성 답변이 되거나, 정신적으로 문제가 있는 사람으로 보일 수 있다.

인성검사는 많은 문항 수를 풀어나가기 때문에 피검사자들은 지루함과 따분함, 반복된 뜻의 질문으로 인해 인내 상실 등이 나타날 수 있다. 인내하면서 솔직하게 내 생각을 대답하는 것이 무엇보다 중요한 요령이 될 것이다.

03 ▶ 인성검사 시 유의사항

(1) 충분한 휴식으로 불안을 없애고 정서적인 안정을 취한다. 심신이 안정되어야 자신의 마음을 표현할 수 있다.

(2) 생각나는 대로 솔직하게 응답한다. 자신을 너무 과대포장하지도, 너무 비하시키지도 마라. 답변을 꾸며서 하면 앞뒤가 맞지 않게끔 구성돼 있어 불리한 평가를 받게 되므로 솔직하게 답하도록 한다.

(3) 검사문항에 대해 지나치게 생각해서는 안 된다. 지나치게 몰두하면 엉뚱한 답변이 나올 수 있으므로 불필요한 생각은 삼간다.

(4) 검사시간에 너무 신경 쓸 필요는 없다. 인성검사는 시간제한이 없는 경우가 많으며 있다 해도 시간은 충분하다.

(5) 인성검사는 대개 문항 수가 많기에 자칫 건너뛰는 경우가 있는데, 가능한 한 모든 문항에 답해야 한다. 응답하지 않은 문항이 많을 경우 평가자가 정확한 평가를 내리지 못해 불리한 평가를 내릴 수 있기 때문이다.

04 ▶ 인성검사 모의연습

※ 인성검사는 정답이 따로 없는 유형의 검사이므로 결과지를 제공하지 않습니다.

※ 다음 질문내용을 읽고 본인에 해당하는 응답의 '예', '아니요'에 ○표 하시오. [1~133]

번호	질문	응답	
1	조심스러운 성격이라고 생각한다.	예	아니요
2	사물을 신중하게 생각하는 편이라고 생각한다.	예	아니요
3	동작이 기민한 편이다.	예	아니요
4	포기하지 않고 노력하는 것이 중요하다.	예	아니요
5	일주일의 계획을 만드는 것을 좋아한다.	예	아니요
6	노력의 여하보다 결과가 중요하다.	예	아니요
7	자기주장이 강하다.	예	아니요
8	장래의 일을 생각하면 불안해질 때가 있다.	예	아니요
9	소외감을 느낄 때가 있다.	예	아니요
10	훌쩍 여행을 떠나고 싶을 때가 자주 있다.	예	아니요
11	대인관계가 귀찮다고 느낄 때가 있다.	예	아니요
12	자신의 권리를 주장하는 편이다.	예	아니요
13	낙천가라고 생각한다.	예	아니요
14	싸움을 한 적이 없다.	예	아니요
15	자신의 의견을 상대에게 잘 주장하지 못한다.	예	아니요
16	좀처럼 결단하지 못하는 경우가 있다.	예	아니요
17	하나의 취미를 오래 지속하는 편이다.	예	아니요
18	한번 시작한 일은 반드시 끝을 맺는다.	예	아니요
19	행동으로 옮기기까지 시간이 걸린다.	예	아니요
20	다른 사람들이 하지 못하는 일을 하고 싶다.	예	아니요
21	해야 할 일은 신속하게 처리한다.	예	아니요
22	병이 아닌지 걱정이 들 때가 있다.	예	아니요
23	다른 사람의 충고를 기분 좋게 듣는 편이다.	예	아니요
24	다른 사람에게 의존적일 때가 많다.	예	아니요
25	타인에게 간섭받는 것은 싫다.	예	아니요
26	자의식 과잉이라는 생각이 들 때가 있다.	예	아니요
27	수다를 좋아한다.	예	아니요
28	잘못된 일을 한 적이 한 번도 없다.	예	아니요
29	모르는 사람과 이야기하는 것은 용기가 필요하다.	예	아니요
30	끙끙거리며 생각할 때가 있다.	예	아니요
31	다른 사람에게 항상 움직이고 있다는 말을 듣는다.	예	아니요
32	매사에 얽매인다.	예	아니요
33	잘하지 못하는 게임은 하지 않으려고 한다.	예	아니요
34	어떠한 일이 있어도 출세하고 싶다.	예	아니요
35	막무가내라는 말을 들을 때가 많다.	예	아니요

번호	질문	응답	
36	신경이 예민한 편이라고 생각한다.	예	아니요
37	쉽게 침울해한다.	예	아니요
38	쉽게 싫증을 내는 편이다.	예	아니요
39	옆에 사람이 있으면 싫다.	예	아니요
40	토론에서 이길 자신이 있다.	예	아니요
41	친구들과 남의 이야기를 하는 것을 좋아한다.	예	아니요
42	푸념을 한 적이 없다.	예	아니요
43	남과 친해지려면 용기가 필요하다.	예	아니요
44	통찰력이 있다고 생각한다.	예	아니요
45	집에서 가만히 있으면 기분이 우울해진다.	예	아니요
46	매사에 느긋하고 차분하게 매달린다.	예	아니요
47	좋은 생각이 떠올라도 실행하기 전에 여러모로 검토한다.	예	아니요
48	누구나 권력자를 동경하고 있다고 생각한다.	예	아니요
49	몸으로 부딪혀 도전하는 편이다.	예	아니요
50	당황하면 갑자기 땀이 나서 신경 쓰일 때가 있다.	예	아니요
51	친구들이 진지한 사람으로 생각하고 있다.	예	아니요
52	감정적으로 행동할 때가 많다.	예	아니요
53	다른 사람의 일에 관심이 없다.	예	아니요
54	다른 사람으로부터 지적받는 것은 싫다.	예	아니요
55	지루하면 마구 떠들고 싶어진다.	예	아니요
56	부모에게 불평을 한 적이 한 번도 없다.	예	아니요
57	내성적이라고 생각한다.	예	아니요
58	돌다리도 두들기고 건너는 타입이라고 생각한다.	예	아니요
59	굳이 말하자면 시원시원하다.	예	아니요
60	끈기가 강하다.	예	아니요
61	전망을 세우고 행동할 때가 많다.	예	아니요
62	일에는 결과가 중요하다고 생각한다.	예	아니요
63	활력이 있다.	예	아니요
64	항상 천재지변을 당하지는 않을까 걱정한다.	예	아니요
65	때로는 후회할 때도 있다.	예	아니요
66	다른 사람에게 위해를 가할 것 같은 기분이 들 때가 있다.	예	아니요
67	진정으로 마음을 허락할 수 있는 사람은 없다.	예	아니요
68	기다리는 것에 쉽게 짜증내는 편이다.	예	아니요
69	친구들로부터 줏대 없는 사람이라는 말을 듣는다.	예	아니요
70	사물을 과장해서 말한 적은 없다.	예	아니요
71	인간관계가 폐쇄적이라는 말을 듣는다.	예	아니요
72	매사에 신중한 편이라고 생각한다.	예	아니요
73	눈을 뜨면 바로 일어난다.	예	아니요
74	난관에 봉착해도 포기하지 않고 열심히 해본다.	예	아니요
75	실행하기 전에 재확인할 때가 많다.	예	아니요

번호	질문	응답	
76	리더로서 인정을 받고 싶다.	예	아니요
77	어떤 일이 있어도 의욕을 가지고 열심히 하는 편이다.	예	아니요
78	다른 사람의 감정에 민감하다.	예	아니요
79	남을 배려하는 마음씨가 있다는 말을 종종 듣는다.	예	아니요
80	사소한 일로 우는 일이 많다.	예	아니요
81	반대에 부딪혀도 자신의 의견을 바꾸는 일은 없다.	예	아니요
82	누구와도 편하게 이야기할 수 있다.	예	아니요
83	가만히 있지 못할 정도로 침착하지 못할 때가 있다.	예	아니요
84	다른 사람을 싫어한 적은 한 번도 없다.	예	아니요
85	그룹 내에서는 누군가의 주도하에 따라가는 경우가 많다.	예	아니요
86	차분하다는 말을 듣는다.	예	아니요
87	스포츠 선수가 되고 싶다고 생각한 적이 있다.	예	아니요
88	모두가 싫증을 내는 일도 혼자서 열심히 한다.	예	아니요
89	휴일은 세부적인 계획을 세우고 보낸다.	예	아니요
90	완성된 것보다 미완성인 것에 흥미가 있다.	예	아니요
91	잘하지 못하는 것이라도 자진해서 한다.	예	아니요
92	가만히 있지 못할 정도로 불안해질 때가 많다.	예	아니요
93	자주 깊은 생각에 잠긴다.	예	아니요
94	이유도 없이 다른 사람과 부딪힐 때가 있다.	예	아니요
95	타인의 일에는 별로 관여하고 싶지 않다고 생각한다.	예	아니요
96	무슨 일이든 자신감을 가지고 행동한다.	예	아니요
97	유명인과 서로 아는 사람이 되고 싶다.	예	아니요
98	지금까지 후회를 한 적이 없다.	예	아니요
99	의견이 다른 사람과는 어울리지 않는다.	예	아니요
100	무슨 일이든 생각해 보지 않으면 만족하지 못한다.	예	아니요
101	다소 무리를 하더라도 쉽게 피로해지지 않는다.	예	아니요
102	굳이 말하자면 장거리 주자에 어울린다고 생각한다.	예	아니요
103	여행을 가기 전에는 세세한 계획을 세운다.	예	아니요
104	능력을 살릴 수 있는 일을 하고 싶다.	예	아니요
105	성격이 시원시원하다고 생각한다.	예	아니요
106	굳이 말하자면 자의식 과잉이다.	예	아니요
107	스스로를 쓸모없는 인간이라고 생각할 때가 있다.	예	아니요
108	주위의 영향을 받기 쉽게 받는다.	예	아니요
109	지인을 발견해도 만나고 싶지 않을 때가 많다.	예	아니요
110	다수의 반대가 있더라도 자신의 생각대로 행동한다.	예	아니요
111	번화한 곳에 외출하는 것을 좋아한다.	예	아니요
112	지금까지 다른 사람의 마음에 상처준 일이 없다.	예	아니요
113	다른 사람에게 소개되는 것을 좋아한다.	예	아니요
114	실행하기 전에 재고하는 경우가 많다.	예	아니요
115	몸을 움직이는 것을 좋아한다.	예	아니요

번호	질문	응답	
116	완고한 편이라고 생각한다.	예	아니요
117	신중하게 생각하는 편이다.	예	아니요
118	커다란 일을 해보고 싶다.	예	아니요
119	계획을 생각하기보다 빨리 실행하기를 바란다.	예	아니요
120	작은 소리도 신경 쓰인다.	예	아니요
121	자질구레한 걱정이 많다.	예	아니요
122	이유도 없이 화가 치밀 때가 있다.	예	아니요
123	융통성이 없는 편이다.	예	아니요
124	다른 사람보다 기가 세다.	예	아니요
125	다른 사람보다 쉽게 우쭐해진다.	예	아니요
126	다른 사람을 의심한 적이 한 번도 없다.	예	아니요
127	어색해지면 입을 다무는 경우가 많다.	예	아니요
128	하루의 행동을 반성하는 경우가 많다.	예	아니요
129	격렬한 운동도 그다지 힘들어하지 않는다.	예	아니요
130	새로운 일에 처음 한 발을 좀처럼 떼지 못한다.	예	아니요
131	앞으로의 일을 생각하지 않으면 진정이 되지 않는다.	예	아니요
132	인생에서 중요한 것은 높은 목표를 갖는 것이다.	예	아니요
133	무슨 일이든 선수를 쳐야 이긴다고 생각한다.	예	아니요

MEMO

PART 4 면접

CHAPTER 01 면접 유형 및 실전 대책
CHAPTER 02 S-OIL 실제 면접

CHAPTER 01 면접 유형 및 실전 대책

01 ▶ 면접 주요사항

면접의 사전적 정의는 면접관이 지원자를 직접 만나보고 인품(人品)이나 언행(言行) 따위를 시험하는 일로, 흔히 필기시험 후에 최종적으로 심사하는 방법이다.

최근 주요 기업의 인사담당자들을 대상으로 채용 시 면접이 차지하는 비중을 설문조사했을 때, 50 ~ 80% 이상이라고 답한 사람이 전체 응답자의 80%를 넘었다. 이와 대조적으로 지원자들을 대상으로 취업 시험에서 면접을 준비하는 기간을 물었을 때, 대부분의 응답자가 2 ~ 3일 정도라고 대답했다.

지원자가 일정 수준의 스펙을 갖추기 위해 자격증 시험과 토익을 치르고 이력서와 자기소개서까지 쓰다 보면 면접까지 챙길 여유가 없는 것이 사실이다. 그리고 서류전형과 인적성검사를 통과해야만 면접을 볼 수 있기 때문에 자연스럽게 면접은 취업시험 과정에서 그 비중이 작아질 수밖에 없다. 하지만 아이러니하게도 실제 채용 과정에서 면접이 차지하는 비중은 절대적이라고 해도 과언이 아니다.

기업들은 채용 과정에서 토론 면접, 인성 면접, 프레젠테이션 면접, 역량 면접 등의 다양한 면접을 실시한다. 1차 커트라인이라고 할 수 있는 서류전형을 통과한 지원자들의 스펙이나 능력은 서로 엇비슷하다고 판단되기 때문에 서류상 보이는 자격증이나 토익 성적보다는 지원자의 인성을 파악하기 위해 면접을 더욱 강화하는 것이다. 일부 기업은 의도적으로 압박 면접을 실시하기도 한다. 지원자가 당황할 수 있는 질문을 던져서 그것에 대한 지원자의 반응을 살펴보는 것이다.

면접은 다르게 생각한다면 '나는 누구인가?'에 대한 물음에 해답을 줄 수 있는 가장 현실적이고 미래적인 경험이 될 수 있다. 취업난 속에서 자격증을 취득하고 토익 성적을 올리기 위해 앞만 보고 달려온 지원자들은 자신에 대해서 고민하고 탐구할 수 있는 시간을 평소 쉽게 가질 수 없었을 것이다. 자신을 잘 알고 있어야 자신에 대해서 자신감 있게 말할 수 있다. 대체로 사람들은 자신에게 관대한 편이기 때문에 자신에 대해서 어떤 기대와 환상을 가지고 있는 경우가 많다. 하지만 면접은 제삼자에 의해 개인의 능력을 객관적으로 평가받는 시험이다. 어떤 지원자들은 다른 사람에게 자신을 표현하는 것을 어려워한다. 평소에 잘 사용하지 않는 용어를 내뱉으면서 거창하게 자신을 포장하는 지원자도 많다. 면접에서 가장 기본은 자기 자신을 면접관에게 알기 쉽게 표현하는 것이다.

이러한 표현을 바탕으로 자신이 앞으로 하고자 하는 것과 그에 대한 이유를 설명해야 한다. 최근에는 자신감을 향상시키거나 말하는 능력을 높이는 학원도 많기 때문에 얼마든지 자신의 단점을 극복할 수 있다.

1. 자기소개의 기술

자기소개를 시키는 이유는 면접자가 지원자의 자기소개서를 압축해서 듣고, 지원자의 첫인상을 평가할 시간을 가질 수 있기 때문이다. 면접을 위한 워밍업이라고 할 수 있으며, 첫인상을 결정하는 과정이므로 매우 중요한 순간이다.

(1) 정해진 시간에 자기소개를 마쳐야 한다.

쉬워 보이지만 의외로 지원자들이 정해진 시간을 넘기거나 혹은 빨리 끝내서 면접관에게 지적을 받는 경우가 많다. 본인이 면접을 받는 마지막 지원자가 아닌 이상, 정해진 시간을 지키지 않는 것은 수많은 지원자를 상대하기에 바쁜 면접관과 대기 시간에 지친 다른 지원자들에게 불쾌감을 줄 수 있다.

또한 회사에서 시간관념은 절대적인 것이므로 반드시 자기소개 시간을 지켜야 한다. 말하기는 1분에 200자 원고지 2장 분량의 글을 읽는 만큼의 속도가 가장 적당하다. 이를 A4 용지에 10point 글자 크기로 작성하면 반 장 분량이 된다.

(2) 간단하지만 신선한 문구로 자기소개를 시작하자.

요즈음 많은 지원자가 이 방법을 사용하고 있기 때문에 웬만한 소재의 문구가 아니면 면접관의 관심을 받을 수 없다. 이러한 문구는 시대적으로 유행하는 광고 카피를 패러디하는 경우와 격언 등을 인용하는 경우 그리고 지원한 회사의 CI나 경영이념, 인재상 등을 사용하는 경우 등이 있다. 지원자는 이러한 여러 문구 중에 자신의 첫인상을 북돋아 줄 수 있는 것을 선택해서 말해야 한다. 자신의 이름을 문구 속에 적절하게 넣어서 말한다면 좀 더 효과적인 자기소개가 될 것이다.

(3) 무엇을 먼저 말할 것인지 고민하자.

면접관이 많이 던지는 질문 중 하나가 지원동기이다. 그래서 성장기를 바로 건너뛰고, 지원한 회사에 들어오기 위해 대학에서 어떻게 준비했는지를 설명하는 자기소개가 대세이다.

(4) 면접관의 호기심을 자극해 관심을 불러일으킬 수 있게 말하라.

면접관에게 질문을 많이 받는 지원자의 합격률이 반드시 높은 것은 아니지만, 질문을 전혀 안 받는 것보다는 좋은 평가를 기대할 수 있다.

지원한 분야와 관련된 수상 경력이나 프로젝트 등을 말하는 것도 좋다. 이는 지원자의 업무 능력과 직접 연결되는 것이므로 효과적인 자기 홍보가 될 수 있다. 일부 지원자들은 자신만의 특별한 경험을 이야기하는데, 이때는 그 경험이 보편적으로 사람들의 공감대를 얻을 수 있는 것인지 다시 생각해봐야 한다.

(5) 마지막 고개를 넘기가 가장 힘들다.

첫 단추도 중요하지만, 마지막 단추도 중요하다. 하지만 왠지 격식을 따지는 인사말은 지나가는 인사말 같고, 다르게 하자니 예의에 어긋나는 것 같은 기분이 든다. 이때는 처음에 했던 자신만의 문구를 다시 한 번 말하는 것도 좋은 방법이다. 자연스러운 끝맺음이 될 수 있도록 적절한 연습이 필요하다.

2. 1분 자기소개 시 주의사항

(1) 자기소개서와 자기소개가 똑같다면 감점일까?

아무리 자기소개서를 외워서 말한다 해도 자기소개가 자기소개서와 완전히 똑같을 수는 없다. 자기소개서의 분량이 더 많고 회사마다 요구하는 필수 항목들이 있기 때문에 굳이 고민할 필요는 없다. 오히려 자기소개서의 내용을 잘 정리한 자기소개가 더 좋은 결과를 만들 수 있다. 하지만 자기소개서와 상반된 내용을 말하는 것은 적절하지 않다. 지원자의 신뢰성이 떨어진다는 것은 곧 불합격을 의미하기 때문이다.

(2) 말하는 자세를 바르게 익혀라.

지원자가 자기소개를 하는 동안 면접관은 지원자의 동작 하나하나를 관찰한다. 그렇기 때문에 바른 자세가 중요하다는 것은 우리가 익히 알고 있다. 하지만 문제는 무의식적으로 나오는 습관 때문에 자세가 흐트러져 나쁜 인상을 줄 수 있다는 것이다. 이러한 습관을 고칠 수 있는 가장 좋은 방법은 캠코더 등으로 자신의 모습을 담는 것이다. 거울을 사용할 경우에는 시선이 자꾸 자기 눈과 마주치기 때문에 집중하기 힘들다. 하지만 촬영된 동영상은 제삼자의 입장에서 자신을 볼 수 있기 때문에 많은 도움이 된다.

(3) 정확한 발음과 억양으로 자신 있게 말하라.

지원자의 모양새가 아무리 뛰어나도, 목소리가 작고 발음이 부정확하면 큰 감점을 받는다. 이러한 모습은 지원자의 좋은 점에까지 악영향을 끼칠 수 있다. 직장을 흔히 사회생활의 시작이라고 말하는 시대적 정서에서 사람들과 의사소통을 하는 데 문제가 있다고 판단되는 지원자는 부적절한 인재로 평가될 수밖에 없다.

3. 대화법

전문가들이 말하는 대화법의 핵심은 '상대방을 배려하면서 이야기하라.'는 것이다. 대화는 나와 다른 사람의 소통이다. 내용에 대한 공감이나 이해가 없다면 대화는 더 진전되지 않는다.
베스트셀러『카네기 인간관계론』의 작가인 철학자 카네기가 말하는 최상의 대화법은 자신의 경험을 토대로 이야기하는 것이다. 즉, 살아오면서 직접 겪은 경험이 상대방의 관심을 끌 수 있는 가장 좋은 이야깃거리인 것이다. 특히, 어떤 일을 이루기 위해 노력하는 과정에서 겪은 실패나 희망에 대해 진솔하게 얘기한다면 상대방은 어느새 당신의 편에 서서 그 이야기에 동조할 것이다.
독일의 사업가이자 동기부여 트레이너인 위르겐 힐러의 연설법 중 가장 유명한 것은 '시즐(Sizzle)'을 잡는 것이다. 시즐이란, 새우튀김이나 돈가스가 기름에서 지글지글 튀겨질 때 나는 소리이다. 즉, 자신의 말을 듣고 시즐처럼 반응하는 상대방의 감정에 적절하게 대응하라는 것이다.
말을 시작한 지 10~15초 안에 상대방의 '시즐'을 알아차려야 한다. 자신의 이야기에 대한 상대방의 첫 반응에 따라 말하기 전략도 달라져야 한다. 첫 이야기의 반응이 미지근하다면 가능한 한 그 이야기를 빨리 마무리하고 새로운 이야깃거리를 생각해내야 한다. 길지 않은 면접 시간 내에 몇 번 오지 않는 대답의 기회를 살리기 위해서 보다 전략적이고 냉철해야 하는 것이다.

4. 차림새

(1) 구두

면접에 어떤 옷을 입어야 할지를 며칠 동안 고민하면서 정작 구두는 면접 보는 날 현관을 나서면서 즉흥적으로 선택하는 지원자들이 많다. 구두를 보면 그 사람의 됨됨이를 알 수 있다고 한다. 면접관 역시 이러한 것을 놓치지 않기 때문에 지원자는 자신의 구두에 더욱 신경을 써야 한다. 스타일의 마무리는 발끝에서 이루어지는 것이다. 아무리 멋진 옷을 입고 있어도 구두가 어울리지 않는다면 전체 스타일이 흐트러지기 때문이다.

정장용 구두는 디자인이 깔끔하고, 에나멜 가공처리를 하여 광택이 도는 페이턴트 가죽 소재 제품이 무난하다. 검정 계열 구두는 회색과 감색 정장에, 브라운 계열의 구두는 베이지나 갈색 정장에 어울린다. 참고로 구두는 오전에 사는 것보다 발이 충분히 부은 상태인 저녁에 사는 것이 좋다. 마지막으로 당연한 일이지만 반드시 면접을 보는 전날 구두 뒤축이 닳지는 않았는지 확인하고 구두에 광을 내 둔다.

(2) 양말

양말은 정장과 구두의 색상을 비교해서 골라야 한다. 특히 검정이나 감색의 진한 색상의 바지에 흰 양말을 신는 것은 시대에 뒤처지는 일이다. 양말의 색깔은 바지의 색깔과 같은 것이 좋다. 또한 양말의 길이도 신경 써야 한다. 바지를 입을 경우, 의자에 바르게 앉거나 다리를 꼬아서 앉을 때 다리털이 보여서는 안 된다. 반드시 긴 정장 양말을 신어야 한다.

(3) 정장

지원자는 평소에 정장을 입을 기회가 많지 않기 때문에 면접을 볼 때 본인 스스로도 옷을 어색하게 느끼는 경우가 많다. 옷을 불편하게 느끼기 때문에 자세마저 불안정한 지원자도 볼 수 있다. 그러므로 면접 전에 정장을 입고 생활해 보는 것도 나쁘지는 않다.

일반적으로 면접을 볼 때는 상대방에게 신뢰감을 줄 수 있는 남색 계열의 옷이나 어떤 계절이든 무난하고 깔끔해 보이는 회색 계열의 정장을 많이 입는다. 정장은 유행에 따라서 재킷의 디자인이나 버튼의 개수가 바뀌기 때문에 너무 오래된 옷을 입어서 다른 사람의 옷을 빌려 입고 나온 듯한 인상을 주어서는 안 된다.

(4) 헤어스타일과 메이크업

헤어스타일에 자신이 없다면 미용실에 다녀오거나 자신에게 어울리는 메이크업을 하는 것도 좋은 방법이다. 지나치게 화려한 메이크업이 아니라면 보다 준비된 지원자처럼 보일 수 있다.

5. 첫인상

취업을 위해 성형수술을 받는 사람들에 대한 이야기는 더 이상 뉴스거리가 되지 않는다. 그만큼 많은 사람이 좁은 취업문을 뚫기 위해 이미지 향상에 신경을 쓰고 있다. 이는 면접관에게 좋은 첫인상을 주기 위한 것으로, 지원서에 올리는 증명사진을 이미지 프로그램을 통해 수정하는 이른바 '사이버 성형'이 유행하는 것과 같은 맥락이다. 실제로 외모가 채용 과정에서 영향을 끼치는가에 대한 설문조사에서도 60% 이상의 인사담당자들이 그렇다고 답변했다.

하지만 외모와 첫인상을 절대적인 관계로 이해하는 것은 잘못된 판단이다. 외모가 첫인상에서 많은 부분을 차지하지만, 외모 외에 다른 결점이 발견된다면 그로 인해 장점들이 가려질 수도 있다. 이러한 현상은 아래에서 다시 논하겠다.

첫인상은 말 그대로 한 번밖에 기회가 주어지지 않으며 몇 초 안에 결정된다. 첫인상을 결정짓는 요소 중 시각적인 요소가 80% 이상을 차지한다. 첫눈에 들어오는 생김새나 복장, 표정 등에 의해서 결정되는 것이다. 면접을 시작할 때 자기소개를 시키는 것도 지원자별로 첫인상을 평가하기 위해서이다. 첫인상이 중요한 이유는 만약 첫인상이 부정적으로 인지될 경우, 지원자의 다른 좋은 면까지 거부당하기 때문이다. 이러한 현상을 심리학에서는 초두효과(Primacy Effect)라고 한다. 한 번 형성된 첫인상은 여간해서 바꾸기 힘들다. 이는 첫인상이 나중에 들어오는 정보까지 영향을 주기 때문이다. 첫인상의 정보가 나중에 들어오는 정보 처리의 지침이 되는 것을 심리학에서는 맥락효과(Context Effect)라고 한다. 따라서 평소에 첫인상을 좋게 만들기 위한 노력을 꾸준히 해야만 하는 것이다.

좋은 첫인상이 반드시 외모에만 집중되는 것은 아니다. 오히려 깔끔한 옷차림과 부드러운 표정 그리고 말과 행동 등에 의해 전반적인 이미지가 만들어진다. 누구나 이러한 것 중에 한두 가지 단점을 가지고 있다. 요즈음은 이미지 컨설팅을 통해서 자신의 단점들을 보완하는 지원자도 있다. 특히, 표정이 밝지 않은 지원자는 평소 웃는 연습을 의식적으로 하여 면접을 받는 동안 계속해서 여유 있는 표정을 짓는 것이 중요하다. 성공한 사람들은 인상이 좋다는 것을 명심하자.

02 ▶ 면접의 유형 및 실전 대책

1. 면접의 유형

과거 천편일률적인 일대일 면접과 달리 면접에는 다양한 유형이 도입되어 현재는 "면접은 이렇게 보는 것이다."라고 말할 수 있는 정해진 유형이 없어졌다. 그러나 S-OIL 면접에서는 현재까지는 집단 면접과 다대일 면접이 진행되고 있으므로 어느 정도 유형을 파악하여 사전에 대비가 가능하다. 면접의 기본인 단독 면접부터, 다대일 면접, 집단 면접의 유형과 그 대책에 대해 알아보자.

(1) 단독 면접

단독 면접이란 응시자와 면접관이 일대일로 마주하는 형식을 말한다. 면접관 한 사람과 응시자 한 사람이 마주 앉아 자유로운 화제를 가지고 질의응답을 되풀이하는 방식이다. 이 방식은 면접의 가장 기본적인 방법으로 소요시간은 10~20분 정도가 일반적이다.

① 장점

필기시험 등으로 판단할 수 없는 성품이나 능력을 알아내는 데 가장 적합하다고 평가받아 온 면접방식으로, 응시자 한 사람 한 사람에 대해 여러 면에서 비교적 폭넓게 파악할 수 있다. 응시자의 입장에서는 한 사람의 면접관만을 대하는 것이므로 상대방에게 집중할 수 있으며, 긴장감도 다른 면접방식에 비해서는 적은 편이다.

② 단점

면접관의 주관이 강하게 작용해 객관성을 저해할 소지가 있으며, 면접 평가표를 활용한다 하더라도 일면적인 평가에 그칠 가능성을 배제할 수 없다. 또한 시간이 많이 소요되는 것도 단점이다.

> **단독 면접 준비 Point**
>
> 단독 면접에 대비하기 위해서는 평소 일대일로 논리 정연하게 대화를 나눌 수 있는 능력을 기르는 것이 중요하다. 그리고 면접장에서는 면접관을 선배나 선생님 등 주변 어른을 대하는 기분으로 면접에 임하는 것이 부담도 훨씬 적고 실력을 발휘할 수 있는 방법이 될 것이다.

(2) 다대일 면접

다대일 면접은 일반적으로 가장 많이 사용되는 면접방법으로, 보통 2~5명의 면접관이 1명의 응시자에게 질문하는 형태의 면접방법이다. 면접관이 여러 명이므로 다각도에서 질문을 하여 응시자에 대한 정보를 많이 알아낼 수 있다는 점 때문에 선호하는 면접방법이다.

하지만 응시자의 입장에서는 질문도 면접관에 따라 각양각색이고 동료 응시자가 없으므로 숨 돌릴 틈도 없게 느껴진다. 또한 관찰하는 눈도 많아서 조그만 실수라도 지나치는 법이 없기 때문에 정신적 압박과 긴장감이 높은 면접방법이다. 따라서 응시자는 긴장을 풀고 한 면접관이 묻더라도 면접관 전원을 향해 대답한다는 기분으로 또박또박 대답하는 자세가 필요하다.

① 장점

면접관이 집중적인 질문과 다양한 관찰을 통해 응시자가 과연 조직에 필요한 인물인가를 완벽히 검증할 수 있다.

② 단점

면접시간이 보통 10 ~ 30분 정도로 좀 긴 편이고 응시자에게 지나친 긴장감을 조성하는 면접방법이다.

> **다대일 면접 준비 Point**
>
> 질문을 들을 때 시선은 면접관을 향하고 다른 데로 돌리지 말아야 하며, 대답할 때에도 고개를 숙이거나 입속에서 우물거리는 소극적인 태도는 피하도록 한다. 면접관과 대등하다는 마음가짐으로 편안한 태도를 유지하면 대답도 자연스러운 상태에서 좀 더 충실히 할 수 있고, 이에 따라 면접관이 받는 인상도 달라진다.

(3) 집단 면접

집단 면접은 다수의 면접관이 여러 명의 응시자를 한꺼번에 평가하는 방식으로 짧은 시간에 능률적으로 면접을 진행할 수 있다. 각 응시자에 대한 질문내용, 질문횟수, 시간배분이 똑같지는 않으며, 모두에게 같은 질문이 주어지기도 하고, 각각 다른 질문을 받기도 한다.

또한 어떤 응시자가 한 대답에 대한 의견을 묻는 등 그때그때의 분위기나 면접관의 의향에 따라 변수가 많다. 집단 면접은 응시자의 입장에서는 개별 면접에 비해 긴장감은 다소 덜한 반면에 다른 응시자들과의 비교가 확실하게 나타나므로 응시자는 몸가짐이나 표현력·논리성 등이 결여되지 않도록 자신의 생각이나 의견을 솔직하게 발표하여 집단 속에 묻히거나 밀려나지 않도록 주의해야 한다.

① 장점

집단 면접의 장점은 면접관이 응시자 한 사람에 대한 관찰시간이 상대적으로 길고, 비교 평가가 가능하기 때문에 결과적으로 평가의 객관성과 신뢰성을 높일 수 있다는 점이다. 또한 응시자는 동료들과 함께 면접을 받기 때문에 비교적 긴장감이 덜하다. 동료가 답변하는 것을 들으며, 자신의 답변 방식이나 자세를 조정할 수 있다는 것도 큰 이점이다.

② 단점

응답하는 순서에 따라 응시자마다 유리하고 불리한 점이 있고, 면접관의 입장에서는 각각의 개인적인 문제를 깊게 다루기가 곤란하다는 것이 단점이다.

> **집단 면접 준비 Point**
>
> 너무 자기 과시를 하지 않는 것이 좋다. 대답은 자신이 말하고 싶은 내용을 간단명료하게 말해야 한다. 내용이 없는 발언을 한다거나 대답을 질질 끄는 태도는 좋지 않다. 또 말하는 중에 내용이 주제에서 벗어나거나 자기중심적으로만 말하는 것도 피해야 한다. 집단 면접에 대비하기 위해서는 평소에 설득력을 지닌 자신의 논리력을 계발하는 데 힘써야 하며, 다른 사람 앞에서 자신의 의견을 조리 있게 개진할 수 있는 발표력을 갖추는 데에도 많은 노력을 기울여야 한다.
> - 실력에는 큰 차이가 없다는 것을 기억하라.
> - 동료 응시자들과 서로 협조하라.
> - 답변하지 않을 때의 자세가 중요하다.
> - 개성 표현은 좋지만 튀는 것은 위험하다.

(4) 집단 토론식 면접

집단 토론식 면접은 집단 면접과 형태는 유사하지만 질의응답이 아닌 응시자들끼리의 토론이 중심이 되는 면접방법으로 최근 들어 급증세를 보이고 있다. 이는 공통의 주제에 대해 다양한 견해들이 개진되고 결론을 도출하는 과정, 즉 토론을 통해 응시자의 다양한 면에 대한 평가가 가능하다는 집단 토론식 면접의 장점이 널리 확산된 데 따른 것으로 보인다. 사실 집단 토론식 면접을 활용하면 주제와 관련된 지식 정도와 이해력, 판단력, 설득력, 협동성은 물론 리더십, 조직 적응력, 적극성과 대인관계 능력 등을 쉽게 파악할 수 있다.

토론식 면접에서는 자신의 의견을 명확히 제시하면서도 상대방의 의견을 경청하는 토론의 기본자세가 필수적이며, 지나친 경쟁심이나 자기 과시욕은 접어두는 것이 좋다. 또한 집단 토론의 목적이 결론을 도출해 나가는 과정에 있다는 것을 감안하여 무리하게 자신의 주장을 관철시키기보다 오히려 토론의 질을 높이는 데 기여하는 것이 좋은 인상을 줄 수 있다는 점을 알아야 한다. 취업 희망자들은 토론식 면접이 급속도로 확산되는 추세임을 감안해 특히 철저한 준비를 해야 한다. 평소에 신문의 사설이나 매스컴 등의 토론 프로그램을 주의 깊게 보면서 논리 전개방식을 비롯한 토론 과정을 익히도록 하고, 친구들과 함께 간단한 주제를 놓고 토론을 진행해 볼 필요가 있다. 또한 사회·시사문제에 대해 본인 나름대로의 관점을 정립해두는 것도 꼭 필요하다.

(5) PT 면접

PT 면접, 즉 프레젠테이션 면접은 최근 들어 집단 토론 면접과 더불어 그 활용도가 점차 커지고 있다. PT 면접은 기업마다 특성이 다르고 인재상이 다른 만큼 인성 면접만으로는 알 수 없는 지원자의 문제해결 능력, 전문성, 창의성, 기본 실무능력, 논리성 등을 관찰하는 데 중점을 두는 면접으로, 지원자 간의 변별력이 높아 많은 기업에서 적용하고 있으며 점점 더 확산되는 추세이다.

면접 시간은 기업별로 차이가 있지만, 전문지식, 시사성 관련 주제를 제시한 다음, 보통 20~50분 정도 준비하여 5분가량 발표할 시간을 준다. 면접관과 지원자의 단순한 질의응답식이 아닌, 주제에 대해 일정 시간 동안 지원자의 발언과 발표하는 모습 등을 관찰하게 된다. 정확한 답이나 지식보다는 논리적 사고와 의사표현력이 더 중시되기 때문에 자신의 생각을 어떻게 설명하느냐가 매우 중요하다.

PT 면접에서 같은 주제라도 직무별로 평가요소가 달리 나타난다. 예를 들어, 영업직은 설득력과 의사소통 능력에 중점을 둘 수 있겠고, 관리직은 신뢰성과 창의성 등을 더 중요하게 평가한다.

> **PT 면접 준비 Point**
> - 면접관의 관심과 주의를 집중시키고, 발표 태도에 유의한다.
> - 모의 면접이나 거울 면접을 통해 미리 점검한다.
> - PT 내용은 세 가지 정도로 정리해서 말한다.
> - PT 내용에는 자신의 생각이 담겨 있어야 한다.
> - 중간에 자문자답 방식을 활용한다.
> - 평소 지원하는 업계의 동향이나 직무에 대한 전문지식을 쌓아둔다.
> - 부적절한 용어 사용이나 무리한 주장 등은 하지 않는다.

(6) 합숙 면접

합숙 면접은 대체로 1박 2일이나 2박 3일 동안 해당 기업의 연수원이나 수련원 등에서 이루어지는 면접이다. 평가 항목으로는 PT 면접, 토론 면접, 인성 면접 등을 기본으로 새벽등산, 레크리에이션, 게임 등 다양한 형태로 진행된다. 경쟁자들과 함께 생활하고 협동해야 하는 만큼 스트레스도 많이 받는 경우가 허다하다.

기업은 모든 면접자를 하루 동안 평가하게 되므로 지원자 1명을 평가하는 데 걸리는 시간은 짧게는 5분에서 길게는 1시간 이상 정도인데, 이 시간으로는 지원자를 제대로 평가하기에 한계가 있다. 합숙 면접은 24시간 이상을 지원자와 면접관이 함께 생활하면서 다양한 프로그램을 통해 지원자의 역량을 폭넓게 평가할 수 있기 때문에 기업에서는 합숙 면접을 선호한다. 대체로 은행, 증권 등 금융권에서 합숙 면접을 통해 지원자의 의도되고 꾸며진 모습 외에 창의력, 의사소통 능력, 협동심, 책임감, 리더십 등 다양한 모습을 평가하였지만, 최근에는 기업에서도 많이 실시되고 있다.

합숙 면접에서 좋은 점수를 얻기 위해서는 무엇보다 팀워크를 중시하는 모습을 보여야 한다. 합숙 면접은 일반 면접과는 달리 개인보다는 그룹별로 주어지는 과제를 해결해야 하므로 조원 또는 동료와 얼마나 잘 어울리느냐가 중요한 평가기준이 된다. 장시간에 걸쳐 평가하기 때문에 힘든 부분도 있지만, 지원자들이 지쳐 있거나 당황하고 있는 사이에도 면접관들은 지원자들의 조직 적응력, 적극성, 사회성, 친화력 등을 꼼꼼하게 체크하기 때문에 잠시도 긴장을 늦춰서는 안 된다.

2. 면접의 실전 대책

(1) 면접 대비사항

① 지원 회사에 대한 사전지식을 충분히 준비한다.

필기시험 또는 서류전형에서의 합격통지가 온 후 면접시험 날짜가 정해지는 것이 보통이다. 이때 수험자는 면접시험을 대비해 사전에 자기가 지원한 계열사 또는 부서에 대해 폭넓은 지식을 준비할 필요가 있다.

> **지원 회사에 대해 알아두어야 할 사항**
> - 회사의 연혁
> - 회장 또는 사장의 이름, 출신학교, 관심사
> - 회장 또는 사장이 요구하는 신입사원의 인재상
> - 회사의 사훈, 사시, 경영이념, 창업정신
> - 회사의 대표적 상품, 특색
> - 업종별 계열회사의 수
> - 해외지사의 수와 그 위치
> - 신 개발품에 대한 기획 여부
> - 본인이 생각하는 회사의 장단점
> - 회사의 잠재적 능력개발에 대한 제언

② 충분한 수면을 취한다.

　충분한 수면으로 안정감을 유지하고 첫 출발의 상쾌한 마음가짐을 갖는다.

③ 얼굴을 생기 있게 한다.

　첫인상은 면접에 있어서 가장 결정적인 당락요인이다. 면접관에게 좋은 인상을 주는 것이 중요하다. 면접관들이 가장 좋아하는 인상은 얼굴에 생기가 있고 눈동자가 살아 있는 사람, 즉 기가 살아 있는 사람이다.

④ 아침에 인터넷 뉴스를 읽고 간다.

　그날의 뉴스가 질문 대상에 오를 수가 있다. 특히 경제면, 정치면, 문화면 등을 유의해서 볼 필요가 있다.

> **출발 전 확인할 사항**
>
> 이력서, 자기소개서, 지갑, 신분증(주민등록증), 손수건, 휴지, 필기도구, 메모지 등을 준비하자.

(2) 면접 시 옷차림

면접에서 옷차림은 간결하고 단정한 느낌을 주는 것이 가장 중요하다. 색상과 디자인 면에서 지나치게 화려한 색상이나, 노출이 심한 디자인은 자칫 면접관의 눈살을 찌푸리게 할 수 있다. 단정한 차림을 유지하면서 자신만의 독특한 멋을 연출하는 것, 지원하는 회사의 분위기를 파악했다는 센스를 보여주는 것 또한 코디네이션의 포인트이다.

> **복장 점검**
>
> - 구두는 잘 닦여 있는가?
> - 옷은 깨끗이 다려져 있으며 스커트 길이는 적당한가?
> - 손톱은 길지 않고 깨끗한가?
> - 머리는 흐트러짐 없이 단정한가?

(3) 면접요령

① 첫인상을 중요시한다.

　상대에게 인상을 좋게 주지 않으면 어떠한 얘기를 해도 이쪽의 기분이 충분히 전달되지 않을 수 있다. 예를 들어, '저 친구는 표정이 없고 무엇을 생각하고 있는지 전혀 알 길이 없다.'처럼 생각되면 최악의 상태이다. 우선 청결한 복장, 바른 자세로 침착하게 들어가야 한다. 건강하고 신선한 이미지를 주어야 하기 때문이다.

② 좋은 표정을 짓는다.

　얘기를 할 때의 표정은 중요한 사항의 하나다. 거울 앞에서 웃는 연습을 해본다. 웃는 얼굴은 상대를 편안하게 하고, 특히 면접 등 긴박한 분위기에서는 천금의 값이 있다 할 것이다. 그렇다고 하여 항상 웃고만 있어서는 안 된다. 본인의 생각을 진정으로 전하고 싶을 때는 진지한 얼굴로 상대의 눈을 바라보며 얘기한다. 면접을 볼 때 눈을 감고 있으면 마이너스 이미지를 주게 된다.

③ 결론부터 이야기한다.

자기의 의사나 생각을 상대에게 정확하게 전달하기 위해서 먼저 무엇을 말하고자 하는가를 명확히 결정해 두어야 한다. 대답을 할 경우에는 결론을 먼저 이야기하고 나서 그에 따른 설명과 이유를 덧붙이면 논지(論旨)가 명확해지고 이야기가 깔끔하게 정리된다.

한 가지 사실을 이야기하거나 설명하는 데는 3분이면 충분하다. 복잡한 이야기라도 어느 정도의 길이로 요약해서 이야기하면 상대도 이해하기 쉽고 자기도 정리할 수 있다. 긴 이야기는 오히려 상대를 불쾌하게 할 수가 있다.

④ 질문의 요지를 파악한다.

면접 때의 이야기는 간결성만으로는 부족하다. 상대의 질문이나 이야기에 대해 적절하고 필요한 대답을 하지 않으면 대화는 끊어지고 자기의 생각도 제대로 표현하지 못하여 면접자로 하여금 수험생의 인품이나 사고방식 등을 명확히 파악할 수 없게 한다. 무엇을 묻고 있는지, 무슨 이야기를 하고 있는지 그 요점을 정확히 알아내야 한다.

면접에서 고득점을 받을 수 있는 성공요령

1. 자기 자신을 겸허하게 판단하라.
2. 지원한 회사에 대해 100% 이해하라.
3. 실전과 같은 연습으로 감각을 익히라.
4. 단답형 답변보다는 구체적으로 이야기를 풀어나가라.
5. 거짓말을 하지 말라.
6. 면접하는 동안 대화의 흐름을 유지하라.
7. 친밀감과 신뢰를 구축하라.
8. 상대방의 말을 성실하게 들으라.
9. 근로조건에 대한 이야기를 풀어나갈 준비를 하라.
10. 끝까지 긴장을 풀지 말라.

CHAPTER 02 S-OIL 실제 면접

S-OIL의 인재상은 '회사 VISION 실현에 동참할 진취적인 사람, 국제적 감각과 자질을 가진 사람, 자율과 팀워크를 중시하는 사람, 건전한 가치관과 윤리의식을 가진 사람'이며 최고의 인재선발을 위해 실무진 면접, PT 면접, 임원 면접 등 다양한 면접을 실시한다.
S-OIL은 다대다 면접으로 3~5인 1조로 면접장에 입실하며 처음에는 자기소개를 기본으로 개별로 질문이 시작되며 다소 편안한 분위기에서 진행된다.

1. 1차 면접 기출 질문

[실무진 면접]
- 자기소개를 해 보시오.
- 회사에 대해 궁금한 점이 있다면 말해 보시오.
- 미래를 대비하기 위해 S-OIL이 해야 할 일은 무엇이라고 생각하는지 말해 보시오.
- 타 지역에서 지원한 이유에 대해 말해 보시오.
- 자신의 하루 일과에 대해 상세히 말해 보시오.
- 원하던 직무가 아닌 곳에 배치되면 어떻게 할 것인지 말해 보시오.
- 정유 산업의 전망이 어떻게 될 것 같은지 말해 보시오.
- 정유 산업의 시황에 대해 말해 보시오.
- 전망이 불안함에도 이 업계를 선택한 이유에 대해 말해 보시오.
- 원하지 않지만 해야 했던 일과 그 일을 어떻게 대처했는지 말해 보시오.
- 높은 목표를 세우고 그것을 성취했던 경험에 대해 말해 보시오.
- 다른 사람들을 설득했던 일에 대해 말해 보시오.
- 본인의 꼼꼼함과 책임감을 보여줄 수 있는 사례를 말해 보시오.
- 상사와 본인의 의견이 일치하지 않을 때에는 어떻게 행동할 것인지 말해 보시오.
- 기재한 자격증을 취득한 이유와 이를 업무에 어떻게 활용할 것인지 말해 보시오.
- 본인을 뽑아야 하는 이유를 말해 보시오.
- 캐비테이션 현상에 대해 설명해 보시오.
- 열처리 방식의 종류와 특징은 무엇인가?
- 베르누이 방정식에 대해 설명해 보시오.
- 펌프의 동작 원리를 설명해 보시오.
- 보유한 자격증을 실질적으로 활용할 수 있는가?
- 석유가 만들어지는 과정은 무엇인지 설명해 보시오.
- 전류, 전압, 저항에 대해 간단히 설명해 보시오.
- 열의 이동 방법에 대해 설명해 보시오.

[PT 면접]
- an, Blower에 대해 설명해 보시오.
- 펌프의 작용 원리나 이상 시 발생하는 현상에 대해 설명해 보시오.

2. 2차 면접(임원면접) 기출 질문

- 1분 동안 자기소개를 해 보시오.
- 지원자의 인생에서 가장 힘들었던 시절과 그 극복 방법에 대해 이야기해 보시오.
- 경쟁사에 지원하지 않은 이유는 무엇인가?
- 회사에 지원한 이유가 무엇인가?
- 입사 후 회사에서 이익을 내는 방법을 설명해 보시오(입사 후 포부).
- 저번 채용시험에서 떨어진 이유는 무엇인가?
- 타지생활에서 어려움은 없었는가?
- 이직 사유는 무엇인가?
- 지원 분야에 대한 경험이 있는가?
- 관련 전공이 아닌데, 어떻게 지원하게 되었나?
- 공백 기간이 있는데, 그 기간 동안 어떤 일을 했는지 말해 보시오.
- 살면서 가장 어려웠던 일과 극복했던 방법에 대해 이야기해 보시오.

앞선 정보 제공! 도서 업데이트

언제, 왜 업데이트될까?

도서의 학습 효율을 높이기 위해 자료를 추가로 제공할 때!
공기업·대기업 필기시험에 변동사항 발생 시 정보 공유를 위해!
공기업·대기업 채용 및 시험 관련 중요 이슈가 생겼을 때!

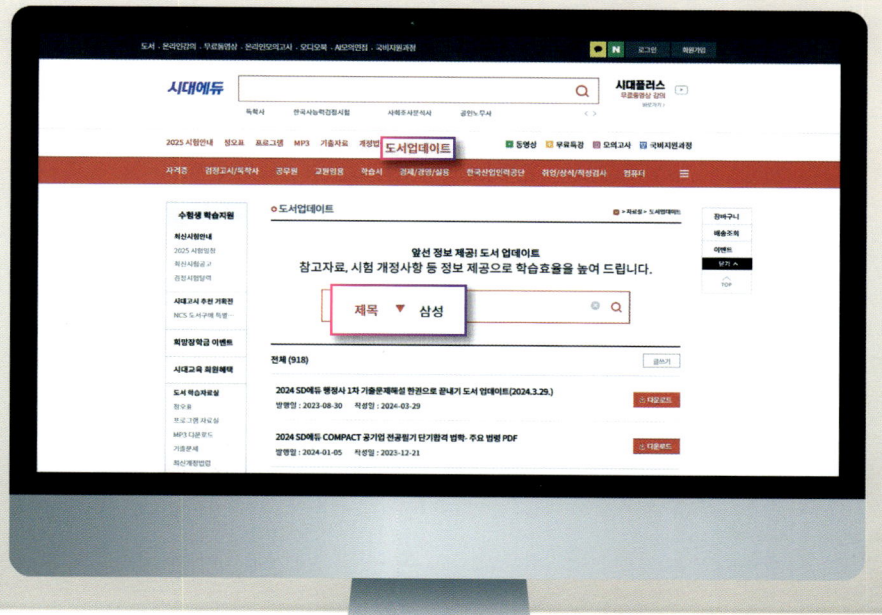

01 시대에듀 도서 www.sdedu.co.kr/book 홈페이지 접속

02 상단 카테고리 「도서업데이트」 클릭

03 해당 기업명으로 검색

참고자료, 시험 개정사항 등 정보 제공으로 학습효율을 높여 드립니다.

더 이상의
고졸·전문대졸 필기시험 시리즈는 없다!

"알차다"
꼭 알아야 할 내용을 담고 있으니까

"친절하다"
핵심 내용을 쉽게 설명하고 있으니까

"핵심을 뚫는다"
시험 유형과 유사한 문제를 다루니까

"명쾌하다"
상세한 풀이로 완벽하게 익힐 수 있으니까

성공은 나를 응원하는 **사람**으로부터 **시작**됩니다.
시대에듀가 당신을 힘차게 응원합니다.

S-OIL 에쓰오일 생산직 온라인 필기시험

통합기본서

편저 | SDC(Sidae Data Center)

정답 및 해설

유형분석 및 모의고사로 최종합격까지
한 권으로 마무리!

시대에듀

PART 1 적성검사

CHAPTER 01 언어력
CHAPTER 02 수리력
CHAPTER 03 물리
CHAPTER 04 화학

끝까지 책임진다! 시대에듀!
QR코드를 통해 도서 출간 이후 발견된 오류나 개정법령, 변경된 시험 정보, 최신기출문제, 도서 업데이트 자료 등이 있는지 확인해 보세요! **시대에듀 합격 스마트 앱**을 통해서도 알려 드리고 있으니 구글 플레이나 앱 스토어에서 다운받아 사용하세요. 또한, 파본 도서인 경우에는 구입하신 곳에서 교환해 드립니다.

CHAPTER 01 언어력

01 ▶ 어휘

01	02	03	04	05	06	07	08	09	10
⑤	②	④	②	③	③	②	④	①	②
11	12	13	14	15	16	17	18	19	20
②	③	②	③	②	④	②	②	④	①
21	22	23	24	25	26	27	28	29	30
①④	③④	④⑤	②④	①③	②③	①②	②⑤	④⑤	③④
31	32	33	34	35	36	37	38	39	40
①	③	④	①	①	③⑤	②⑤	③⑤	①②	③④
41	42	43	44	45	46	47	48	49	50
①④	③⑤	②④	④⑤	①②	⑤	②	②	②	⑤

01 정답 ⑤
제시된 단어는 물건과 용도의 관계이다.
'풀'은 '접착'하는 데 쓰이고, '악기'는 '연주'하는 데 쓰인다.

02 정답 ②
제시된 단어는 재료와 음식의 관계이다.
'쌀'로 '송편'을 만들고, '도토리'로 '묵'을 만든다.

03 정답 ④
'엔진'은 '자동차'에 동력을 공급하고, '배터리'는 '휴대전화'에 동력을 공급한다.

04 정답 ②
'누에'는 실을 뽑고, 그 실로 '비단'을 만든다. '닭'은 계란을 낳고, 그 계란으로 '오믈렛'을 만든다.

05 정답 ③
제시된 단어는 반의 관계이다.
'자산'의 반의어는 '부채'이고, '이단'의 반의어는 '정통'이다.

06 정답 ③
'나무'로 '장롱'을 만들고, '쌀'로 '식혜'를 만든다.

07 정답 ②
제시된 단어는 반의 관계이다.
'긴장'의 반의어는 '이완'이고, '거대'의 반의어는 '왜소'이다.

08 정답 ④
제시된 단어는 유의 관계이다.
'아포리즘'은 깊은 진리를 간결하게 표현한 말로 '경구'와 유의어이며, '수전노'는 돈을 모을 줄만 알아 한번 손에 들어간 것은 도무지 쓰지 않는 사람을 낮잡아 이르는 말로 '구두쇠'와 유의어이다.

09 정답 ①
제시된 단어는 유의 관계이다.
'간섭'의 유의어는 '개입'이고, '폭염'의 유의어는 '폭서'이다.

10 정답 ②
제시된 단어는 부분 관계이다.
'모래'는 '사막'을 구성하고, '나무'는 '숲'을 구성한다.

11 정답 ②
제시된 단어는 상하 관계이다.
'곤충'의 하위어는 '잠자리'이며, '운동'의 하위어는 '축구'이다.

12 정답 ③
'눈'은 '겨울'에 내리고, '장마'는 '여름'에 온다.

13 정답 ②
제시된 단어는 유의 관계이다.
'너울너울'의 유의어는 '넘실넘실'이고, '우물쭈물'의 유의어는 '쭈뼛쭈뼛'이다.

- 너울너울 : 물결이나 늘어진 천, 나뭇잎 등이 부드럽고 느릿하게 굽이져 자꾸 움직이는 모양
- 넘실넘실 : 물결 따위가 부드럽게 자꾸 굽이쳐 움직이는 모양
- 우물쭈물 : 행동 따위를 분명하게 하지 못하고 자꾸 망설이며 몹시 흐리멍덩하게 하는 모양
- 쭈뼛쭈뼛 : 어줍거나 부끄러워서 자꾸 주저하거나 머뭇거리는 모양

14 정답 ②

제시된 단어는 반의 관계이다.
'자립'의 반의어는 '의존'이고, '심야'의 반의어는 '백주'이다.

15 정답 ④

제시된 단어는 주어와 서술어의 관계이다.
'경찰'은 '수사'를 하고, '목사'는 '설교'를 한다.

16 정답 ②

제시된 단어는 주어와 서술어의 관계이다.
'미술'은 '감상'하는 것이며, '드라마'는 '시청'하는 것이다.

17 정답 ②

제시된 단어는 주어와 서술어의 관계이다.
'산세'는 '험준하다'는 표현을 쓸 수 있고, '마감'은 '임박하다'는 표현을 쓸 수 있다.

18 정답 ④

제시된 단어는 포함 관계이다.
'새'는 '매'의 상위어이고, '꽃'은 '개나리'의 상위어이다.

19 정답 ④

제시된 단어는 반의 관계이다.
아주 정교하고 치밀함을 뜻하는 '정밀'의 반의어는 솜씨 등이 거칠고 잡스러움을 뜻하는 '조잡'이며, 일정한 상태를 유지함을 뜻하는 '안정'의 반의어는 분위기나 마음이 뒤숭숭함을 뜻하는 '불안'이다.

20 정답 ①

제시된 단어는 유의 관계이다.
'희망'의 유의어는 '염원'이고, '이바지'의 유의어는 '공헌'이다.

21 정답 ①, ④

- 도출(導出) : 판단이나 결론 따위를 이끌어 냄
- 귀납(歸納) : 개별적인 특수한 사실이나 원리로부터 일반적이고 보편적인 경제 및 법칙을 유도해 내는 일

오답분석
② 추출(抽出) : 전체 속에서 어떤 물건, 생각, 요소 따위를 뽑아냄
③ 유추(類推) : 같은 종류의 것 또는 비슷한 것에 기초하여 다른 사물을 미루어 추측하는 일
⑤ 귀추(歸趨) : 일이 되어 가는 형편

22 정답 ③, ④

- 조달(調達) : 자금이나 물자 따위를 대어 줌
- 공급(供給) : 요구나 필요에 따라 물품 따위를 제공함

오답분석
① 증여(贈與) : 물품 따위를 선물로 줌
② 전달(傳達) : 1. 지시, 명령, 물품 따위를 다른 사람이나 기관에 전하여 이르게 함
2. 자극, 신호, 동력 따위가 다른 기관에 전하여짐
⑤ 진급(進級) : 계급, 등급, 학년 따위가 올라감

23 정답 ④, ⑤

- 결심(決心) : 할 일에 대하여 어떻게 하기로 마음을 굳게 정함
- 각오(覺悟) : 앞으로 해야 할 일이나 겪을 일에 대한 마음의 준비

오답분석
① 결론(覺悟) : 말이나 글의 끝을 맺는 부분
② 결손(缺損) : 어느 부분이 없거나 잘못되어서 불완전함
③ 방법(方法) : 어떤 일을 해 나가거나 목적을 이루기 위하여 취하는 수단이나 방식

24 정답 ②, ④

- 모국(母國) : 자기가 태어난 나라. 또는 외국에 나가 있는 사람이 자기 나라를 가리킬 때에 쓰는 말
- 고국(故國) : 주로 남의 나라에 있는 사람이 자신의 조상 때부터 살던 나라를 이르는 말

오답분석
① 거부(拒否) : 요구나 제의 따위를 받아들이지 않고 물리침
③ 역점(力點) : 심혈을 기울이거나 쏟는 점
⑤ 거짓 : 사실과 어긋난 것

25
정답 ①, ③
- 기근(飢饉) : 흉년으로 먹을 양식이 모자라 굶주림
- 기아(飢餓) : 먹을 것이 없어 배를 곯는 것

[오답분석]
② 나태(懶怠) : 행동, 성격 따위가 느리고 게으름
④ 성실(誠實) : 정성스럽고 참됨
⑤ 단념(斷念) : 품었던 생각을 아주 끊어 버림

26
정답 ②, ③
- 수련(修鍊) : 인격, 기술, 학문 따위를 닦아서 단련함
- 수양(修鍊) : 몸과 마음을 갈고닦아 품성이나 지식, 도덕 따위를 높은 경지로 끌어올림

[오답분석]
① 구별(區別) : 성질이나 종류에 따라 차이가 남. 또는 성질이나 종류에 따라 갈라놓음
④ 단순(單純) : 복잡하지 않고 간단함
⑤ 복잡(複雜) : 복작거리어 혼잡스러움

27
정답 ①, ②
- 찬동(贊同) : 어떤 행동이나 견해 따위가 옳거나 좋다고 판단하여 그에 뜻을 같이함
- 동조(同調) : 남의 주장에 자기의 의견을 일치시키거나 보조를 맞춤

[오답분석]
③ 향상(向上) : 실력, 수준, 기술 따위가 나아짐. 또는 나아지게 함
④ 전취(戰取) : 싸워서 목적한 바를 얻음
⑤ 절용(節用) : 아껴 씀

28
정답 ②, ⑤
- 명랑(明朗) : 흐린 데 없이 밝고 환함
- 쾌활(明朗) : 명랑하고 활발함

[오답분석]
① 설립(設立) : 기관이나 조직체 따위를 만들어 일으킴
③ 손해(損害) : 물질적으로나 정신적으로 밑짐
④ 육성(育成) : 길러 자라게 함

29
정답 ④, ⑤
- 고취(鼓吹) : 의견이나 사상 따위를 열렬히 주장하며 불어넣음
- 독려(督勵) : 감독하며 격려함

[오답분석]
① 달성(達成) : 목적한 것을 이룸
② 고찰(考察) : 어떤 것을 깊이 생각하고 연구함
③ 낙담(落膽) : 바라던 일이 뜻대로 되지 않아 마음이 몹시 상함

30
정답 ③, ④
- 수리(修理) : 고장 나거나 허름한 데를 손보아 고침
- 수선(修繕) : 낡거나 헌 물건을 고침

[오답분석]
① 처지(處地) : 처하여 있는 사정이나 형편
② 사심(私心) : 사사로운 마음
⑤ 사려(思慮) : 여러 가지 일에 대하여 깊게 생각함. 또는 그런 생각

31
정답 ①
- 호평 : 좋게 평함 또는 그런 평판이나 평가
- 정평 : 모든 사람이 다 같이 인정하는 평판

[오답분석]
② 단평 : 짧고 간단한 비평
③ 만평 : 일정한 주의나 체계 없이 생각나는 대로 비평함 또는 그런 비평
④ 악평 : 나쁘게 평함 또는 그런 평판이나 평가
⑤ 혹평 : 가혹하게 비평함

32
정답 ③
- 살강 : 그릇을 얹어 놓기 위하여 부엌의 벽 중턱에 드린 선반으로, 발처럼 엮어서 만들기 때문에 그릇의 물기가 잘 빠짐
- 시렁 : 물건을 얹어 놓기 위하여 방이나 마루 벽에 두 개의 긴 나무를 가로질러 선반처럼 만든 것

[오답분석]
① 움팡 : 초가나 오두막 따위의 작은 집
② 부뚜막 : 아궁이 위에 솥을 걸어 놓는 언저리
④ 상고대 : 나무나 풀에 내려 눈처럼 된 서리
⑤ 텃도지(-賭地) : 터를 빌린 값으로 내는 세(貰)

33 정답 ④
- 빌미 : 재앙이나 탈 따위가 생기는 원인
- 화근(禍根) : 재앙의 근원

오답분석
① 총기(聰氣) : 총명한 기운. 또는 좋은 기억력
② 걸식(乞食) : 음식 따위를 빌어먹음. 또는 먹을 것을 빎
③ 축의(祝儀) : 축하하는 뜻을 나타내기 위하여 행하는 의식. 또는 축하한다는 의미로 내는 돈이나 물건
⑤ 거간(居間) : 사고파는 사람 사이에 들어 흥정을 붙임

34 정답 ①
- 무녀리 : 한 태에 낳은 여러 마리 새끼 가운데 가장 먼저 나온 새끼. 또는 말이나 행동이 좀 모자란 듯이 보이는 사람을 비유적으로 이르는 말
- 못난이 : 못나고 어리석은 사람

오답분석
② 어룽이 : 어룽어룽한 점이나 무늬. 또는 그런 점이나 무늬가 있는 짐승이나 물건
③ 암무당 : 여자 무당
④ 더펄이 : 성미가 침착하지 못하고 덜렁대는 사람
⑤ 헛똑똑이 : 겉으로는 아는 것이 많아 보이나, 정작 알아야 하는 것은 모르거나 어떤 것을 선택해야 하는 상황에서 판단을 제대로 하지 못하는 사람을 놀림조로 이르는 말

35 정답 ①
- 비추다 : 빛을 내는 대상이 다른 대상에 빛을 보내어 밝게 하다.
- 조명(照明)하다 : 광선으로 밝게 비추다. 또는 어떤 대상을 일정한 관점으로 바라보다.

오답분석
② 조회(照會)하다 : 어떠한 사항이나 내용이 맞는지 관계되는 기관 등에 알아보다.
③ 대조(對照)하다 : 둘 이상인 대상의 내용을 맞대어 같고 다름을 검토하다.
④ 투조(透彫)하다 : 조각에서, 재료의 면을 도려내어서 도안을 나타내다.
⑤ 참조(參照)하다 : 참고로 비교하고 대조하여 보다.

36 정답 ③, ⑤
- 대별(大別) : 크게 구별하여 나눔
- 세분(細分) : 사물을 여러 갈래로 자세히 나누거나 잘게 가름

오답분석
① 구별(區別) : 성질이나 종류에 따라 차이가 남 또는 성질이나 종류에 따라 갈라놓음
② 구분(區分) : 일정한 기준에 따라 전체를 몇 개로 갈라 나눔
④ 대등(對等) : 서로 견주어 높고 낮음이나 낫고 못함이 없이 비슷함

37 정답 ②, ⑤
- 잠정(暫定) : 임시로 정함
- 경상(經常) : 일정한 상태로 계속하여 변동이 없음

오답분석
① 퇴보(退步) : 1. 뒤로 물러감
2. 정도나 수준이 이제까지의 상태보다 뒤떨어지거나 못하게 됨
③ 변격(變格) : 일정한 규칙에서 벗어난 격식
④ 편정(偏情) : 감정이나 정에 치우침

38 정답 ③, ⑤
- 자립(自立) : 남에게 예속되거나 의지하지 아니하고 스스로 섬
- 의존(依存) : 다른 것에 의지하여 존재함

오답분석
① 사례(事例) : 어떤 일이 전에 실제로 일어난 예
② 통례(通例) : 일반적으로 통하여 쓰는 전례
④ 결과(結果) : 어떤 원인으로 결말이 생김

39 정답 ①, ②
- 거만(結果) : 잘난 체하며 남을 업신여기는 데가 있음
- 겸손(謙遜) : 남을 존중하고 자기를 내세우지 않는 태도가 있음

오답분석
③ 기발(奇拔) : 유달리 재치가 뛰어남
④ 염세(厭世) : 세상을 괴롭고 귀찮은 것으로 여겨 비관함
⑤ 고정(固定) : 한번 정한 대로 변경하지 아니함

40 정답 ③, ④

- 교외(郊外) : 도시의 주변 지역
- 도심(都心) : 도시의 중심부

오답분석
① 강건(剛健) : 의지나 기상이 굳세고 건전함
② 단축(短縮) : 시간이나 거리 따위가 짧게 줄어듦
⑤ 문명(短縮) : 인류가 이룩한 물질적, 기술적, 사회 구조적인 발전

41 정답 ①, ④

- 붓날다 : 말이나 하는 짓 따위가 붓이 나는 것처럼 가볍게 들뜨다.
- 든직하다 : 사람됨이 묵중하다.

오답분석
② 사랑옵다 : 생김새나 행동이 사랑을 느낄 정도로 귀엽다.
③ 무덕지다 : 한데 수북이 쌓여 있거나 뭉쳐 있다.
⑤ 알겯다 : 암탉이 알을 낳을 무렵에 골골 소리를 내다.

42 정답 ③, ⑤

- 복종(服從) : 남의 명령이나 의사를 그대로 따라서 좇음
- 반항(反抗) : 다른 사람이나 대상에 맞서 대들거나 반대함

오답분석
① 거절(反抗) : 상대편의 요구, 제안, 선물, 부탁 따위를 받아들이지 않고 물리침
② 치욕(恥辱) : 수치와 모욕을 아울러 이르는 말
④ 심야(深夜) : 깊은 밤

43 정답 ②, ④

- 명시(明示) : 분명하게 드러내 보임
- 암시(暗示) : 넌지시 알림. 또는 뜻하는 바를 간접적으로 나타내는 표현법

오답분석
① 산문(散文) : 율격과 같은 외형적 규범에 얽매이지 않고 자유로운 문장으로 쓴 글
③ 성숙(成熟) : 생물의 발육이 완전히 이루어짐. 또는 몸과 마음이 자라서 어른스럽게 됨
⑤ 결합(結合) : 둘 이상의 사물이나 사람이 서로 관계를 맺어 하나가 됨

44 정답 ④, ⑤

- 기억(記憶) : 이전의 인상이나 경험을 의식 속에 간직하거나 도로 생각해 냄
- 망각(記憶) : 어떤 사실을 잊어버림

오답분석
① 밀집(密集) : 빈틈없이 빽빽하게 모임
② 정신(精神) : 육체나 물질에 대립되는 영혼이나 마음
③ 내포(內包) : 어떤 성질이나 뜻 따위를 속에 품음

45 정답 ①, ②

- 불비(不備) : 제대로 다 갖추어져 있지 아니함
- 완비(完備) : 빠짐없이 완전히 갖춤

오답분석
③ 필연(必然) : 사물의 관련이나 일의 결과가 반드시 그렇게 될 수밖에 없음
④ 습득(習得) : 학문이나 기술 따위를 배워서 자기 것으로 함
⑤ 필시(必是) : 아마도 틀림없이

46 정답 ⑤

- 방임 : 돌보거나 간섭하지 않고 제멋대로 내버려 둠
- 통제 : 일정한 방침이나 목적에 따라 행위를 제한하거나 제약함

오답분석
① 방치 : 내버려 둠
② 묵살 : 의견이나 제안 따위를 듣고도 못 들은 척함
③ 자유 : 외부적인 구속이나 무엇에 얽매이지 아니하고 자기 마음대로 할 수 있는 상태
④ 방관 : 어떤 일에 직접 나서서 관여하지 않고 곁에서 보기만 함

47 정답 ②

- 소소리바람 : 이른 봄에 살 속으로 스며들 듯이 차고 매서운 바람
- 열풍(熱風) : 뜨거운 바람

오답분석
① 선풍(旋風) : 회오리바람. 또는 돌발적으로 일어나 세상을 뒤흔드는 사건을 비유적으로 이르는 말
③ 질풍(疾風) : 몹시 빠르고 거세게 부는 바람
④ 소풍(逍風) : 휴식을 취하기 위해서 야외에 나갔다 오는 일
⑤ 음풍(吟諷) : 시(詩)나 노래 등을 읊음

48
정답 ②

- 자의(自意) : 자기의 생각이나 의견
- 타의(他意) : 다른 사람의 생각이나 의견

오답분석
① 고의(故意) : 일부러 하는 생각이나 태도
③ 임의(任意) : 일정한 기준이나 원칙 없이 하고 싶은 대로 함
④ 과실(過失) : 부주의나 태만에서 비롯된 잘못이나 허물
⑤ 죄과(罪過) : 죄가 될 만한 허물

49
정답 ②

- 손방 : 아주 할 줄 모르는 솜씨
- 난든집 : 손에 익어서 생긴 재주

오답분석
① 손바람 : 손을 흔들어서 내는 바람. 또는 일을 치러 내는 솜씨나 힘
③ 잡을손 : 일을 다잡아 해내는 솜씨
④ 매무시 : 옷을 입을 때 매고 여미는 따위의 뒷단속
⑤ 너울가지 : 남과 잘 사귀는 솜씨

50
정답 ⑤

- 초청(招請) : 사람을 청하여 부름
- 축출(逐出) : 쫓아내거나 몰아냄

오답분석
① 접대(接待) : 손님을 맞아서 시중을 듦
② 제출(提出) : 문안(文案)이나 의견, 법안(法案) 따위를 냄
③ 청빙(請聘) : 부탁하여 부름
④ 초래(招來) : 어떤 결과를 가져오게 함. 또는 불러서 오게 함

02 ▶ 독해

01	02	03	04	05	06	07	08	09	10
④	②	③	③	①	①	⑤	③	④	③
11	12	13	14	15	16	17	18	19	20
②	④	①	①	②	④	④	②	①	⑤
21	22	23	24	25	26	27	28	29	30
④	②	④	③	⑤	②	①	⑤	②	②

01
정답 ④

제시문은 폐휴대전화 발생량으로 인한 자원낭비와 환경오염 문제를 극복하기 위해 기업에서 폐휴대전화 수거 운동을 벌이기로 했다는 내용의 글이다. 따라서 (다) 폐휴대전화의 발생량 증가 – (가) 폐휴대전화를 이용한 재활용 효과 – (나) 폐휴대전화로 인한 환경오염 – (라) 기업의 '폐휴대전화 수거 운동' 실시 순으로 나열하는 것이 가장 적절하다.

02
정답 ②

제시문은 언어가 주변 지역으로 전파되는 원리 중 한 가지인 파문설을 소개하고 이것에서 사용되는 용어와 이에 대한 구체적인 설명을 하고 있다. 따라서 (다) 언어가 주변 지역으로 퍼져 나가는 원리 – (가) 이러한 원리대로 언어의 전파 과정을 설명하는 파문설 – (라) 파문설에서 사용되는 용어 – (나) 파문설에서 사용되는 용어의 구체적인 설명 순으로 나열하는 것이 가장 적절하다.

03
정답 ③

제시문은 풀기 어려운 문제에 둘러싸인 기업적·개인적 상황을 제시하고, 위기의 시대임을 언급하고 있다. 그리고 그 위기를 이겨내는 자가 성공하는 자가 될 수 있음을 말하며, 위기를 이겨내기 위해서 지혜가 필요하다는 것에 대해 설명하고 있는 글이다. 따라서 (나) 풀기 어려운 문제에 둘러싸인 현재의 상황 – (라) 위험과 기회라는 이중의미를 가지는 '위기' – (다) 위기를 이겨내는 것이 필요 – (가) 위기를 이겨내기 위해 필요한 지혜와 성공이라는 결과 순으로 나열하는 것이 가장 적절하다.

04 정답 ③

제시문은 환율과 관련된 경제 현상을 설명한 것으로, 환율은 기초경제 여건을 반영하여 수렴된다는 (가) 문단이 먼저 오는 것이 적절하며, '그러나' 환율이 예상과 다르게 움직이는 경우가 있다는 (라) 문단이 그 뒤에 오는 것이 적절하다. 다음으로 이러한 경우를 오버슈팅으로 정의하는 (나) 문단이, 그 뒤를 이어 오버슈팅이 발생하는 원인인 (다) 문단 순으로 나열하는 것이 가장 적절하다.

05 정답 ①

제시문은 아리스토텔레스의 목적론에 관한 논쟁에 대한 설명으로, (가) 근대에 등장한 아리스토텔레스의 목적론에 대한 비판 – (나) 근대 사상가들의 구체적인 비판 – (라) 근대 사상가들의 비판에 대한 반박 – (다) 근대 사상가들의 비판에 대한 현대 학자들의 비판 순으로 나열하는 것이 가장 적절하다.

06 정답 ①

제시된 문단 다음에는 청바지의 시초에 대한 내용이 나와야 하므로 (가) 문단이 적절하다. 그다음에는 '비록 시작은 그리하였지만'으로 시작하는 (다) 문단이 위치해야 하며, 패션 아이템화의 각론으로서 한국에서의 청바지를 이야기하는 (나) 문단이 와야 한다. 청바지의 역사, 패션 아이템으로서의 청바지라는 청바지의 기능에 관해 설명하는 부분에서 떨어져 (라) 문단이 청바지가 가지고 있는 단점과 그 해결을 설명하는 것이므로 마지막에 오는 것이 적절하다.

07 정답 ⑤

제시된 문단은 선택적 함묵증을 불안장애로 분류하고 있다. 그러므로 불안장애에 대한 구체적인 설명 및 행동을 설명하는 (라) 문단이 이어지는 것이 적절하다. 다음에는 불안장애인 선택적 함묵증을 치료하기 위한 방안인 (가) 문단이 적절하고, (가) 문단에서의 제시한 치료방법의 구체적 방안 중 하나인 '미술치료'를 언급한 (다) 문단이 이어지는 것이 적절하다. 마지막으로 (다) 문단에서 언급한 '미술치료'가 선택적 함묵증의 증상을 보이는 아동에게 어떠한 영향을 미치는지 언급한 (나) 문단 순으로 나열하는 것이 가장 적절하다.

08 정답 ③

제시문은 '원님재판'이라 불리는 죄형전단주의의 정의와 한계 그리고 그와 대립되는 죄형법정주의의 정의와 탄생, 파생원칙에 대하여 설명하고 있다. 제시된 문단에서는 '원님재판'이라는 용어의 원류에 대해 설명하고 있으므로 이어지는 문단으로는 원님재판의 한계에 대해 설명하고 있는 (다)가 오는 것이 적절하다. 따라서 (다) 원님재판의 한계와 죄형법정주의 – (가) 죄형법정주의의 정의 – (라) 죄형법정주의의 탄생 – (나) 죄형법정주의의 정립에 따른 파생원칙의 등장의 순으로 나열하는 것이 가장 적절하다.

09 정답 ④

제시문은 황사의 정의와 위험성 그리고 대응책에 대하여 설명하고 있다. 따라서 '황사를 단순한 모래바람으로 치부할 수는 없다.'는 제시된 문단의 뒤에는 (다) 중국의 전역을 거쳐 대기 물질을 모두 흡수하고 한국으로 넘어오는 황사 – (나) 매연과 화학물질 등 유해물질이 포함된 황사 – (가) 황사의 장점과 방지의 강조 – (라) 황사의 개인적・국가적 대응책의 순으로 나열하는 것이 가장 적절하다.

10 정답 ③

제시된 문단에서 미적 판단에 대한 논쟁이 있었음을 밝히고 있으므로 실재론자 또는 반실재론자의 주장이 이어지는 것이 가장 적절하다. 따라서 (다) 미적 판단의 객관성을 지지하는 실재론들 – (가) 주장에 대한 실재론자들의 근거 – (나) 실재론자의 주장에 반박하는 반실재론자들 – (라) 주장에 대한 반실재론자들의 근거 순으로 나열하는 것이 가장 적절하다.

11 정답 ②

제시문에서 자전거 도로가 확충됨으로써 자전거의 시대가 열리고 있음을 시사하고 있으므로 ②가 빈칸에 들어갈 내용으로 가장 적절하다.

12 정답 ④

제시문은 앞부분에서 언어가 사고능력을 결정한다는 언어결정론자들의 주장을 소개하고, 이어지는 문단에서 이에 대하여 반박하면서 우리의 생각과 판단이 언어가 아닌 경험에 의해 결정된다고 결론짓고 있다. 그러므로 빈칸에 들어갈 문장은 언어결정론자들이 내놓은 근거를 반박하면서도 사고능력이 경험에 의해 결정된다는 주장에 위배되지 않는 내용이어야 한다. 따라서 빈칸에는 풍부한 표현을 가진 언어를 사용함에도 인지능력이 뛰어나지 못한 경우가 있다는 내용이 들어가는 것이 가장 적절하다.

13 정답 ①

첫 번째 문단에서의 '특히 해당 건물은 조립식 샌드위치 패널로 지어져 있어 이번 화재는 자칫 대형 산불로 이어져'라는 내용과 빈칸 앞뒤의 '빠르게 진화되었지만', '불이 삽시간에 번져'라는 내용을 미루어 볼 때, 해당 건물의 화재가 빠르게 진화되었지만 사상자가 발생한 것은 조립식 샌드위치 패널로 이루어진 화재에 취약한 구조이기 때문으로 볼 수 있다. 따라서 빈칸에 들어갈 내용으로 가장 적절한 것은 ①이다.

[오답분석]
② 건조한 기후와 관련한 내용은 제시문에서 찾을 수 없다.
③ 해당 건물은 불법 건축물에 해당되지만 해당 건물의 안전성과 관련한 내용은 제시문에서 찾을 수 없다.
④ 소방시설과 관련한 내용은 제시문에서 찾을 수 없으며, 두 번째 문단에서의 '화재는 30여 분 만에 빠르게 진화되었지만,'이라는 내용으로 보아 소방 대처가 화재에 영향을 줬다고 보기는 어렵다.
⑤ 인적이 드문 지역에 있어 해당 건물의 존재를 파악하기는 어려웠지만, 그것이 화재로 인한 피해를 더 크게 했다고 보기는 어렵다.

14 정답 ①

빈칸의 뒷부분에서는 수면장애가 다양한 합병증을 유발할 수 있다는 점을 언급하며 낮은 수면의 질이 문제가 되고 있음을 설명하고 있다. 따라서 빈칸에 들어갈 내용으로 가장 적절한 것은 수면의 질과 관련된 ①이다.

15 정답 ④

알려지지 않은 것에서는 불안정, 걱정, 공포감이 뒤따라 나오기 때문에 우리 마음의 불안한 상태를 없애고자 한다면, 알려지지 않은 것을 알려진 것으로 바꿔야 한다. 이러한 환원은 우리의 마음을 편하게 해주고 만족하게 한다. 이 때문에 우리는 이미 알려진 것, 체험한 것, 기억에 각인된 것을 원인으로 설정하게 되고, 낯설고 체험하지 않았다는 느낌을 빠르게 제거해 버려, 특정 유형의 설명만이 남아 우리의 사고방식을 지배하게 만든다. 따라서 빈칸에는 '낯설고 체험하지 않았다는 느낌을 제거해 버린다.'는 내용이 들어가는 것이 가장 적절하다.

16 정답 ④

제시문을 통해 언어가 시대를 넘어 문명을 전수하는 역할을 한다는 걸 알 수 있다. 언어를 통해 전해진 선인들의 훌륭한 문화유산이나 정신 자산은 당대의 문화나 정신을 살찌우는 밑거름이 되었으며, 이러한 언어가 없었다면 인류 사회는 앞선 시대와 단절되어서 이상의 발전을 기대할 수 없었을 것이다. 이는 문명의 발달은 언어와 더불어 이루어져 왔음을 의미한다.

17 정답 ④

[오답분석]
① 조성은 음악에서 화성이나 멜로디가 하나의 음 또는 하나의 화음을 중심으로 일정한 체계를 유지하는 것이다.
② 무조 음악은 조성에서 벗어나 자유롭게 표현하고자 한 것이므로, 발전한 형태라고 말할 수 없다.
③ 무조 음악은 한 옥타브 안의 음 각각에 동등한 가치를 두었다.
⑤ 쇤베르크의 12음 기법은 무조 음악이 지닌 자유로움에 조성의 체계성을 더하고자 탄생한 기법이다.

18 정답 ④

브이로거는 영상으로 기록한 자신의 일상을 다른 사람들과 공유하는 사람으로, 브이로거가 아닌 브이로그를 보는 사람이 브이로거의 영상을 통해 공감과 대리만족을 느낀다.

19 정답 ⑤

농작물 재배 능력이 낮고 영농 기반이 부족한 청년농업인들에게는 기존의 농업방식보다 재배 관리 자동화가 가능한 온프레시팜 방식이 농작물 재배에 더 용이할 수 있으나, 초기 시설비용이 많이 들고 재배 기술의 확보가 어려워 접근이 더 수월하다고 볼 수는 없다.

[오답분석]
① 온프레시팜 지원 사업은 청년농업인들이 더욱 쉽게 농작물을 재배하는 것은 물론 경제적으로도 정착할 수 있도록 도와주는 사업이다.
② 온프레시팜은 농업에 이제 막 뛰어든 청년농업인들이 더욱 수월하게 농업을 경영할 수 있도록 돕는 사업이다.
③・④ 온프레시팜 방식은 토양 없이 식물 뿌리와 줄기에 영양분이 가득한 물을 분사해 농작물을 생산하는 방식이기 때문에 흙 속에 살고 있는 병해충으로 인한 피해를 예방할 수 있다. 또한 흙이 없어 다층으로의 재배도 가능하기에 동일한 면적에서 기존의 농업방식보다 더 많은 농작물을 재배할 것으로 예상된다.

20 정답 ⑤

마지막 문단에서 '그리고 병원균이나 곤충, 선충에 기생하는 종들을 사용한 생물 농약은 유해 병원균이나 해충을 직접 공격하기도 한다.'고 하였으므로 직접 공격하지 못한다고 한 ⑤는 적절하지 않다.

21 정답 ④

제시문에서 신화는 역사・학문・종교・예술과 모두 관련된다고 하였다. 따라서 신화는 예술과 상호 관련을 맺는다는 것을 추론할 수 있다.

22
정답 ②

제시문에 따르면 똑같은 일을 똑같은 노력으로 했을 때, 돈을 많이 받으면 과도한 보상을 받아 부담을 느낀다. 또한 적게 받으면 충분히 받지 못했다고 느끼므로 만족하지 못한다. 따라서 공평한 대우를 받을 때 행복감을 더 느낀다는 것을 추론할 수 있다.

23
정답 ④

제시문에 따르면 참여예산제는 인기 영합적 예산 편성으로 예산 수요가 증가하여 재정 상태를 악화시킬 가능성이 있지만, 참여예산제 자체가 재정 상태를 악화시키지는 않는다.

24
정답 ③

퐁피두 미술관은 모든 창조적 활동을 위한 공간이라는 제시문의 설명에 비추어 봤을 때, 퐁피두가 전통적인 예술작품을 선호할 것이라는 내용은 추론할 수 없다.

오답분석
① 퐁피두 미술관은 기존의 전시만을 위해 설립된 공간이 아닌, 복합적인 기능과 역할을 인식하고 변화를 시도하는 공간으로 설립된 점에서 전시 목적만을 위해 설립된 기존의 미술관의 모습과 다를 것임을 추론할 수 있다.
② 퐁피두 미술관은 미술뿐만 아니라, 조형, 음악, 영화, 서적 다양한 목적을 위한 공간이므로 퐁피두를 찾는 사람들의 목적은 다양할 것임을 추론할 수 있다.
④ 퐁피두 미술관의 특징이 모든 창조적 활동의 중심이 되는 공간이라는 점에서 퐁피두는 파격적인 예술작품들을 충분히 수용할 수 있을 것이라고 추론할 수 있다.
⑤ 퐁피두 미술관은 현대 미술관의 기능과 역할을 40년 전에 미리 예견하고 설립되었기 때문에 퐁피두 미술관은 현대 미술관의 선구자라는 자긍심을 가지고 있음을 추론할 수 있다.

25
정답 ⑤

마지막 문단을 통해 선거 기간 중 여론 조사 결과의 공표 금지 기간이 과거에 비해 대폭 줄어든 것은 국민들의 알 권리를 보장하기 위한 것임을 알 수 있다. 그러므로 공표 금지 기간이 길어질수록 알 권리는 약화된다.

26
정답 ②

구비문학에서는 단일한 작품, 원본이라는 개념이 성립하기 어렵다. 따라서 선창자의 재간과 그때그때의 분위기에 따라 새롭게 변형되거나 창작되는 일이 흔하다. 다시 말해 정해진 틀이 있다기보다는 상황이나 분위기에 따라 바뀌는 것이 가능하다. 유동성이란, 형편이나 때에 따라 변화될 수 있음을 뜻하는 말이다. 따라서 글의 주제로 가장 적절한 것은 '구비문학의 유동성'이다.

27
정답 ①

제시문을 살펴보면, 먼저 첫 번째 문단에서는 이산화탄소로 메탄올을 만드는 곳이 있다며 관심을 유도하고, 두 번째 문단에서 해당 원료를 어떻게 만드는지 또 어디서 사용하는지 구체적으로 설명함으로써 이산화탄소 재활용의 긍정적인 측면을 부각하고 있다. 하지만 세 번째 문단에서는 앞선 내용과 달리 이렇게 만들어진 이산화탄소의 부정적인 측면을 설명하고, 마지막 문단에서는 이와 같은 이유로 결론이 나지 않았다며 글을 마무리하고 있다. 따라서 글의 주제로 가장 적절한 것은 이산화탄소 재활용의 이면을 모두 포함하는 내용인 '탄소 재활용의 득과 실'이다.

오답분석
② 두 번째 문단에 한정된 내용으로 제시문 전체를 다루는 주제로 보기에 적절하지 않다.
③ 지열발전소의 부산물을 통해 메탄올이 만들어진 것은 맞지만, 새롭게 탄생되어진 연료로 보기는 어려우며, 제시문의 전체를 다루는 주제로 보기에도 적절하지 않다.
④·⑤ 제시문의 첫 번째, 두 번째 문단을 통해 버려진 이산화탄소 및 부산물의 재활용을 통해 '메탄올'을 제조함으로써 미래 원료를 해결할 것처럼 보이지만, 이어지는 두 문단은 이렇게 만들어진 '메탄올'이 과연 미래 원료로 적합한지 의문점을 제시하고 있다. 따라서 글의 주제로 보기에 적절하지 않다.

28
정답 ⑤

제시문에 따르면 청소년보호위원회는 부정했지만 동성애를 청소년에게 유해한 것으로 지정했다는 것을 알 수 있다.

29
정답 ②

제시문의 핵심 내용을 보면 '반대는 필수불가결한 것이다.', '자유의지를 가진 국민의 범국가적 화합은 정부의 독단과 반대당의 혁명적 비타협성을 무력화시키는 정치권력의 충분한 균형에 의존하고 있다.', '그 균형이 더 이상 존재하지 않는다면 민주주의는 사라지고 만다.'로 요약할 수 있다. 따라서 글의 제목으로 가장 적절한 것은 ②이다.

30
정답 ②

제시문에서는 인지부조화의 개념과 과정을 설명한 후, 이러한 인지부조화를 감소시키는 행동에 자기방어적인 행동을 유발하는 비합리적인 면이 있음을 지적하며, 이러한 행동이 부정적 결과를 초래할 수 있다고 밝히고 있다.

CHAPTER 02 수리력

01 ▶ 응용계산

01	02	03	04	05	06	07	08	09	10
④	③	①	④	①	④	④	④	②	⑤
11	12	13	14	15	16	17	18	19	20
③	①	④	②	⑤	②	②	①	①	②
21	22	23	24	25					
⑤	④	④	⑤	⑤					

01 정답 ④

집에서 도서관까지의 거리는 진수가 걸어간 거리와 같다. (거리)=(속력)×(시간)이므로 집에서 도서관까지의 거리는 $4 \times 1 = 4$km이다.

02 정답 ③

- 20분 동안 30m/min의 속력으로 간 거리 : $20 \times 30 = 600$m
- 20분 후 남은 거리 : $2,000 - 600 = 1,400$m
- 1시간 중 남은 시간 : $60 - 20 = 40$분

따라서 20분 후 속력은 $1,400 \div 40 = 35$m/min이므로, 이후에는 35m/min의 속력으로 가야 한다.

03 정답 ①

현재 어머니의 나이를 x세, 딸의 나이를 y세라 하면 다음과 같은 식이 성립한다.
$x + y = 55 \cdots \Box$
$x + 16 = 2(y + 16) + 3 \rightarrow x - 2y = 19 \cdots \Box$
㉠과 ㉡을 연립하면 $x = 43$, $y = 12$이다.
따라서 현재 딸의 나이는 12세이다.

04 정답 ④

아버지, 은서, 지은이의 나이를 각각 x세, $\frac{1}{2}x$세, $\frac{1}{7}x$세라고 하면 다음과 같은 식이 성립한다.
$\frac{1}{2}x - \frac{1}{7}x = 15$
$\rightarrow 7x - 2x = 210$
$\therefore x = 42$
따라서 아버지의 나이는 42세이다.

05 정답 ①

현재 아버지의 나이를 x세, 아들의 나이를 y세라 하면 다음과 같은 식이 성립한다.
$x - y = 25 \cdots \Box$
$x + 3 = 2(y + 3) + 7 \rightarrow x - 2y = 10 \cdots \Box$
㉠과 ㉡을 연립하면 $x = 40$, $y = 15$이다.
따라서 현재 아버지의 나이는 40세이다.

06 정답 ④

공책의 가격을 x원이라고 하면 다음과 같은 식이 성립한다.
$2(2,000 - x) = 2,400 - x$
$\therefore x = 1,600$
따라서 공책의 가격은 1,600원이다.

07 정답 ④

원가를 x원이라고 하자. 좌변에는 원가에 이윤을 붙인 정가에 할인율을 적용한 것을, 우변에는 원가 대비 이윤을 나타내면 다음과 같은 식이 성립한다.
$1.2x \times 0.9 = x + 2,000$
$\rightarrow 1.08x = x + 2,000$
$\therefore x = 25,000$
따라서 이 제품의 원가는 25,000원이다.

08 정답 ④

김대리가 작년에 낸 세금은 $(4,000 - 2,000) \times 0.3 = 600$만 원이다. 올해의 총소득은 20% 증가한 $4,000 \times 1.2 = 4,800$만 원이고, 소득 공제 금액은 40% 증가한 $2,000 \times 1.4 = 2,800$만 원이다. 그러므로 올해의 세액은 작년보다 10%p 증가한 세율 40%를 적용하여 $(4,800 - 2,800) \times 0.4 = 800$만 원이다.
따라서 작년과 올해의 세액의 차이는 $800 - 600 = 200$만 원이다.

09 정답 ②

전체 일의 양을 1이라고 하면 소미가 하루 동안 할 수 있는 일의 양은 $\frac{1}{12}$, 세정이와 미나가 함께 하루 동안 할 수 있는 일의 양은 $\frac{1}{4}$이다. 세 사람이 x일 동안 일한다고 하면 다음과 같은 식이 성립한다.

$\left(\frac{1}{12}+\frac{1}{4}\right) \times x = 1$

$\therefore x = 3$

따라서 다 같이 하면 3일이 걸린다.

10 정답 ⑤

15−12=3L이므로 1분에 3L만큼의 물을 퍼내는 것과 동일하다.
따라서 25분 후에 수조에 남아있는 물의 양은 100−3×25=25L이다.

11 정답 ③

A, B수도가 1분 동안 채울 수 있는 물의 양은 각각 $\frac{1}{15}$L, $\frac{1}{20}$L이다. A, B수도를 동시에 틀어 놓을 경우 1분 동안 채울 수 있는 물의 양은 $\frac{1}{15}+\frac{1}{20}=\frac{7}{60}$L이므로, 30분 동안 $\frac{7}{60}\times 30=3.5$L의 물을 받을 수 있다.
따라서 30분 동안 물통 3개를 가득 채울 수 있다.

12 정답 ①

국어, 영어, 수학 점수를 각각 a, b, c라고 하면 다음과 같은 식이 성립한다.

$\frac{b+c}{2}=85$, $\frac{a+c}{2}=1$

$b+c=170 \cdots$ ㉠
$a+c=82 \cdots$ ㉡

㉡−㉠을 하면 $a-b=12$
따라서 영어와 국어 점수의 차이는 12점이다.

13 정답 ④

4명의 평균점수가 80점으로 총점은 80×4=320점이다.
따라서 B의 국어영역 점수는 320−(85+69+77)=89점이다.

14 정답 ②

갑돌이가 최우수상을 받기 위해서는 4과목의 평균이 85점 이상이어야 하므로 총점은 340점 이상이 돼야 한다.
따라서 갑돌이는 340−(70+85+90)=95점 이상을 받아야 한다.

15 정답 ⑤

농도 2%의 소금물의 양을 xg이라고 하면 다음과 같은 식이 성립한다.

$\dfrac{20\times\frac{5}{100}+x\times\frac{2}{100}}{20+x}\times 100 = 3$

→ $\dfrac{100+2x}{20+x}=3$

→ $100+2x=3(20+x)$

→ $100+2x=60+3x$

$\therefore x=40$

따라서 농도 2%의 소금물 40g을 넣으면 농도 3%의 소금물이 된다.

16 정답 ②

코코아의 농도가 25%이고, 코코아 분말이 녹아있는 코코아 용액은 700mL이라 한다면 (코코아 분말의 양)=700×0.25=175g이다.
따라서 코코아 분말은 175g이 들어있음을 알 수 있다.

17 정답 ②

퍼낸 소금물의 양을 xg, 농도 2% 소금물의 양을 yg이라고 하면 다음과 같은 식이 성립한다.
$200-x+x+y=320$
$\therefore y=120$

소금물을 퍼내고 같은 양의 물을 부으면 농도 8%의 소금물에 있는 소금의 양은 같으므로 다음과 같은 식이 성립한다.

$\frac{8}{100}(200-x)+\frac{2}{100}\times 120 = \frac{3}{100}\times 320$

→ $1,600-8x+240=960$

→ $8x=880$

$\therefore x=110$

따라서 퍼낸 소금물의 양은 110g이다.

18 정답 ①

나무를 최소로 심으려면 432와 720의 최대공약수만큼의 간격으로 나무를 심어야 한다. 432와 720의 최대공약수인 144로 나누면 각각 3과 5이다. 이 수는 시작 지점의 귀퉁이는 제외하고 끝나는 지점의 귀퉁이는 포함하므로, 4개의 귀퉁이를 제외하고 계산하면 가로와 세로에 각각 2그루와 4그루씩 심을 수 있다.
따라서 $(2 \times 2) + (4 \times 2) + 4 = 16$그루를 심을 수 있다.

19 정답 ①

감자와 당근의 봉지 개수에서 남는 봉지 개수를 제외하면 각각 52봉지, 91봉지가 되며, 이 두 수의 최대공약수는 13이다.
따라서 감자와 당근을 받을 수 있는 최대 인원은 13명이다.

20 정답 ②

큰 정사각형의 한 변의 길이는 40과 16의 최소공배수인 80cm이므로 가로에는 $80 \div 40 = 2$개, 세로에는 $80 \div 16 = 5$개를 둘 수 있다.
따라서 돗자리는 최소 10개가 필요하다.

21 정답 ⑤

ⅰ) 서로 다른 주사위 2개를 던져 나오는 눈의 수의 합이 4인 경우 : (1, 3), (2, 2), (3, 1)의 3가지
ⅱ) 서로 다른 주사의 2개를 던져 나오는 눈의 수의 합이 7인 경우 : (1, 6), (2, 5), (3, 4), (4, 3), (5, 2), (6, 1)의 6가지
따라서 나오는 눈의 수의 합이 4 또는 7이 나오는 경우의 수는 9가지이다.

22 정답 ④

돈을 낼 수 있는 경우의 수는 다음과 같다.
$(10,000 \times 2, 1,000 \times 3)$, $(10,000 \times 1, 5,000 \times 2, 1,000 \times 3)$, $(10,000 \times 1, 5,000 \times 1, 1,000 \times 8)$, $(5,000 \times 4, 1,000 \times 3)$, $(5,000 \times 3, 1,000 \times 8)$
따라서 구하고자 하는 경우의 수는 5가지이다.

23 정답 ④

ⅰ) 4개의 숟가락 중 파랑 숟가락은 2개이므로 $\frac{4!}{2!} = 12$가지
ⅱ) 4개의 젓가락 중 빨강 젓가락과 초록 젓가락은 2번 겹치므로 $\frac{4!}{2! \times 2!} = 6$가지
따라서 숟가락과 젓가락으로 4개 세트를 만드는 경우의 수는 $12 \times 6 = 72$가지이다.

24 정답 ⑤

(한 문제 이상 맞힐 확률) = 1 − (세 문제 모두 틀릴 확률)
따라서 이 학생이 세 문제를 모두 풀 때 한 문제 이상 맞힐 확률은 $1 - \left(\frac{1}{6} \times \frac{1}{2} \times \frac{3}{4}\right) = 1 - \frac{1}{16} = \frac{15}{16}$이다.

25 정답 ⑤

주사위를 던졌을 때 4보다 큰 수인 5와 6이 나올 확률은 $\frac{1}{3}$, 동전의 앞면이 나올 확률은 $\frac{1}{2}$이다.
따라서 구하고자 하는 확률은 $\frac{1}{3} \times \frac{1}{2} = \frac{1}{6}$이다.

02 ▶ 수추리

01	02	03	04	05	06	07	08	09	10
④	⑤	②	②	④	①	③	①	②	④
11	12	13	14	15	16	17	18	19	20
⑤	③	①	①	①	⑤	①	②	②	①
21	22	23	24	25	26	27	28	29	30
⑤	②	②	⑤	④	①	⑤	⑤	②	②
31	32	33	34	35					
④	③	⑤	④	⑤					

01 정답 ④
앞의 항에 +7, +13, +19, +25, …인 수열이다.
따라서 ( )=106+37=143이다.

02 정답 ⑤
홀수 항은 +11, 짝수 항은 +29를 더하는 수열이다.
따라서 ( )=62−29=33이다.

03 정답 ②
첫 번째 항부터 $\times \frac{3}{2}$, $\times \frac{4}{3}$을 번갈아 적용하는 수열이다.
따라서 ( )=$528 \times \frac{4}{3}$=704이다.

04 정답 ②
분모는 −6, 분자는 +6을 하는 수열이다.
따라서 ( )=$\frac{59+6}{373-6}=\frac{65}{367}$ 이다.

05 정답 ④
홀수 항은 $+\frac{1}{4}$, 짝수 항은 $-\frac{1}{6}$을 하는 수열이다.
따라서 ( )=$\frac{5}{4}+\frac{1}{4}=\frac{3}{2}$ 이다.

06 정답 ①
앞의 항에 $\times \frac{2}{3}$, −1을 번갈아 적용하는 수열이다.
따라서 ( )=$-\frac{14}{15}-1=-\frac{29}{15}$ 이다.

07 정답 ③
앞의 항에 +0.2, +0.25, +0.3, +0.35, …인 수열이다.
따라서 ( )=1.8+0.4=2.2이다.

08 정답 ①
홀수 항은 ×2+0.1, ×2+0.2, ×2+0.3, …, 짝수 항은 ×2−0.1을 하는 수열이다.
따라서 ( )=2.9×2−0.1=5.7이다.

09 정답 ②
앞의 항에 +3, ÷2를 번갈아 적용하는 수열이다.
따라서 ( )=3.5+3=6.5이다.

10 정답 ④
앞의 항에 2.5, 3.5, 4.5, 5.5, …를 더하는 수열이다.
따라서 ( )=−1+4.5=3.5이다.

11 정답 ⑤
앞의 항에 +1.6, −2.4, +3.2, −4, +4.8, …인 수열이다.
따라서 ( )=−3.6+4.8=1.2이다.

12 정답 ③
나열된 수를 각각 A, B, C라고 하면
$\underline{A\ B\ C} \to A+2B=2C$
따라서 ( )=(4+2×3)÷2=5이다.

13 정답 ①
나열된 수를 각각 A, B, C라고 하면
$\underline{A\ B\ C} \to (A+B)\times 5=C$
따라서 ( )=60÷5−10=2이다.

14
정답 ①

나열된 수를 각각 A, B, C라고 하면
$\underline{A\ B\ C} \to A \times B = C$
따라서 ( ) $= \dfrac{5}{14} \times \dfrac{7}{3} = \dfrac{5}{6}$ 이다.

15
정답 ②

나열된 수를 각각 A, B, C라고 하면
$\underline{A\ B\ C} \to A - B = C$
따라서 ( ) $= 20 - 12 = 8$이다.

16
정답 ⑤

나열된 수를 각각 A, B, C라고 하면
$\underline{A\ B\ C} \to A^B = C$
따라서 ( ) $= 5^3 = 125$이다.

17
정답 ①

나열된 수를 각각 A, B, C, D라고 하면
$\underline{A\ B\ C\ D} \to A \times B = C + D$
따라서 ( ) $= 7 \times 3 - 9 = 12$이다.

18
정답 ②

제시된 수열은 소수의 제곱을 나열한 수열이다.
따라서 11번째 소수는 31이므로 11번째 항의 값은 $31^2 = 961$이다.

19
정답 ②

제시된 수열은 (앞의 항의 수) − (뒤의 항의 수)의 절댓값이 다음 항의 수인 수열이다.
따라서 8번째 항은 17 − 21의 절댓값인 4, 9번째 항은 21 − 4 = 17, 10번째 항은 4 − 17의 절댓값인 13이다.

20
정답 ①

−4, −2, +0, +2, +4, …로 나열된 수열이다.
따라서 ①은 7 + 4 = 11이다.

21
정답 ⑤

홀수 열은 ÷3, 짝수 열은 ÷2로 나열된 수열이다.
따라서 ⑤는 58 ÷ 2 = 29이다.

22
정답 ②

1을 뺀 후, 그 수를 제곱한 수열이다.
따라서 ②는 $\sqrt{16} + 1 = 5$이다.

23
정답 ②

홀수 열은 ÷2−4, 짝수 열은 ×2−4로 나열된 수열이다.
따라서 ②는 (16 + 4) ÷ 2 = 10이다.

24
정답 ⑤

×2+1로 나열된 수열이다.
따라서 ⑤는 14 × 2 + 1 = 29이다.

25
정답 ④

홀수 열은 ×5, 짝수 열은 +5로 나열된 수열이다.
따라서 ④는 10 × 5 = 50이다.

26
정답 ①

+3, +5, +7, +9, +11, …로 나열된 수열이다.
따라서 ①은 5 − 5 = 0이다.

27
정답 ⑤

홀수 열은 ×11, 짝수 열은 +20, +40, +60, +80, +100으로 나열된 수열이다.
따라서 ⑤는 136 − 100 = 36이다.

28
정답 ⑤

5의 배수는 0, 5의 배수가 아니면 1로 나열된 수열이다.
따라서 ⑤는 75가 5의 배수이므로 0이다.

29
정답 ②

(각 자릿수의 합)×10으로 나열된 수열이다.
따라서 ②는 (1 + 0) × 10 = 10이다.

30
정답 ②

×2, ×4, ×8, ×16, ×32, …로 나열된 수열이다.
따라서 ②는 9 × 16 = 144이다.

31 정답 ④

십의 자릿수와 일의 자릿수를 더하여 2를 곱한 수열이다.
따라서 ④는 (7+2)×2=18이다.

32 정답 ③

십의 자릿수와 일의 자릿수를 바꾼 후 ×3으로 나열된 수열이다.
따라서 ③은 246÷3=82를 십의 자리와 일의 자리를 바꾼 28이다.

33 정답 ⑤

홀수 열은 ×3+2, 짝수 열은 ×3−2로 나열된 수열이다.
따라서 ⑤는 (−20+2)÷3=−6이다.

34 정답 ④

A÷B의 나머지가 3인 것으로 나열된 수열이다.
따라서 ④는 (7−3)÷1=4이다(∵ 몫이 1이라고 가정).

35 정답 ⑤

2를 뺀 후, 그 수를 세제곱한 수열이다.
따라서 ⑤는 $(2-2)^3=0$이다.

03 ▶ 공간지각

01	02	03	04	05	06	07	08	09	10
①	①	⑤	④	④	④	③	④	⑤	②

01 정답 ①

별도의 회전 없이 제시된 도형과 같음을 알 수 있다.

02 정답 ①

제시된 도형을 시계 반대 방향으로 90° 회전한 것이다.

03 정답 ⑤

제시된 도형을 180° 회전한 것이다.

04 정답 ④

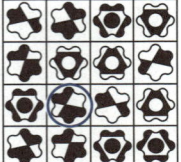

05 정답 ④

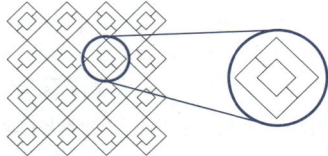

06 정답 ④

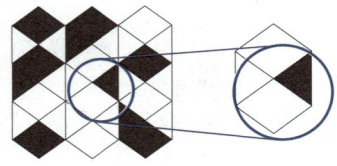

07 정답 ③

도형을 좌우 반전하면 ,

이를 시계 방향으로 90° 회전하면 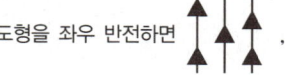 이 된다.

08 정답 ④

도형을 상하 반전하면 ,

이를 시계 반대 방향으로 90° 회전하면 ,

이를 좌우 반전하면 이 된다.

09 정답 ⑤

도형을 180° 회전하면 ,

이를 상하 반전하면 이 된다.

10 정답 ②

도형을 시계 방향으로 270° 회전하면 ,

이를 상하 반전하면  이 된다.

04 ▶ 연산자

01	02	03	04	05
③	②	②	②	④

01 정답 ③

$15 ◎ 20$
$= 15^2 - 20 + 15$
$= 225 - 5$
$= 220$

02 정답 ②

$47 ◆ 61$
$= 3 \times 47 - 2 \times 61$
$= 141 - 122$
$= 19$

03 정답 ②

$\dfrac{5}{6} \bigcirc 2$

$= \left(\dfrac{5}{6}\right)^2 \times 2 + \dfrac{5}{6} \times 2^2$

$= \dfrac{25}{6 \times 6} \times 2 + \dfrac{5 \times 2}{3}$

$= \dfrac{25}{18} + \dfrac{10}{3}$

$= \dfrac{25 + 60}{18}$

$= \dfrac{85}{18}$

[다른 풀이]

$\dfrac{5}{6} \bigcirc 2$

$= \dfrac{5}{6} \times 2 \times \left(\dfrac{5}{6} + 2\right)$

$= \dfrac{5}{3} \times \dfrac{17}{6}$

$= \dfrac{85}{18}$

04

정답 ②

13●4

$= \dfrac{13}{3} + \dfrac{4}{2}$

$= \dfrac{13}{3} + 2$

$= \dfrac{19}{3}$

05

정답 ④

i) 2○1

　$= 2 \times 1 \times (2+1)$

　$= 6$

ii) 6●18

　$= \dfrac{6}{3} + \dfrac{18}{2}$

　$= 2 + 9$

　$= 11$

iii) (2○1)●(6●18)

　$= 6●11$

　$= \dfrac{6}{3} + \dfrac{11}{2}$

　$= 2 + \dfrac{11}{2}$

　$= \dfrac{15}{2}$

CHAPTER 03 물리

01	02	03	04	05	06	07	08	09	10
④	④	④	⑤	①	⑤	④	⑤	④	①
11	12	13	14	15	16	17	18	19	20
②	①	②	②	①	④	②	②	⑤	③

01
정답 ④

태양 전지는 태양광을 활용한 것으로 태양 전지판을 이용하여 태양의 빛 에너지를 전기 에너지로 변환한다.

02
정답 ④

발광 다이오드는 p형 반도체와 n형 반도체를 접합하여 만든 것으로 p-n형과 n-p형이 있다. 한쪽 방향으로만 전류가 흐르고, 전류가 흐를 때 빛을 방출한다.

03
정답 ④

역학적 에너지를 전기 에너지로 전환시켜주는 장치는 발전기이다.

04
정답 ⑤

㉠ 병렬로 연결된 R_2, R_3와 R_1은 서로 직렬로 연결되어 있으므로 R_1의 크기가 증가하면 전체 합성저항 또한 증가한다.
㉡·㉢ R_2를 증가시키면 R_2에 흐르는 전류는 감소하고 반대로 R_3에 흐르는 전류는 증가하게 된다. 따라서 R_2를 증가시키면 R_2와 R_3의 합성저항이 커지므로 전체 합성저항은 증가하고 R_1에 걸리는 전압은 감소하게 된다.

05
정답 ①

가속도는 시간에 대한 속도 변화의 비율을 나타내는 양으로, 질량을 m, 가속도를 a, 힘을 F라고 하면 운동 방정식 F=ma가 성립한다. 그림에서 질량은 1kg이므로, 가속도 a는 힘 F와 같고, 서로 반대 방향으로 작용하는 힘 때문에 가속도의 크기가 $4m/s^2$이 된다.

06
정답 ⑤

㉠ 3초부터 8초 사이에는 엘리베이터가 등속운동을 하고 있다. 따라서 헤린이의 몸무게는 원래 몸무게를 유지한다.
㉡ 8초부터 10초 사이에 가속도 a는 $\frac{0-10}{2}=-5m/s^2$이다. 따라서 저울이 가리키는 눈금은 50×(10-5)=250N이다.
㉢ 엘리베이터가 1층부터 맨 위층까지 이동한 거리는 그래프의 면적과 같다.
$(3 \times 10 \times \frac{1}{2})+(5 \times 10)+(2 \times 10 \times \frac{1}{2})=75$
따라서 이 건물의 높이는 70m 이상이다.

07
정답 ④

오답분석
㉡ 열기관은 고열원에서 저열원으로 이동한다. 저열원에서 고열원으로 이동시키는 기관은 열펌프이다.

08
정답 ⑤

저항은 도선의 길이에 비례하고, 도선의 단면적에 반비례한다. 길이가 1cm이고 단면적이 $1mm^2$인 금속의 저항을 R로 가정하여 각각의 조건에 따른 저항을 나타내면 다음과 같다.
① $\frac{1}{5}$R, ② $\frac{1}{2}$R, ③ 1R, ④ 2R, ⑤ 5R
따라서 저항값이 가장 큰 것은 ⑤이다.

09
정답 ④

역학적 에너지 보존으로 감소한 운동 에너지는 증가한 위치 에너지와 같다.
따라서 mgh=2×9.8×3=58.8J이다.

10
정답 ①

전자기파는 파장이 짧을수록 에너지가 크므로 에너지가 큰 순서대로 나열하면 'X선>자외선>가시광선>적외선>마이크로파'이다.
따라서 전자기파 종류 중 에너지가 가장 큰 것은 X선이다.

11 정답 ②

파도가 부서지는 주기는 물결파의 주기와 같고 인접한 마루 사이의 거리는 파장과 같다. 파도의 전파 속도는 $v=\dfrac{\lambda}{T}$ 이고, 매질이 같으면 파동의 속도는 변하지 않으므로 $\dfrac{10}{2}=\dfrac{5}{T}$, 즉 $T=1$초이다.

12 정답 ①

두 물체를 마찰시키면 B의 전자들이 A로 이동하면서 A의 전자가 상대적으로 많아지므로 (−)를 띠게 된다.

오답분석
ⓒ 물체 B에는 (+)전하를 가진 원자핵과 전자가 같이 존재한다. 다만 원자핵의 (+)전하보다 전자의 (−)전하가 적어졌기 때문에 (+)전하로 대전되는 것이다.
ⓒ 원자핵의 (+)전하는 움직이지 않는다.

13 정답 ②

CT는 원통이 회전하면서 인체의 한 단면을 향해 여러 방향에서 X선을 쏘아 반사되거나 투과된 정보에 따라 인체를 영상화한다. 또한 밀도에 따른 X선 흡수 차를 이용한다.

14 정답 ②

오답분석
ⓒ 중력의 예이다.
ⓔ 관성력의 예이다.

15 정답 ①

$Q=cm\triangle T$ 에서, 열용량은 열량을 온도변화로 나눈 값이다. 그런데 세 비커에는 모두 같은 물질인 물이 들어 있기 때문에 비열량이 같으므로, 열용량은 질량에 비례한다. 따라서 열용량이 가장 작은 A에 들어있는 물의 질량이 가장 작고, 열용량이 가장 큰 C에 들어있는 물의 질량이 가장 크다.

16 정답 ④

직렬 연결 전체 저항은 $5+5=10\Omega$이며, 회로에 흐르는 전체 전류는 $I=\dfrac{V}{R}=\dfrac{6V}{10\Omega}=0.6A$이다.

17 정답 ②

8초 후 속도는 $5+4\times 8=37$m/s이며
평균 속도는 $\dfrac{(처음\ 속도)+(나중\ 속도)}{2}$ 이므로
$\dfrac{5+37}{2}=21$m/s이다.

18 정답 ②

공은 A지점으로부터 3m 밑으로 떨어졌으므로 줄어든 위치에너지는 $5\times 9.8\times 3=147$J이다.

19 정답 ⑤

탄성력은 $F=kx$ 이므로 탄성계수 k는 $\dfrac{4}{5}=0.8$N/cm이다.
따라서 용수철에 가해진 힘은 $0.8\times 8=6.4$N이다.

20 정답 ③

오답분석
㉠ 물체는 움직이지 않으므로 물체의 합력은 0이다.
ⓒ 물체에 작용하는 힘은 철수가 물체를 당기는 힘과 영수가 물체를 당기는 힘으로서 서로 작용점이 같고, 힘의 평형 관계에 있다.

CHAPTER 04 화학

01	02	03	04	05	06	07	08	09	10
⑤	②	②	①	①	③	②	②	①	②
11	12	13	14	15	16	17	18	19	20
③	③	③	①	③	②	①	③	①	②

01 정답 ⑤

헬륨(He), 아르곤(Ar), 크립톤(Cr), 제논(Xe)과 같은 비활성 기체는 단원자 분자로 존재한다.

02 정답 ②

두 개의 원자가 공유결합을 할 때 각각의 원자가 공유한 전자쌍을 공유 전자쌍이라고 한다. 따라서 물(H_2O)의 공유 전자쌍 개수는 2개이다.

03 정답 ②

오답분석
① 돌턴의 원자 모형에 대한 설명이다.
③ 보어의 원자 모형에 대한 설명이다.
④ 톰슨의 원자 모형에 대한 설명이다.
⑤ 러더퍼드의 원자 모형에 대한 설명이다.

04 정답 ①

물리적 변화는 물질 자체는 변하지 않고 물질의 상태나 모양 등이 변하는 변화이고, 화학적 변화는 원래 물질과는 성질이 다른 물질이 생성되는 변화이다.
㉠·㉡ 화학적 성질은 변하지 않고 형태만 바뀌는 물리적 변화이다.
㉢·㉣·㉤ 발효와 부식, 부패로 인한 화학적 변화이다.

05 정답 ①

오답분석
② 환원 반응에 대한 설명이다.
③ 동화작용에 대한 설명이다.
④ 핵분열에 대한 설명이다.
⑤ 핵융합에 대한 설명이다.

06 정답 ③

- A : 역반응의 활성화 에너지
- B : 정반응의 활성화 에너지
- C : 반응열
- D : 활성화 상태일 때의 에너지
㉠ C는 반응열이므로 옳다.
㉣ 촉매는 반응열에 영향을 주지 않는다.

07 정답 ②

(가) : 현재 인류가 가장 많이 사용하는 금속은 철이다. 철은 반응성이 커서 자연 상태에서 주로 산소와 결합한 산화철의 형태로 존재한다. 산화철에 코크스를 섞고 가열하여 철을 얻는 기술이 개발되면서 본격적으로 철이 사용되기 시작하였다.
(나) : 하버와 보슈에 의해 수소 기체와 질소 기체의 반응으로 암모니아를 공업적으로 합성하는 방법이 개발되었다. 이를 통해 질소 비료의 대량 생산이 가능해지면서 농업 생산력은 비약적으로 발전하였고 인류의 식량 문제를 해결하게 되었다.

08 정답 ②

(나)는 에텐(C_2H_4)으로 탄소원자끼리 삼중결합이 아닌 이중결합을 한다. 삼중결합의 탄화수소는 에타인(C_2H_2)이 대표적이다.

09 정답 ①

오답분석
② 전자를 잃거나 얻어서 전기를 띤 원자 혹은 원자단을 말한다.
③ 원자로 이루어진 물질로서, 원자의 결합체 중 독립 입자로서 작용하는 단위체를 말한다.
④ 원자를 구성하고 있는 입자의 한 종류를 말한다. 단, 전하를 띠지 않는다.
⑤ 소립자의 하나로 핵자보다 가볍고, 전자와 뉴트리노는 렙톤이다.

10 정답 ②

제시문에서 설명하는 원소는 '탄소'이다. 탄소는 호흡이나 화석 연료의 연소 반응에 의해 이산화탄소로 전환된다.

11 정답 ③

이온화경향이 커서 산화가 잘되는 순서는 다음과 같다.
K>Ca>Na>Mg>Al>Zn>Fe>Ni>Sn>P>H>Cu>Hg>Ag>Pt>Au
따라서 구리(Cu)는 묽은 염산(HCl)의 수소(H)보다 산화되기 어려우므로 아무 반응이 일어나지 않는다.

12 정답 ③

반응 전과 반응 후의 원자 종류와 수는 같아야 한다. 첫 번째 화학 반응식에서 반응 후의 산소가 2개이므로 산소 2개가 필요하고, 두 번째 화학 반응식에서 반응 후 산소가 4개이므로 산소 4개가 필요하다.
따라서 빈칸에 공통으로 들어가는 물질은 O_2이다.

13 정답 ③

원자 번호=양성자 수=전자 수이다.
㉠ A는 원자 번호가 6번으로 양성자 수가 6개이므로 중성자 수와 같다.
㉡ B와 C는 원자 번호가 같으므로 전자 수는 같다. 또한 B와 C는 양성자 수가 같지만 중성자 수는 다르므로 동위 원소이다.

오답분석
㉢ C와 D는 원자 번호가 서로 다르므로 동위 원소가 아니다.

14 정답 ①

나트륨 이온과 칼륨 이온은 앙금을 생성하지 않으므로 불꽃 반응으로 이온을 확인할 수 있다.

15 정답 ③

음식을 냉장고에 넣었을 때 쉽게 상하지 않는 이유는 부패되는 속도가 느려지기 때문이다. 이는 물질의 반응 속도가 느려지는 경우에 해당한다.

16 정답 ②

톰슨의 실험은 (-)극에서 (+)극으로 흐르는 빛, 음극선을 이용하여 전자를 발견한 실험이다. 원자핵의 발견은 러더퍼드의 α입자 산란실험에서 알 수 있다.

17 정답 ①

메틸오렌지는 산성에서 '붉은색'으로 변하고, 페놀프탈레인은 중성에서 산성과 같이 '무색'이다. BTB용액은 염기성에서 '푸른색'으로 변하므로 답은 ①이다.

18 정답 ③

질소는 원소주기율표상에서 2주기 15족에 속하는 비금속 원소로 지구 대기의 약 78% 정도를 차지하고 있으며 지구 생명체의 구성 성분이다. 또한 인체에 무해하고 반응성이 적은 안정한 기체로 과자 봉지 충전재로 많이 쓰인다.

19 정답 ①

귀납적 탐구 과정은 다음과 같다.
자연 현상 → 관찰 주제 설정 → 관찰 방법 및 절차 고안 → 관찰 수행 → 관찰 결과 및 결론 도출
가설 설정 과정 없이 개개의 특수한 사실을 일반적 원리로 도출하는 것이다.
연역적 탐구 과정은 다음과 같다.
관찰 → 문제 인식 → 가설(잠정적 결론) 설정 → 탐구 설계(변인 설정) → 탐구(실험) 수행(가설의 검증 과정) → 자료 해석 → 결론 도출 → 일반화(원리, 법칙)
자료 해석을 통해 얻은 결론이 앞의 가설과 일치하지 않을 경우, 가설을 수정하거나 새로운 가설을 세우고 다시 새로운 가설에 알맞은 탐구 설계를 하여 탐구 과정을 거쳐야 한다.

20 정답 ②

㉠ 모양이 대칭이어서 쌍극자 모멘트 합이 0인 무극성 분자는 (가), (다) 2개이다.
㉢ (나) 삼각뿔형 구조로 결합각은 107°로 제일 작고, (다)의 결합각은 109.5°이다.

오답분석
㉡ 입체구조는 (나) 삼각뿔형, (다) 정사면체형으로 2개이며, (가)는 180°로 직선형 구조이다.
㉣ (가), (다) 분자의 중심원자 비공유 전자쌍은 없지만 분자에 속한 원자 F는 원자 하나당 3개의 비공유 전자쌍이 존재한다. 따라서 (가) 분자의 비공유 전자쌍은 6개이고, (다)는 12개가 존재한다.

PART

2
최종점검 모의고사

최종점검 모의고사

01 ▶ 언어력

01	02	03	04	05	06	07	08	09	10
①	③	⑤	②	③	③	②	②	③	⑤
11	12	13	14	15	16	17	18	19	20
②	③	②	③	②	①	②	③	②	②
21	22	23	24	25	26	27	28	29	30
①	④	①	③	②	⑤	①②	④⑤	②⑤	①④
31	32	33	34	35	36	37	38	39	40
①③	①⑤	①③	②④	④⑤	②③	①	③	④	③

01 정답 ①

제시된 단어는 상하 관계이다.
'대한민국'은 '국가'의 하위어이며, '음악'은 '예술'의 하위어이다.

02 정답 ③

제시된 단어는 입력장치와 출력장치 관계이다.
'마이크'에 대응되는 출력장치는 '스피커'이며, '키보드'에 대응되는 출력장치는 '모니터'이다.

[오답분석]
②·⑤ 입력장치이다.
④ 이어폰은 출력장치이지만 키보드에 대응되는 출력장치는 아니다.

03 정답 ⑤

제시된 단어는 유의 관계이다.
'가끔'의 유의어는 '이따금'이고, '죽다'의 유의어는 '숨지다'이다.

04 정답 ②

제시된 단어는 유의 관계이다.
'패배'의 유의어는 '굴복'이고, '경쾌하다'의 유의어는 '가뿐하다'이다.

05 정답 ③

'우애'는 '돈독하다'를 수식할 수 있고, '대립'은 '첨예하다'를 수식할 수 있다.

06 정답 ③

제시된 단어는 반의 관계이다.
'상승'의 반의어는 '하강'이고, '질서'의 반의어는 '혼돈'이다.

07 정답 ②

제시된 단어는 유의 관계이다.
'운명하다'의 유의어는 '사망하다'이고, '한가하다'의 유의어는 '여유롭다'이다.

08 정답 ②

'가정맹어호'는 '공자'의 고사에서 유래된 말이고, '호접지몽'은 '장자'의 고사에서 유래된 말이다.
- 가정맹어호(苛政猛於虎) : '가혹한 정치는 호랑이보다 무섭다.'는 뜻으로, 몹시 모질고 독한 정치의 해가 큼을 이르는 말
- 호접지몽(胡蝶之夢) : '나비가 된 꿈'이라는 뜻으로, 물아일체(物我一體)의 경지, 또는 인생의 무상함을 비유하는 말

09 정답 ③

'편지' 발송에는 '우표'가 필요하고, '상처' 치료에는 '연고'가 필요하다.

10 정답 ⑤

제시된 단어는 원인과 결과의 관계이다.
'늦잠'으로 인해 '지각'이 발생하고, '폐수'로 인해 '수질오염'이 발생한다.

11 정답 ②

제시된 단어는 상하 관계이다.
'명절'의 하위어는 '설날'이며, '양식'의 하위어는 '파스타'이다.

12 정답 ③

제시된 단어는 직업과 하는 일의 관계이다.
'농부'는 농사일을 통해 작물을 '수확'하고, '광부'는 광산에서 광물을 '채굴'한다.

13 정답 ②

제시된 단어는 대상과 대상을 측정하는 기구의 관계이다.
'무게'는 '저울'로, '시간'은 '시계'로 측정한다.

14 정답 ③

제시된 단어는 주어와 서술어의 관계이다.
밤에는 '별'이 '빛나고', 낮에는 '해'가 '뜬다'.

15 정답 ③

제시된 단어는 상하 관계이다.
'소설'은 '문학' 양식의 하나이며, '바로크'는 '건축' 양식의 하나이다.

16 정답 ①

제시된 단어는 유의 관계이다.
'암시'의 유의어는 어떤 것을 미리 간접적으로 표현함을 뜻하는 '시사'이고, '갈등'의 유의어는 서로 의견이 달라 충돌함을 뜻하는 '알력'이다.

17 정답 ②

'간극'과 '극간'은 '사물 사이의 틈'을 뜻한다.

[오답분석]
① 간헐 : 얼마 동안의 시간 간격을 두고 되풀이하여 일어났다 쉬었다 함
③ 간조 : 간단하고 조잡함
④ 간섭 : 직접 관계가 없는 남의 일에 부당하게 참견함
⑤ 간과 : 큰 관심 없이 대강 보아 넘김

18 정답 ③

• 무릇 : 대체로 헤아려 생각하건대
• 대저(大抵) : 대체로 보아서

[오답분석]
① 가령(假令) : 1. 가정하여 말하여, 2. 예를 들어
② 대개(大蓋) : 일의 큰 원칙으로 말하건대
④ 도통(都統) : 1. 아무리 해도, 2. 이러니저러니 할 것 없이 아주
⑤ 비단(非但) : 부정하는 말 앞에서 '다만', '오직'의 뜻으로 쓰이는 말

19 정답 ②

• 발전(發展) : 더 낫고 좋은 상태나 더 높은 단계로 나아감
• 진전(進展) : 일이 진행되어 발전함

[오답분석]
① 동조(同調) : 남의 주장에 자기의 의견을 일치시키거나 보조를 맞춤
③ 발생(進展) : 어떤 일이나 사물이 생겨남
④ 퇴보(退步) : 정도나 수준이 이제까지의 상태보다 뒤떨어지거나 못하게 됨
⑤ 발주(發注) : 물건을 보내 달라고 주문함

20 정답 ②

• 는개 : 안개비보다는 조금 굵고 이슬비보다는 가는 비
• 안개비 : 내리는 빗줄기가 매우 가늘어서 안개처럼 부옇게 보이는 비

[오답분석]
① 작달비 : 장대처럼 굵고 거세게 좍좍 내리는 비(≒장대비)
③ 소나기 : 갑자기 세차게 쏟아지다가 곧 그치는 비
④ 그믐치 : 음력 그믐께에 비나 눈이 내림. 또는 그 비나 눈
⑤ 여우비 : 볕이 나 있는 날 잠깐 오다가 그치는 비

21 정답 ①

• 실팍하다 : 사람이나 물건 따위가 보기에 매우 실하다(≒충실하다, 튼튼하다, 실하다, 크다).
• 충실하다 : 내용이 알차고 단단하다.

[오답분석]
② 사무리다 : 햇빛 따위에 눈이 부셔 눈을 찌푸리고 가늘게 뜨다.
③ 암만하다 : 이러저러하게 애를 쓰거나 노력을 들이다. 또는 이리저리 생각하여 보다.
④ 노회(老獪)하다 : 경험이 많고 교활하다.
⑤ 사분사분하다 : 성질이나 마음씨 따위가 부드럽고 너그럽다.

22 정답 ④

• 성실 : 정성스럽고 참됨
• 태만 : 열심히 하려는 마음이 없고 게으름

[오답분석]
① 근면 : 부지런히 일하며 힘씀
② 성의 : 정성스러운 뜻
③ 정성 : 온갖 힘을 다하려는 참되고 성실한 마음
⑤ 상실 : 어떤 것이 아주 없어지거나 사라짐

23 정답 ①

- 비번 : 당번을 설 차례가 아님을 뜻함
- 당번 : 어떤 일을 책임지고 돌보는 차례가 됨. 또는 그 차례가 된 사람을 뜻함

오답분석

② 비근 : 흔히 주위에서 보고 들을 수 있을 만큼 알기 쉽고 실생활에 가까움
③ 비견 : 앞서거나 뒤서지 않고 어깨를 나란히 한다는 뜻으로, 낫고 못할 것이 없이 정도가 서로 비슷하게 함
④ 번망 : 번거롭고 어수선하여 매우 바쁨
⑤ 야근 : 퇴근 시간이 지난 후 밤늦게까지 하는 근무

24 정답 ③

- 꿉꿉하다 : 조금 축축하다(≒눅눅하다).
- 강마르다 : 물기가 없이 바싹 메마르다.

오답분석

① 강샘하다 : 부부 사이나 사랑하는 이성(異性) 사이에서 상대되는 이성이 다른 이성을 좋아할 경우에 지나치게 시기하다(≒질투하다).
② 꽁꽁하다 : 아프거나 괴로워 앓는 소리를 내다.
④ 눅눅하다 : 축축한 기운이 약간 있다.
⑤ 끌탕하다 : 속을 태우며 걱정하다.

25 정답 ②

- 풍만(豊滿)하다 : 풍족하여 그득하다.
- 궁핍(窮乏)하다 : 몹시 가난하다.

오답분석

① 납신하다 : 윗몸을 가볍고 빠르게 구부리다.
③ 농단(壟斷)하다 : 이익이나 권리를 독차지하다.
④ 몽매(蒙昧)하다 : 어리석고 사리에 어둡다.
⑤ 내외(內外)하다 : 남의 남녀 사이에 서로 얼굴을 마주 대하지 않고 피하다.

26 정답 ⑤

- 뜨악하다 : 마음이 선뜻 내키지 않아 꺼림칙하고 싫다.
- 마뜩하다 : 제법 마음에 들 만하다.

오답분석

① 가멸다 : 재산이나 자원 따위가 넉넉하고 많다(≒가멸차다).
② 옹골지다 : 실속이 있게 속이 꽉 차 있다.
③ 푼푼하다 : 모자람이 없이 넉넉하다.
④ 흐벅지다 : 탐스럽게 두툼하고 부드럽다.

27 정답 ①, ②

- 아성 : 아주 중요한 근거지를 비유적으로 이르는 말
- 근거 : 근본이 되는 거점 또는 어떤 일이나 의논·의견에 그 근본이 됨

오답분석

③ 유예 : 망설여 일을 결행하지 아니함
④ 유린 : 남의 권리나 인격을 짓밟음
⑤ 요원 : 까마득함

28 정답 ④, ⑤

- 원용(援用) : 자기의 주장이나 학설을 세우기 위하여 문헌이나 관례 따위를 끌어다 씀
- 인용(引用) : 남의 말이나 글을 자신의 말이나 글 속에 끌어 씀

오답분석

① 운영(運營) : 1. 조직이나 기구, 사업체 따위를 운용하고 경영함
   2. 어떤 대상을 관리하고 운용하여 나감
② 이용(利用) : 1. 대상을 필요에 따라 이롭게 씀
   2. 다른 사람이나 대상을 자신의 이익을 채우기 위한 방편으로 씀
③ 응용(應用) : 어떤 이론이나 이미 얻은 지식을 구체적인 개개의 사례나 다른 분야의 일에 적용하여 이용함

29 정답 ②, ⑤

- 수긍(首肯) : 옳다고 인정함
- 납득(納得) : 다른 사람의 말이나 행동, 형편 따위를 잘 알아서 긍정하고 이해함

오답분석

① 사려(思慮) : 여러 가지 일에 대하여 깊게 생각함
③ 모반(謀反) : 배반을 꾀함
④ 반성(反省) : 자신의 언행에 대하여 잘못이나 부족함이 없는지 돌이켜 봄

30 정답 ①, ④

- 요약(要約) : 말이나 글의 요점을 잡아서 간추림
- 개괄(槪括) : 중요한 내용이나 줄거리를 대략적으로 추려 냄

오답분석

② 삭제(削除) : 깎아 없애거나 지워 버림
③ 원조(援助) : 어떤 일을 처음으로 시작한 사람
⑤ 기초(基礎) : 사물이나 일 따위의 기본이 되는 토대

31
정답 ①, ③
- 개량(改良) : 나쁜 점을 보완하여 더 좋게 고침
- 개선(改善) : 잘못된 것이나 부족한 것, 나쁜 것 따위를 고쳐 더 좋게 만듦

오답분석
② 부족(不足) : 필요한 양이나 기준에 미치지 못해 충분하지 아니함
④ 승낙(承諾) : 청하는 바를 들어줌
⑤ 거절(拒絶) : 상대편의 요구, 제안, 선물, 부탁 따위를 받아들이지 않고 물리침

32
정답 ①, ⑤
- 존경 : 남의 인격, 사상, 행위 따위를 받들어 공경함
- 멸시 : 업신여기거나 하찮게 여겨 깔봄

오답분석
② 존중 : 높이어 귀중하게 대함
③ 관심 : 어떤 것에 마음이 끌려 주의를 기울임. 또는 그런 마음이나 주의
④ 숭배 : 우러러 공경함

33
정답 ①, ③
- 고정 : 한곳에 꼭 붙어 있거나 붙어 있게 함
- 이동 : 움직여 옮김. 또는 움직여 자리를 바꿈

오답분석
② 동결 : 사업, 계획, 활동 따위가 중단됨. 또는 그렇게 함
④ 고착 : 물건 같은 것이 굳게 들러붙어 있음
⑤ 불변 : 사물의 모양이나 성질이 변하지 아니함. 또는 변하게 하지 아니함

34
정답 ②, ④
- 농후(濃厚) : 맛, 빛깔, 성분 따위가 매우 짙음
- 희박(稀薄) : 기체나 액체 따위의 밀도나 농도가 짙지 못하고 낮거나 엷음

오답분석
① 모방(模倣) : 다른 것을 본뜨거나 본받음
③ 표류(漂流) : 물 위에 떠서 정처 없이 흘러감
⑤ 인위(人爲) : 자연의 힘이 아닌 사람의 힘으로 이루어지는 일

35
정답 ④, ⑤
- 분산(分散) : 갈라져 흩어짐. 또는 그렇게 되게 함
- 집중(集中) : 한곳을 중심으로 하여 모임. 또는 그렇게 모음

오답분석
① 우량(優良) : 물건의 품질이나 상태가 좋음
② 정착(定着) : 일정한 곳에 자리를 잡아 붙박이로 있거나 머물러 삶
③ 전체(全體) : 개개 또는 부분의 집합으로 구성된 것을 몰아서 하나의 대상으로 삼는 경우에 바로 그 대상

36
정답 ②, ③
- 발굴(發掘) : 세상에 널리 알려지지 않거나 뛰어난 것을 찾아 밝혀냄
- 매몰(埋沒) : 보이지 아니하게 파묻히거나 파묻음

오답분석
① 막연(漠然) : 갈피를 잡을 수 없게 아득함
④ 급격(急激) : 변화의 움직임 따위가 급하고 격렬함
⑤ 복잡(複雜) : 일이나 감정 따위가 갈피를 잡기 어려울 만큼 여러 가지가 얽혀 있음

37
정답 ①

첫 번째 문단이 도입부라 볼 수 있고, 두 번째 문단의 첫 문장이 제시문의 주제문이다. 이어서 서구와의 비교로 연고주의의 장점을 강화하고 있다.

38
정답 ③

앞 문장의 '정상적인 기능을 할 수 없는 상태'와 대조를 이루는 표현이면서, 마지막 문장의 '자기 조절과 방어 시스템이 작동하는 과정인 것'이라는 내용에 어울리는 표현인 ③이 빈칸에 들어갈 내용으로 적절하다.

39
정답 ④

제시문은 '쓰기(Writing)'의 문화사적 의의를 기술한 글이다. 복잡한 구조나 지시 체계는 이미 소리 속에서 발전해왔는데 그러한 복잡한 개념들을 시각적인 코드 체계인 쓰기를 통해 기록할 수 있게 되었다. 또한 그러한 쓰기를 통해 인간의 문명과 사고가 더욱 발전하게 되었다. 따라서 ④는 쓰기가 복잡한 구조나 지시 체계를 이루는 시초가 되었다고 보고 있으므로 글의 내용으로 적절하지 않다.

40
정답 ③

제시문은 종교 해방을 위해 나타난 계몽주의의 발현 배경과 계몽주의가 추구한 방향에 대해 설명하고 그 결과 나타난 긍정적 요소와 부정적 요소를 설명하는 글이다. 따라서 (라) 인간의 종교와 이를 극복하게 한 계몽주의 – (가) 계몽주의의 추구 방향 – (다) 계몽주의의 결과로 나타난 효과 – (나) 계몽주의의 결과로 나타난 역효과 순서로 연결되어야 한다.

02 ▶ 수리력

01	02	03	04	05	06	07	08	09	10
⑤	②	④	③	②	④	③	①	③	①
11	12	13	14	15	16	17	18	19	20
③	③	①	⑤	③	④	④	①	④	②
21	22	23	24	25	26	27	28	29	30
②	③	⑤	④	③	②	⑤	①	⑤	②
31	32	33	34	35	36	37	38	39	40
⑤	③	②	①	②	①	③	①	①	②

01   정답 ⑤
앞의 항에 ×2, +7, −5를 번갈아 적용하는 수열이다.
따라서 ( )=14×2=28이다.

02   정답 ②
(앞의 항)×3인 수열이다.
따라서 ( )=81×3=243이다.

03   정답 ④
(앞의 항)+3, +5, +7, +9, …인 수열이다.
따라서 ( )=41+3=44이다.

04   정답 ③
[(앞의 항)+8]÷2=(다음 항)인 수열이다.
따라서 ( )=(9.25+8)÷2=8.625이다.

05   정답 ②
(앞의 항)+0.1, +0.15, +0.2, +0.25, …인 수열이다.
따라서 ( )=1.1+0.3=1.4이다.

06   정답 ④
앞의 항에 ×2−2를 하는 수열이다.
따라서 ( )=98×2−2=194이다.

07   정답 ③
앞의 항에 ×3+1을 하는 수열이다.
따라서 ( )=121×3+1=364이다.

08   정답 ①
나열된 수를 각각 A, B, C라고 하면
$A\ B\ C \to A\ \ A-1\ \ A+1$
$\underline{26\ 25}\ (\ ) \to 26\ \ 25\ \ 27$
따라서 ( )=27이다.

09   정답 ③
나열된 수를 각각 A, B, C라고 하면
$A\ B\ C \to A+B+C=53$
따라서 ( )=53−(20+7)=26이다.

10   정답 ①
나열된 수를 각각 A, B, C라고 하면
$A\ B\ C \to A\times B+2=C$
따라서 ( )=$\frac{10-2}{2}$=4이다.

11   정답 ③
(앞의 항)+6, +7, +8, +9, …인 수열이다.
따라서 15번째 항은 4+(6+7+8+ … +17+18+19)
=4+$\frac{14\times(6+19)}{2}$=179이다.

12   정답 ③
i) 앞의 항에 3, 5, 7, 9, …를 더하는 수열이다.
  따라서 11번째 항은 0+3+5+7+ … +21=120이다.
ii) n번째 항의 값이 n^2-1인 수열이다.
  따라서 11번째 항은 11^2-1=120이다.

13   정답 ①
홀수 열은 +4, 짝수 열은 −4를 하는 수열이다.
따라서 ㉠은 6−4=2이다.

14   정답 ⑤
+0.5, +1, +1.5, +2, +2.5, …를 하는 수열이다.
따라서 ㉤는 7+5=12이다.

15
정답 ③

열차가 다리를 완전히 통과할 때까지의 이동거리는 (열차의 길이)+(다리의 길이)이다.
열차의 길이를 xm라고 하면 다음과 같은 식이 성립한다.
$x+440=20\times30$
→ $x=600-440$
∴ $x=160$
따라서 열차의 길이는 160m이다.

16
정답 ④

x년 후에 현우와 조카의 나이를 각각 $(30+x)$세, $(5+x)$세라고 하면 다음과 같은 식이 성립한다.
$30+x=2(5+x)$
→ $30+x=10+2x$
∴ $x=20$
따라서 현우의 나이가 조카 나이의 2배가 되는 것은 20년 후이다.

17
정답 ④

작년 교통비와 숙박비를 각각 x원, y원이라고 하면 다음과 같은 식이 성립한다.
$1.15x+1.24y=1.2(x+y)$ … ㉠
$x+y=36$ … ㉡
㉠과 ㉡을 연립하면 $x=16$, $y=20$이다.
따라서 올해 숙박비는 $20\times1.24=24.8$만 원이다.

18
정답 ①

주문량 폭주로 증가한 총생산량은 $100\times\left(1+\dfrac{3}{10}\right)=130$대이다.
주문량이 변경되어 생산량을 줄인 후 변동된 총생산량은 $130\times\left(1-\dfrac{2}{10}\right)=104$대이다.
따라서 주문량 폭주 전보다 $104-100=4$대가 증가했다.

19
정답 ④

가득 채운 물의 양을 1이라고 하면 A관은 1분에 $\dfrac{1}{10}$, B관은 1분에 $\dfrac{1}{15}$만큼을 채운다.
두 관을 동시에 사용하면 1분에 $\dfrac{1}{10}+\dfrac{1}{15}=\dfrac{1}{6}$만큼을 채울 수 있으므로, 가득 채우는 데 걸리는 시간은 6분이다.

20
정답 ②

처음 소금물의 농도를 x%라고 하면 다음과 같은 식이 성립한다.
$\dfrac{x}{100}\times160+\dfrac{0}{100}\times40=\dfrac{8}{100}\times(160+40)$
→ $160x=1,600$
∴ $x=10$
따라서 물을 넣기 전 처음 소금물의 농도는 10%이다.

21
정답 ②

증발된 물의 양을 xg이라고 하자.
증발되기 전과 후의 설탕의 양은 동일하다.
$\dfrac{4}{100}\times400=\dfrac{8}{100}\times(400-x)$
→ $1,600=3,200-8x$
∴ $x=200$
따라서 남아있는 물의 양은 200g이다.

22
정답 ③

154, 49, 63의 최대공약수는 7이므로 사과는 22개씩, 참외는 7개씩, 토마토는 9개씩 7명에게 나눠줄 수 있다.

23
정답 ⑤

같은 부서 사람이 옆자리에 함께 앉아야 하므로 같은 부서를 한 묶음으로 생각한다.
그러므로 세 부서를 원탁에 배치하는 경우는 $(n-1)!$ 공식을 사용하여 $(3-1)!=2$가지임을 알 수 있다.
같은 부서 사람끼리 자리를 바꾸는 경우의 수는 $2!\times2!\times3!=2\times2\times3\times2=24$가지이다.
따라서 조건에 맞게 7명이 앉을 수 있는 경우의 수는 $2\times24=48$가지이다.

24
정답 ④

주사위를 한 번 던질 때 나올 수 있는 경우의 수는 6가지이므로 주사위를 두 번 던질 때 나올 수 있는 모든 경우의 수는 $6\times6=36$가지이다.
두 눈의 합이 10 이상 나오는 경우는 다음과 같다.
ⅰ) 두 눈의 합이 10인 경우 : (4, 6), (5, 5), (6, 4)
ⅱ) 두 눈의 합이 11인 경우 : (5, 6), (6, 5)
ⅲ) 두 눈의 합이 12인 경우 : (6, 6)
따라서 두 눈의 합이 10 이상 나올 수 있는 경우의 수는 6가지이므로 구하고자 하는 확률은 $\dfrac{6}{36}=\dfrac{1}{6}$이다.

25 정답 ①
제시된 도형을 시계 반대 방향으로 90° 회전한 것이다.

26 정답 ②
제시된 도형을 시계 방향으로 90° 회전한 것이다.

27 정답 ⑤

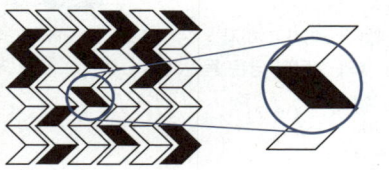

28 정답 ①

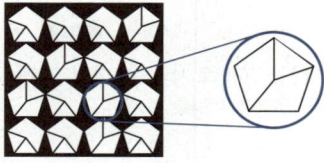

29 정답 ⑤
도형을 상하 반전하면 ,

이를 시계 반대 방향으로 270° 회전하면  이 된다.

30 정답 ②
도형을 좌우 반전하면 ,

이를 180° 회전하면  이 된다.

31 정답 ⑤
도형을 시계 방향으로 90° 회전하면 ,

이를 좌우 반전하면  이 된다.

32 정답 ③
$2 \bigstar 7$
$= 2 \times 2 - 3 \times 2 \times 7 + 7^3$
$= 4 - 42 + 343$
$= 305$

33 정답 ②
$4 \☆ 5$
$= 4^3 + 3 \times 4 \times 5 - 2 \times 5$
$= 64 + 60 - 10$
$= 114$

34 정답 ①
$(-3) \bigstar 11$
$= 2 \times (-3) - 3 \times (-3) \times 11 + 11^3$
$= -6 + 99 + 1{,}331$
$= 1{,}424$

35 정답 ②
$25 \heartsuit 5$
$= (25 + 5) \times (5^2 - 5)$
$= 30 \times (25 - 5)$
$= 30 \times 20$
$= 600$

36 정답 ①
$137 \heartsuit 69$
$= \dfrac{3}{2} \times (137 - 69)$
$= \dfrac{3}{2} \times 68$
$= 3 \times 34$
$= 102$

37
정답 ③

i) $5♥7$
$= \frac{3}{2} \times (5-7)$
$= \frac{3}{2} \times (-2)$
$= -3$

ii) $10♡(5♥7)$
$= 10♡(-3)$
$= (10+5) \times \{(-3)^2 -5\}$
$= 15 \times (9-5)$
$= 15 \times 4$
$= 60$

38
정답 ①

$27♣3$
$= 3 \times 27 - \frac{27}{3}$
$= 81 - 9$
$= 72$

39
정답 ①

$4♣36$
$= \frac{36}{4} + 2 \times 36$
$= 9 + 72$
$= 81$

40
정답 ②

i) $21♣7$
$= 3 \times 21 - \frac{21}{7}$
$= 63 - 3$
$= 60$

ii) $(21♣7)♣\frac{5}{2}$
$= 60♣\frac{5}{2}$
$= \frac{\frac{5}{2}}{60} + 2 \times \frac{5}{2}$
$= \frac{5}{2} \times \frac{1}{60} + 5$
$= \frac{1}{24} + 5$
$= \frac{121}{24}$

03 ▶ 물리·화학

01	02	03	04	05	06	07	08	09	10
③	③	③	②	②	③	②	①	⑤	⑤
11	12	13	14	15	16	17	18	19	20
③	②	④	②	④	③	③	③	③	②
21	22	23	24	25	26	27	28	29	30
②	①	④	④	①	③	③	②	④	④
31	32	33	34	35	36	37	38	39	40
②	④	④	①	③	③	③	①	①	⑤

01
정답 ③

양성자는 중성자와 함께 원자핵을 구성하며 업 쿼크 2개, 다운 쿼크 1개로 양의 전하를 가지고 있다.

오답분석
① 광자 : 빛을 포함한 모든 전자기파를 구성하는 전자기력의 매개 입자이다.
② 보손 : 입자들 사이에 상호작용을 전달하는 역할을 하며 게이지 보손과 힉스 입자가 이에 속한다.
④ 중성자 : 양성자와 함께 원자핵을 구성하며 업 쿼크 1개와 다운 쿼크 2개로 전기적으로 중성을 띤다.
⑤ 전자 : 원자에서 원자핵과 함께 원자를 구성하며 다운 쿼크 3개로 음의 전하를 가지고 있다.

02
정답 ③

포물선 궤도로 떨어지는 야구공(㉠)과 바람이 안 부는 날 떨어지는 빗방울(㉢) 모두 크기와 방향이 일정한 힘을 받는 등가속도 운동을 한다. 하지만 지구 주위를 공전하는 인공위성(㉡)은 작용하는 방향이 매시간 바뀌는 원운동이다.

03
정답 ③

$[\text{힘}(F)] = [\text{질량}(m)] \times [\text{가속도}(a)]$
$\therefore m = \frac{F}{a} = \frac{8}{2} = 4$
따라서 물체의 질량은 4kg이다.

04
정답 ②

오답분석
㉢ 유체 속에서 작용하는 압력도 압력의 단위인 Pa(파스칼) 또는 N/m² 을 사용한다.

05   정답 ②

그림과 같은 상황에서 손을 대면, 손에서 검전기로 전자가 들어오면서 금속박이 오므라든다. 따라서 전자는 금속판에서 금속박으로 이동하며, 금속박 사이에서는 척력이 사라지게 되므로 금속박이 오므라든다.

06   정답 ③

W = F × s = 2 × 4 = 8J

07   정답 ②

두 물체의 운동 방정식은 3×10 − 2×10 = (3+2)a이므로 가속도(a)는 2m/s² 이다.

08   정답 ①

정류 작용은 통전 방향에 따라 전류가 잘 흐르는 정도가 달라지는 성질로, 좁은 의미로 한쪽 방향으로는 전류가 잘 흐르지만 반대 방향으로는 전류가 흐르지 않게 하는 성질을 말한다.

09   정답 ⑤

전자기파는 전하를 띤 물체가 진동할 때 발생하는 것으로 매질이 없는 공간에서도 전파되며, 파장에 따라 전파, 가시광선, 적외선, X선으로 분류된다.

10   정답 ⑤

㉠·㉡ 우주 공간은 진공 상태로, 소리를 전달할 매질이 없기 때문에 두 우주인은 대화를 나눌 수 없다. 하지만 헬멧을 맞대면 소리가 전달되므로 대화를 나눌 수 있다.
㉢ 소리는 고체, 액체, 기체 속에서 모두 전달이 되지만, 진공 상태에서는 전달되지 않는다.

11   정답 ③

분자의 상대적 질량이 작은 기체일수록 분자의 평균 운동 속력이 크다. 즉, 분자량이 작으면 평균 속도가 크다. 따라서 평균 속도가 가장 큰 수소가 분자량이 가장 작다.

12   정답 ②

뉴턴의 운동 제2법칙(가속도의 법칙)은 F = ma이고 $a = \dfrac{F}{m}$ 이다.

따라서 $a_A = F$이고 $a_B = \dfrac{F}{2}$ 이므로 $a_A : a_B = 2 : 1$이다.

13   정답 ④

모든 마찰과 저항을 무시할 경우 경사면과 상관없이 공이 지면에 도달하는 순간 속력은 모두 동일하다. 역학적에너지 보존 법칙 (역학적에너지) = (위치에너지) + (운동에너지)에 따라 처음 출발할 때는 운동에너지가 0이고, 지면에 도달한 순간에는 위치에너지가 0이 된다(h=0m). 따라서 처음 위치에너지는 지면에 도달한 순간 모두 운동에너지로 전환되어 물체의 무게와 상관없이 같은 높이에서 속력이 같음을 알 수 있다.

> (처음 위치에너지) = (지면에서의 운동에너지)
> → $mgh = \dfrac{1}{2}mv^2$ → $v = \sqrt{2gh}$

14   정답 ②

이 운동은 8초와 12초에서 방향이 변화하였다. 따라서 운동 방향은 2번 바뀌었다.

15   정답 ④

소비 전력(P)는 (전류)×(전압)이므로 배전반 퓨즈에 흐르는 전류는 (220+400+900+1,560+1,100) ÷ 220 = 19A 이다.

16   정답 ③

물이 기화할 때 주변으로부터 기화열을 흡수하므로 물의 증발이 더 활발한 B의 물의 온도가 더 낮아진다.

17   정답 ③

회로에서의 전체저항은 $\dfrac{20}{2} = 10\Omega$ 이다.

따라서 $8 + \dfrac{1}{\dfrac{1}{4} + \dfrac{1}{R_A}} = 10$ → $\dfrac{1}{4} + \dfrac{1}{R_A} = \dfrac{1}{2}$ 이므로 (A)의 저항은 $R_A = 4\Omega$ 이다.

18   정답 ③

$E_k = \dfrac{1}{2}mv^2 = \dfrac{1}{2} \times 2 \times 5^2 = 25J$

에너지와 일은 전환이 가능하므로 답은 ③이다.

19 정답 ③

막대의 중점은 15cm 지점이므로 받침점에서 5cm 떨어진 지점이다. 왼쪽 힘과 오른쪽 힘의 균형은 $40×10=$(막대무게)$×5+10×20$이다. 따라서 막대무게는 40N이다.

20 정답 ②

속력 – 시간 그래프에서 넓이는 물체가 이동한 거리를 나타낸다. 따라서 자동차가 이동한 거리는 $\left(3×2×\frac{1}{2}\right)+(3×4)=15$m이다.

21 정답 ②

수소는 양성자 1개, 전자 1개로 구성된 원소로 우주상 가장 많이 존재한다.

22 정답 ①

온도가 높아지면 부피가 증가하므로 밀도는 감소한다.

오답분석
② 고체와 액체의 밀도는 온도에 영향을 받지만 압력의 영향은 받지 않는다.
③ 물은 예외적으로 고체보다 액체일 때 밀도가 더 크다.
④ 밀도는 물질의 고유한 특성이다.
⑤ (밀도)$=\frac{(질량)}{(부피)}$

23 정답 ④

메테인의 화학 반응식은 $C+2H_2 \rightarrow CH_4$이다.

24 정답 ④

암모니아 분자(NH_3) 속에는 질소 원자 1개와 산소 원자 3개가 들어있으므로 총 4개의 원자가 들어있다.

25 정답 ①

전자는 높은 전자껍질로 올라가기 위해 에너지를 흡수한다. 반대로 에너지를 방출하면 에너지 준위가 낮은 전자껍질로 내려간다.

26 정답 ③

화석 연료는 현재 전 세계적으로 가장 널리 쓰이는 에너지 자원으로, 석탄과 석유가 대표적이다. 화석 연료는 지질 시대 생물의 사체가 지층에 퇴적되어 생성되었다.

오답분석
ⓒ 화석 연료는 미래에 고갈될 유한한 자원이며, 화석 연료의 과다 사용은 지구 온난화와 환경오염을 발생시킨다.

27 정답 ③

'Ca(칼슘)'의 불꽃 반응색은 주황색이다.

오답분석
① Na(나트륨) – 노란색
② K(칼륨) – 보라색
④ Cu(구리) – 청록색
⑤ Li(리튬) – 붉은색

28 정답 ②

㉠ 마이크로파(약 1m~1mm) – ㉡ 적외선(약 780nm~1mm) – ㉣ 가시광선(약 380nm~780nm) – ㉤ 자외선(약 10nm~380nm) – ㉢ X선(약 1pm~10nm)

29 정답 ④

 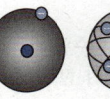  

㉤ 돌턴 – ㉢ 톰슨 – ㉡ 러더퍼드 – ㉣ 보어 – ㉠ 현대 과학

30 정답 ④

제시된 화학 반응식은 질소와 수소가 반응하여 암모니아를 생성하는 화학식으로, 반응 전후의 원자 수는 항상 같다.

31 정답 ②

끓는점은 물질의 양이 많아져도 변하지 않는 세기 성질이다. 다른 조건이 같을 때 외부 압력이 높으면 끓는점이 높고, 외부 압력이 낮을수록 끓는점은 낮아진다. 또한 용액의 농도가 진할수록 끓는점은 높아지므로 소금물이 물보다 끓는점이 높다. 따라서 끓는점은 (나)>(가)>(다) 순으로 높다.

32 정답 ④

순수한 물은 전기가 거의 흐르지 않으므로 수산화나트륨을 넣어서 전해질 용액으로 바꿔준다. 물의 전기분해 알짜 화학 반응식은 $2H_2O(l) \rightarrow 2H_2(g) + O_2(g)$이다.
그림에서 보이는 바와 같이 시험관 A보다 시험관 B의 기체부피가 더 크므로 시험관 B에는 계수가 큰 수소 기체가 들어있는 것을 알 수 있다. 또한 양이온인 수소가 전자를 얻기 위해 (−)극으로 가고, 음이온인 산소 기체는 전자를 내놓기 위해 (+)극으로 이동한다. 따라서 시험관 A에는 산소 기체, 시험관 B에는 수소 기체가 생성된다.

33 정답 ④

물을 전기분해할 때는 전해질이 필요하다. 전해질에는 수산화나트륨, 황산나트륨이 있으며, 그밖에 염화나트륨과 황산칼륨 등 물보다 전기분해 되기 쉬운 물질을 넣으면 전기분해를 할 수 있다.

34 정답 ①

두 액체가 섞이지 않는 것은 밀도가 다르기 때문에 밀도가 큰 액체는 가라앉고 밀도가 작은 액체는 위에 떠 있어 층이 생긴다. 따라서 밀도에 따라 층으로 나눠진 액체는 분별깔때기나 스포이트를 이용해 분리가 가능하다.

35 정답 ③

(원자 번호)=(양성자 수)=(전자 수)이다.
㉠ A와 B는 전자 수가 같으므로 양성자 수가 같다.
㉡ C는 전자 수가 2개이므로 원자 번호는 2이다.

오답분석

㉢ 양성자 1개와 중성자 1개의 질량은 거의 같으며 원자핵의 질량은 양성자 수와 중성자 수에 의해 결정된다. 따라서 C의 원자핵의 질량은 A의 약 4배이다.

36 정답 ③

A는 원자 번호가 1번인 수소(H)이다. B는 총 전자 수가 8개인 원소로 원자 번호가 8번인 산소(O)이다. D는 B와 최외각 전자 수가 같으므로 같은 족 원소인 황(S)이다. E는 전자껍질이 2개이며 단원자 분자인 네온(Ne)이다. C는 E보다 양성자 수가 1개 적으므로 플루오린(F)이다.

족 주기	1	2	13	14	15	16	17	18
1	A							
2						B	C	E
3						D		

37 정답 ③

㉠ (가)와 (나)는 한 가지의 원소로 이루어진 홑원소 물질이고, (다)는 두 가지의 원소로 이루어진 화합물이다.
㉡ (나)의 분자는 대칭 구조이며, 무극성이다.

오답분석

㉢ (라)는 (가), (나), (다)의 입자가 섞인 혼합물이다.

38 정답 ①

암모니아는 물에 잘 녹고, 이온화되어 염기성을 띤다. 그리고 염화수소와 반응하면 염화암모늄, 흰 연기를 생성한다.

39 정답 ①

반응 전 실린더 속에는 A분자 5개와 B분자 9개가 존재하였으나, 반응 후 실린더 속에는 A분자 2개가 반응하지 않고 남았으며 생성물로 C분자 6개가 생성되었다.
따라서 A분자 3개와 B분자 9개가 반응하여 C분자 6개가 생성되므로 화학 반응식은 $A + 3B \rightarrow 2C$이다.

오답분석

㉡ A분자 1개와 B분자 3개의 질량의 합은 C분자 2개의 질량과 같다.

따라서 (C의 분자량) $= \dfrac{(A의 분자량) + 3 \times (B의 분자량)}{2}$ 이다.

㉢ 질량 보존의 법칙에 의해 반응 전과 후의 실린더 속 혼합 기체의 질량은 일정하다. 그러나 반응 후 실린더 부피가 감소하므로 기체의 밀도 $\left[= \dfrac{(질량)}{(부피)} \right]$는 증가한다.

40 정답 ⑤

- A : 지구 탄생 이후 급격히 감소하는 A는 이산화탄소로, 원시 바다에 대량 녹아들어갔다.
- B : 현재 대기를 구성하는 기체 중 가장 많은 조성비를 차지하는 기체는 질소이므로 B는 질소이다.
- C : 광합성 진핵 생물 등장 이후 증가하는 경향을 보이므로 C는 광합성에 의해 생성되는 산소이다.

시대에듀 S-OIL(에쓰오일) 생산직 온라인 필기시험 통합기본서

개정10판1쇄 발행	2025년 12월 15일 (인쇄 2025년 11월 10일)
초 판 발 행	2015년 10월 20일 (인쇄 2015년 10월 12일)
발 행 인	박영일
책 임 편 집	이해욱
편 저	SDC(Sidae Data Center)
편 집 진 행	안희선 · 오하연
표지디자인	현수빈
편집디자인	유가영 · 장성복
발 행 처	(주)시대고시기획
출 판 등 록	제10-1521호
주 소	서울시 마포구 큰우물로 75 [도화동 538 성지 B/D] 9F
전 화	1600-3600
팩 스	02-701-8823
홈 페 이 지	www.sdedu.co.kr
I S B N	979-11-434-0479-4 (13320)
정 가	23,000원

※ 이 책은 저작권법의 보호를 받는 저작물이므로 동영상 제작 및 무단전재와 배포를 금합니다.
※ 잘못된 책은 구입하신 서점에서 바꾸어 드립니다.

S-OIL

에쓰오일 생산직
온라인 필기시험

통합기본서

최신 출제경향 전면 반영

고졸 / 전문대졸 취업 기초부터 합격까지! 취업의 문을 여는 **Master Key!**

고졸/전문대졸 필기시험 시리즈

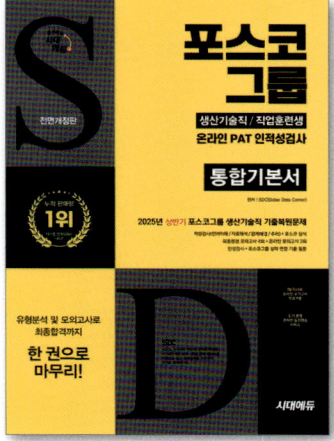

포스코그룹
생산기술직 / 직업훈련생

삼성
GSAT 5급

현대자동차
생산직 / 기술인력

SK그룹 생산직
고졸 / 전문대졸

SK이노베이션
생산직 / 기술직 / 교육·훈련생

SK하이닉스
고졸 / 전문대졸

※ 도서의 이미지 및 구성은 변동될 수 있습니다.